符号与传媒
Semiotics & Media

四川大学哲学社会

马克

U0456270

主编　唐小林　饶厂秆

任何商品都具有"事物"和"符号"两个不可分割的属性，
而当代商品形态的演变，
不是兴起了新的"文化商品"这种形态的商品，
而是商品二联体不断从偏向事物，
转为偏向符号。

商品符号学文集

Semiotics of Commodity

饶广祥　朱昊赟　刘楠　主编

四川大学出版社

责任编辑:宋　颖
责任校对:张伊伊
封面设计:米迦设计工作室
责任印制:王　炜

图书在版编目(CIP)数据

商品符号学文集 / 饶广祥，朱昊赟，刘楠主编.
—成都：四川大学出版社，2017.8
（马克思主义符号学丛书 / 唐小林，饶广祥主编）
ISBN 978−7−5690−1146−3

Ⅰ.①商… Ⅱ.①饶… ②朱… ③刘… Ⅲ.①商品−符
号学−文集 Ⅳ.①H0-53

中国版本图书馆 CIP 数据核字（2017）第 216010 号

书名　**商品符号学文集**
SHANGPIN FUHAOXUE WENJI

主　　编	饶广祥　朱昊赟　刘　楠
出　　版	四川大学出版社
地　　址	成都市一环路南一段 24 号 (610065)
发　　行	四川大学出版社
书　　号	ISBN 978−7−5690−1146−3
印　　刷	郫县犀浦印刷厂
成品尺寸	170 mm×240 mm
印　　张	17.75
字　　数	316 千字
版　　次	2017 年 8 月第 1 版
印　　次	2017 年 8 月第 1 次印刷
定　　价	52.00 元

◆读者邮购本书,请与本社发行科联系。
电话:(028)85408408/(028)85401670/
(028)85408023　邮政编码:610065
◆本社图书如有印装质量问题,请
寄回出版社调换。
◆网址:http://www.scupress.net

总　序

随着人类进入全面符号时代，马克思主义的当代形态必然是符号学的。马克思主义符号学或符号学马克思主义，并非某些人的迷思，也不是振臂一呼心血来潮的产物，完全是时代大潮使然。

科技拜物教，创新神话，物理、数字和生物技术的超常融合发展，未来5至10年，人类社会将以难以预料的速度、深度和广度全面卷入智能时代：人类自然演化的历史行将终结。万能基因剪刀，可以无中生有任何事物，包括人类自身。3D打印机任意挥洒想象，塑造世间万物，定制人间万象。万灵的感应器，替代人类全部触觉，海阔天空，上天入地，没有任何障碍，无人驾驶比有人驾驶更加安全。可植入技术、数字化身份、可穿戴设备、大数据与人工智能参与决策、比特币和区块链共谋、智慧城市，再加上万物互联，人类世界正被彻底改变。人类不再是单方面使用符号的动物，而是符号使用的动物。人类被自己的所造物——符号世界所围困。2016年，围棋九段世界冠军李世石被机器人阿尔法围棋战败，只是一个颠覆性时代到来的预言。

符号学在世界东方的时兴不是时髦，而是被符号化的时代所唤醒，为窘迫的现实所催逼；马克思主义的复归，不是应景，而是它的实践品格和未来朝向，使它没有理由放弃对我们当今和即将面临的时代的解释权。面对第一次、第二次工业革命的文化后果，经典马克思主义响亮地发出"全世界无产者联合起来"的呐喊。余音未了，第三次工业革命呼啸而过。而在第四次工业革命的集结号下，竟然是智能人与自然人的合作或对立，人在与智能合体之后，如何实现自身的救赎，是马克思主义符号学所必须回应的时代课题。

我们已经没有时间耸人听闻，人类转型的巨大力量和超级速度，甚至让我们来不及正视。习以为常的人类中心主义和盲目自信，使我们对身边瞬息万变的一切懵懂无知、措手不及。人类高傲的头颅，正在使自己坠入无底的深渊：面对被符号泛滥甜蜜地淹没的事实，人类越来越丧失面对现实和眺望未来的能力。

马克思在《资本论》首篇，把商品作为符号，符号就已经是社会生产的物质基础。事实上，任何商品生产都是物性劳动和智性劳动的结合，使用价值和交换价值中已内蕴符号价值。当且仅当智性劳动一端在商品生产中迅猛发展，直至一家独大的时候，信息社会、智能时代就已不可避免地到来。符号价值从来就不是所谓的商品增殖部分，它本身就是商品价值的内在要素，是构成经济基础的重要基石。正是在这个意义上，鲍德里亚们所说的拟真、象征交换等，对于信息社会而言，从来就不在实在世界之外，恰恰是它们构成了实在世界本身，是对这个实在世界基本特征的指认。用"物质/文化"或"文化/经济"二元论，说不清楚商品和社会问题。要深入地理解这一点必须回到经典马克思主义的经济基础、商品分析。

说到底，信息社会一切看似玄而又玄的现象，只有回到对经济基础和商品社会的透彻分析才能解决，才能得到具有说服力的解释。可是，在这一点上，当代中国马克思主义学者似乎没有做好准备，或者说还没有清醒的认识，而西方马克思主义学者好像又走偏了路子。

中国是马克思主义理论与实践大国。丰富的革命斗争实践，使中国有了一个战斗的、批判的马克思主义。新中国成立后，由于历次政治运动的折腾，由于改革开放进程中太多的矛盾与纷争，到如今我们仍然面临一个十分迫切的问题：构建一个建设性的马克思主义。经典马克思主义之所以具有强大的战斗力、号召力和生命力，是因为它有坚实的哲学基础、思想基础和学术基础，它是建立在对19世纪资本主义社会的深刻认知、对人类历史发展的深彻洞察、对人类未来走向的清晰判断之上的。它是基于马克思对人类全部知识、文明和思想成果的毕生探究，基于马克思与德谟克利特、伊壁鸠鲁、亚里士多德、斯宾诺莎、休谟、康德、黑格尔、施蒂纳、蒲鲁东、赫斯、斯密、李嘉图、西斯蒙第等思想者的反复论辩。而当今的马克思主义恰恰缺失这一重要的基础，往往流于政治主流意识形态的空洞说辞。斯大林时代教科书式马克思主义的学术基础，不仅与今天的社会现实没有关系，而且与发展了的资本主义也有霄壤之别，更不必说对网络时代媒介社会的经济基础和商品形态进行缜密分析。丝毫不接地气，也不与时俱进，缺乏知识性、学术性支撑，拒绝与同时代思想交锋，对于亲见的社会现实视而不见或者毫无解释力的学说，单靠话语传声筒的力量，如何征服人心？意识形态空心化，显然与当今马克思主义思想学术知识空心化密切相关。

而西方马克思主义，从第一代的代表人物葛兰西到第二代的阿尔都塞，到第三代的普兰查斯，再到第四代的拉克劳和墨菲，经典马克思主义的经济基础/上层建筑的模式已被翻转。意识形态逻辑不再决定于基础逻辑，而是成为基础逻辑本身，马克思主义的社会构成变为符号学马克思主义的"话语构成"。对当今资本主义社会的研究从话语开始到话语结束，从意识形态起到意识形态终，马克思主义变成单纯的话语批判理论或文化批判理论。对经典马克思主义的经济基础和商品分析的放逐，对"经济主义的马克思"的背离，不仅使社会关系隐匿不见、模糊难辨，也使人类的未来暗淡无光。为批判而批判的西方马克思主义，如果不是正在走向穷途末路，那就是正在演变为学术表演。

符号社会，是一个前所未有的社会。人类从来没有像今天这样大规模处理符号的经验。当今的马克思主义必须学会处理符号问题，而不能局限于前三次工业革命的眼光。符号劳动是商品生产的内在构成要素，符号价值是社会经济基础的重要基石。要处理好符号问题，只有回到经济基础、商品分析。符号从来就不是什么异己力量，学会重视符号、善待符号、理解符号，才能充分开掘和发展符号生产力，才能从被符号奴役的困境中取得主动，实现突围，获得人类的再次解放。而一旦无视事实，把符号视为社会的冗余，文化的毒瘤，泡沫经济的罪魁祸首，时代发展的洪水猛兽，符号就会被异化，反过来又形塑和异化人类社会。为符号正名，为符号社会立法，重建马克思主义面向当今世界的政治、经济、文化和现实维度，构建一个建设性的马克思主义符号学，既是当务之急，也是"马克思主义符号学丛书"的学术使命。

回到经济基础，回到商品分析，回到社会关系，回到未来朝向，这是我们构建建设性的马克思主义应当遵循的基本原则。

即便这一天就在眼前，一个自然人、机器人、智能人并存的世界，而人类依然能够诗意地栖居，能够与自己的所造物、与无所不在的符号和谐共处，共同奔赴美好的未来。老实说，这就是我们的学术期待，如此简单，如此辽远，而又如此未知。

导言：建立一门商品符号学

饶广祥

在全球经济不景气、需求疲软的今天，商品生产与创新的重要性毋庸置疑。包括中国在内的世界各国，都在大力推动文化产业与创意产业。"我国的文化创意产业呈现出了全面爆发的态势，这种趋势主要体现在文化创意产业在国内各大城市的 GDP 中所占的比例和绝对利润值快速增长。2014 年，北京文化创意产业实现增加值 2794.30 亿元，占全市 GDP 的比重提高到 13.1%，已成为北京市支柱性产业之一。2014 年上海市文化创意产业继续保持快速健康发展，实现增加值 2820 亿元，同比增长 8%，占上海市 GDP 的比重为 12%左右……2014 年深圳市全市文化创意产业增加值实现 1560 亿元，增长 15%，占全市 GDP 的比重为 9.8%，成为经济发展新常态的重要引擎和助推器。"[①] 四川省 2015 年"全省文化相关产业实现增加值超过 1200 亿元，占 GDP 比例接近 4%，成都的文化产业增加值占 GDP 超过 5%，成为成都的支柱产业之一，也是调结构、转方式、稳增长的一支重要成长型产业"[②]。这些数据进一步说明，文化商品已成为商品的主要形态。重新理解商品，尤其是文化商品，成为关涉经济增长和文化发展的重要议题。

有关商品的讨论，一直预设了一个"二分"前提：将商品划分为两类，即物质商品和符号商品。这个区分为理论和业界广泛接受，已经成为商品牢不可破的基础逻辑。各个学科在讨论商品时，大多基于这个前提展开分析。

营销学、社会学、政治经济学都集中讨论商品，那么有什么必要再从符号学角度讨论商品呢？营销学将商品视为满足消费者需求的工具，关注重点是如何将商品推销给目标购买者，让消费者购买、持续购买是其根本目标，

---

① 《2016 年中国文化创意产业发展概况》，"中国产业信息网"，网页链接：http://www.chyxx.com/industry/201607/431903.html。

② 《四川文化产业去年增加值超 1200 亿：成都已是"中国手游第四城"，四川大剧院有望 2018 年底开放》，《成都晚报》，2016 年 3 月 10 日。

因此，其在消费者的需求和物之间展开讨论和思考。著名的营销学者菲利普·科特勒（Philip Kotler）认为，市场营销的两大关键问题是需求管理和关系管理，其最终目标是获得顾客满意。而顾客满意则取决于消费者所理解的一件商品的效能与预期值进行的比较。科特勒将商品分成五个层次：核心利益（core benefit）、基础产品（generic product）、期望产品（expected product）、附加产品（augmented product）、潜在产品（potential product）。核心利益是顾客真正购买的基本服务或者利益，基础产品是产品的基本形式，期望产品是购买者购买产品时通常希望和默认的一组属性和条件，附加产品指增加的服务和利益，而潜在产品则是指该产品最终可能会实现的全部附加部分和将来会转换的部分。① 这种商品概念把消费者利益和商品混在一起，符合市场营销的目标，但实际上无法把商品说清楚。更为重要的是，这类分法基本上未考虑商品的符号性。

社会学、政治经济学则更为重视商品对社会结构，尤其是对权利结构、人类生存状态的影响，即怎样使商品在物质和符号上得到运用，以实现社会控制。例如，法兰克福学派的学者西奥多·阿多诺及马克斯·霍克海姆等人重点分析了文化工业这一典型的商品形态，认为大众文化产品是标准化、齐一化、程式化的，而这种整齐的商品是控制的新形式，最终消解了人的个性，人们在商品的消费中被物化和单面化。"文化工业一方面极力掩盖严重重复化的异化社会中主客体间的尖锐矛盾，一方面大批量生产千篇一律的文化产品，来将情感纳入统一的形式，纳入一种巧加包装的意识形态，最终是将个性无条件交出，淹没在平面化的生活方式、时尚化的消费行为以及肤浅化的审美情趣之中。"②

斯麦兹、加纳姆、默多克、鲍德里亚等学者都持有这类"二分"观点。世界各国将商品分为物质商品和文化产品，也是这种"二分"的直接体现。但这种将物质商品和文化商品截然二分的做法，本身也是值得商榷的，不存在只有物质性没有符号性的商品，也很少有只有符号性而完全没有物质依托的文化商品。截然两分的做法，是对商品属性的误读。经由广告加工的商品的"使用价

---

① 菲利普·科特勒：《营销管理》（第11版），梅清豪译，上海：上海人民出版社，2003年版，第455—456页。

② 陆扬、王毅：《大众文化与传媒》，上海：上海三联书店，2000年版，第50页。

值并不是商品的先天功能，而是社会需要体系所定制和生产的规定物"①。

事实上，商品的符号性越来越重要，甚至在赶超商品的物质性。"不管是史学、人类学或者泛文化研究，都已经提供了足够的证据，表明商品对人们之所以重要，不仅仅是因为它能够被使用（used），更是因为他的符号（symbolic）意义。在所有的文化形态里，在任何时候，正是使用与符号的相互交织，为人与物普遍关系的形成提供了具体的背景条件。"② "人类学家马歇尔·萨赫林斯提出：任何物体的使用都在其文化背景的规定下，甚至是日常生活中最为世俗和普通的物品，也是以这一层符号意义为中介的。"③

商品是"事物—符号"二联体。任何商品都具有"事物"和"符号"两个不可分割的属性，而当代商品形态的演变，不是兴起了新的"文化商品"这种形态的商品，而是商品二联体不断从偏向事物，转为偏向符号的结果。鲍德里亚等人所做的消费批判，将"事物"和"符号"彻底二分，既未能有效厘清使用性和表意性的关联，同时也将商品置于交换之后的极为个人的消费领域，整个批判极为偏颇。但鲍德里亚选择符号学方法来分析商品，为其提供了有力的武器，也让他有机会建立影响巨大的消费社会理论。符号学是意义学，商品是"事物—符号"之间不断演变的结果，尤其是在当前的意义比重越来越大。符号学和商品符号学的结合，是商品研究的内在逻辑要求，建立一门商品符号学，也是应对文化消费潮流挑战的最有效方式。正是在这个意义上，作为研究意义的学科，符号学具有进入商品研究的价值，甚至可以说，符号学比任何其他学科都更具洞穿商品本质的能力。为此，建立一门商品符号学的重要性与必要性也不言自明。

---

① R. Goldman, S. Papson, "Advertising in the age of accelerated meaning", *The consumer society reader*, New York: The New Press, 2000, p. 95.

② 苏特·杰哈利：《广告符码——消费社会中的政治经济学与拜物现象》，马姗姗译，北京：中国人民大学出版社，2004 年版，第 5 页。

③ 苏特·杰哈利：《广告符码——消费社会中的政治经济学与拜物现象》，马姗姗译，北京：中国人民大学出版社，2004 年版，第 6 页。

目　录

第一部分
商品符号学的若干理论问题

一、符号、象征、象征符号，以及品牌的象征化

赵毅衡

1

各种符号修辞格中，最难说清的是"象征"。糟糕的是，这个术语使用得最多，意义却最混乱，而且"符号"与"象征"两个词经常被混用。讨论"象征"与"符号"的著作，在中西文中都极多，不少还专门讨论两者的区别，结果似乎越讨论越乱。下文将引用中国和西方一些学者的著作，试图找出混乱的根源。

本来这个问题应当可以用符号学来澄清，可能也只有符号学才能澄清。但恰恰是在西语的符号学著作中，这个问题弄得最乱，因为在西语中，"symbol"（象征）一词经常当作"符号"意义来使用，西方符号学家们自己成为混乱的原因，这就使我们不得不依靠汉语来澄清西语中的混乱。

当代汉语在大量翻译的影响下，也出现了"符号"与"象征"的混乱，例如说"超女是当代文化的符号"，正确的表达应当是"超女是当代文化的象征"，因为任何一个节目或称呼本来就是符号，只有某些符号能变成一种特殊的符号，即象征。

钱锺书对这个问题一目了然，处理得直截了当：《管锥编》卷三说符号即 sign、symbol。[①] 我认为钱锺书先生的处理原则应当行得通：对于"symbol"在汉语看来是"符号"时，都译成"符号"；在汉语看来是"象征"时，都译成"象征"。标准由汉语自行确定，不必跟着西文一道混乱，不必凡"symbol"都译成"象征"。

---

① 钱锺书：《管锥编》，陆机《文赋》论卷，北京：生活·读书·新知三联书店，2007年版，第1864页。

因此，本文的目的，是把汉语的术语"象征"与"符号"区分清楚，顺便讨论"symbol"比较适宜的处理方式。

2

在西语中，"symbol"与"sign"这两个词经常混用，不少符号学家用了整本书试图澄清之，例如托多洛夫的《象征理论》①，只是把问题说得更乱。而汉语从书标题译名开始，就不得不参与这种混乱。可以说，迄今为止，汉语中"象征"与"符号"这两个术语的混乱，是在翻译中产生的：西方人混用，翻译也只能在"象征"与"符号"中摇摆。但是影响所及，中国人的书，也会把本来清楚的汉语词汇分别弄得复杂。

例如有一本国内新出的学术书，说是"symbol"此词，"用于逻辑、语言及符号学心理学范畴时，多译作'符号'；而用于艺术，宗教等范畴时，则译为'象征'"②。这话实际上是说，汉语中"象征"与"符号"同义，都是"symbol"的译文，只是"象征"只出现于艺术学和宗教学之中。这种"按学科"处理译名，恐怕只能增加混乱。谓予不信，试几本书中的用法就明白。

弗洛伊德认为梦的冲突—压制—替代机制使梦中出现显义与隐义，显义（manifest）是"图像的—字面的"（pictorial－literal），隐义（implicit）即是"象征意义"（symbolic）③，拉康的著名概念"象征界"（symbolic order），按上文说的标准，应当译成"符号意义""符号界"。从拉康的原意考虑，译成"符号界"可能是更正确一些。④

卡西尔名著《人论》一书的名句"人是 animal symbolicum"，现在一般译成"人是使用符号的动物"，但是也有人译成"使用象征的动物"，也有重

---

① 茨维坦·托多洛夫：《象征理论》，北京：商务印书馆，2004 年版。

② 贺昌盛：《象征：符号与隐喻》，南京：南京大学出版社，2007 年版，第 5 页。该书同一页上说："西语语境中的'象征'偏重以形象指涉理性思辨的对象，但当这一'形象'日渐脱离其具体的形态状貌而被单一的'语言符号'所替代时，'象征'就成了一种纯粹的语言现象。"

③ Sigmund Freud, "The Interpretation of Dreams", Agnes Petozc, *Freud*, *Psychoanalysis*, *and Symbolism*, Cambridge: Cambridge University Press, 1999, p. 64.

④ "象征界即符号的世界，他是支配着个体生命活动规律的一种秩序。"黄汉平：《拉康与后现代文化批评》，北京：中国社会科学出版社，2006 年版，第 73 页

要著作用此说。① 不过原书在术语上还有进一步的特殊分辨：此书把"sign"解释为动物都会有的"信号"，而把"symbol"看成人的特点。② 那样的话，"symbol"就必须是"符号"。

人类学家 G. H. 米德的学说对符号学的发展做出了很大贡献。米德去世后，他的著作由他在芝加哥大学的学生兼好友，著名符号学家莫里斯编辑成为《心灵，自我与社会》③。莫里斯把米德的观念称为"符号互动论"（Symbolic Interactionism），但是这两位符号学发展史上的关键人物，偏偏用"symbolic"一词。

布尔迪厄著名的术语"symbolic capital"，不少学者译成"象征资本"④，也有一些译者翻译成"符号资本"⑤，中文论者也两者混用⑥。我个人认为按布尔迪厄的本意应当译成"符号资本"。首先因为这个概念是与"社会资本""文化资本""经济资本"对比列出。从现代汉语的意义（汉语可以说，"他只有象征性的经济资本"，却不能说"他只有符号性的经济资本"）可以看出：以上各种资本本来就可以是"象征性的"，而要经过一番社会转换才能成为"符号性的"。布尔迪厄指出："symbolic capital 是其他各种资本在被认为合法后才取得的形态。"⑦ 因此，以翻译成"符号资本"为宜。但是鲍德里亚的著作前后不断地围绕着"符号"与"象征"的对立展开论辩：早期认为现代性的发展是从象征秩序到符号秩序，中期认为现代性是从符号秩序发展到象征秩序。⑧ 但是在他的思想中，"符号"与"象征"究竟有什么区别呢？鲍德里亚1972年的著作《符号政治经济学批判》被认为是转向的路

---

① 例如王一川：《语言的胜景：外国文学与语言学》，海口：海南出版社，1993年版。王一川说此语引自甘阳所译卡西尔《人论》，上海：上海译文出版社，1985年版，第87页。《人论》各版都译成"人是使用符号的动物"。

② Ernst Cassirer, *Essay on Human Being*, 1944.

③ George Herbert Mead, *Mind Self and Society: From the Standpoint of a Social Behaviorist*, Charles W. Morri, ed., Chicago: University of Chicago. 1934.

④ 例如褚思真、刘晖译：《言语意味着什么》，上海：商务印书馆，2005年版。

⑤ 例如李猛、李康译：《实践与反思：反思社会学导引》，北京：中央编译出版社，1998年版。又如陶东风译：《文化与权力：布尔迪厄的社会学》，上海：上海译文出版社，2006年版，第9页。

⑥ 例如张意：《文化与符号权力》，北京：中国社会科学出版社，2005年版。

⑦ Pierre Bourdieu, "The Forms of Capital", *Handbook of Theory and Research for the Sociology of Education*, J. Richardson, ed., New York: Greenwood, 1986, pp. 241-258.

⑧ 高亚春：《符号与象征——波德里亚消费社会批判理论研究》，北京：人民出版社，2007年版，第6-9页。

标性著作，在此书中他举了一个容易懂的例子：结婚戒指是"一个特殊的物，象征着夫妻关系"，而一般的戒指并不象征着某种关系，因此是"一种他者眼中的符号"，是"时尚的一种，消费的物"。而消费物必须摆脱"象征的心理学界定"，"最终被解放为一种符号，从而落入到时尚模式的逻辑中"①。他的意思是，象征有心理意义，而符号则有时尚意义。应当说，这是相当个人化的用法，只能说戒指与结婚戒指是两种不同的"象征符号"。

还有一些西方论者把两个术语混合使用，例如弗洛姆说："符号是人的内心世界，即灵魂与精神的一种象征。"② 这句话的意思似乎是符号范围比象征小，只是一种象征。恐怕大部分学者认为符号的外延应当比象征宽得多。

这两个词在西语中是从根子上混乱了，每一个论者只是更加剧了混乱。甚至现代符号学奠基者皮尔斯，也把这两个关键的关键词说得更乱，他使用"symbol"一词指符号三分类之一种规约符号（convention），即与像似符号（icon）和指示符号（index）不同的，靠社会规约性形成与对象关联的符号。但是他又花了很大力气把他的这个特殊用法解释成一般化的"symbol"。他说它的用法——

> 与其说赋予 symbol 一种新意义，不如说并返回到原初的意义……亚里斯多德认为名词是一个 symbol，是约定俗成的符号。在古希腊，营火是 symbol，一个大家都统一的信号；军旗或旗子是 symbol；暗号（或口令）是 symbol；证章是 symbol；教堂的经文被称为symbol，因为它代表证章或基督教原理考验用语；戏票或支票被称为symbol，它使人有资格去接受某事物；而且情感的任何表达都被称为symbol。这就是这个词在原始语言中的主要含义。诸位考验判定他们是否能证实我的生命，即我并没有严重歪曲这个词的含义，并没有按我自己的意思使用它。③

应当说，皮尔斯举的例子中，"教堂经文代表基督教原理"明显是象征，营火、军旗或旗帜，都是典型的（邻接性）指示符号，至于"情感的任何表

---

① 鲍得利亚：《符号政治经济学批判》，南京：南京大学出版社，2009 年版，第 47—49 页。

② 埃里希·弗洛姆：《被遗忘的语言》，北京：国际文化出版公司，2001 年版，第 31 页。

③ J. Buchler（ed）：*Philosophical Writings Peirce*，1955. 转引自涂纪亮：《皮尔斯文选》，北京：社会科学文献出版社，2006 年版，第 292 页。

达"，则是各种符号都有，而且以像似符号居多（例如表情、手势、身体动作）。这种"回到希腊原意"，在西方可能是一种论辩策略，但是"symbol"在"希腊原意"中就是有"符号"与"象征"两个意义。皮尔斯这种自辩，更无法说明他的"symbol"特殊用法（规约符号）之"正确"。实际上艺术的、宗教的"symbol"大多具象，至少起源于相似符号。皮尔斯很明显用语不当，下文不再讨论皮尔斯这种特殊用法。在这一点上，索绪尔倒是有所警觉。他说："使用 linguistic symbol 这个术语，颇有顾虑。symbol 绝不是空洞的，在观念和充当观念的符号之间至少有初步的联系。天平——公平的symbol，这里存在关联。"① 因此在说"符号"时尽量避免用"symbol"一词。

古希腊语"symbolum"语源意义是"扔在一起"，表示合同或约定的形成过程。在当代西方语言中，"symbol"有两个非常不同的意义。《简明牛津词典》对"symbol"一词的定义是："1. 一物习俗上体现了、再现了、提醒了另一物，尤其是一种思想或品质（例如白色是纯洁的"symbol"）；2. 一个标志或字，习惯上作为某个对象、思想、功能、过程的符号，例如字母代替化学元素，乐谱标记。"② 前一定义应为汉语"象征"意义，后一定义应为汉语"符号"意义。

事到如今，最好的办法是西文取消"symbol"的第二义（作为"符号"或"规约符号"的意义），全部用"sign"。这当然不可能：语言问题无法由学界下命令解决。本章并不想澄清西文"symbol"的混乱，而只能讨论中文的"象征"，即西文"symbol"的第一义。只是必须事先说明：中西语种两者本来就不对等，意义混乱的地方也不一样，翻译时必须仔细甄别，什么时候在谈的哪一种定义的"symbol"，如果是"符号"，就不能用"象征"。应当承认，西方人能交替使用"symbol"与"sign"，至少行文灵动方便得多，但这不是我们把"符号"译成"象征"的理由，因为在汉语中，"象征"与"符号"不能互相替代：象征只是一种特殊的符号。

有些作者认为符号是浅层次的，象征是深层次的。甚至有西方论者认为

---

① 费尔迪南·德·索绪尔：《索绪尔第三次普通语言学教程》，屠友详译. 上海：世纪出版集团，2007 年版，第 86 页。

② *The Concise Oxford Dictionary*，Ninth Edition，Oxford：Oxford Univ Press，p. 1411.

符号是"直接"的，而象征是其"背后的潜在意义"。① 持这种看法的主要是某些人类学家，显然他们思想中的"符号"，只是某种图像、文字或类似文字的记号（notation）。这种对"符号"的特殊理解，看来无法在人类学之外说清楚，甚至在人类学中也不应当坚持。

3

在语言修辞学中，象征已经是个很不容易定义的修辞格。索绪尔本人在讨论德国史诗《尼伯龙根的指环》时说："史诗作者，或甚至历史作者，在叙述两军交锋时也介绍两位首领之间的战斗……这样首领 A 与首领 B 的决斗就不可避免地成了象征。"② 索绪尔用的是"symbol"。这种"以将代军"的人物塑造手法（在中国小说、戏曲、电影——例如《赤壁》——中可能用得更普遍），是一种以部分代全体的提喻，但是索绪尔这时用的"symbol"可以是象征，因为这种手法导向象征的形成。

但是如果讨论作为史诗的《尼伯龙根的指环》，在语言学范围中难以说清象征问题，这时是由于象征概念本身有超语言的符号修辞性质：从符号学角度，或许能把象征的特质说得清楚一点。

我们先从象征最基本的情况说起，而且尽量说得简单明确。首先，无论哪一种象征，在修辞机制上，都是广义的比喻。许多作者在使用中经常混用比喻与象征。一本中国作者写建筑的书，说罗马帝国的凯旋门等公共建筑，是"通天之门"的"隐喻"；紧接着又说凯旋门是"皇权神权的象征"。③ 这两者都没有错，但是为什么凯旋门不是"通天之门的象征"？为什么不是"皇权神权的隐喻"？或许应当让作者们换着用，但是接得如此之紧，而我们读起来不觉得有错，说明这两个术语（无论在中文和西文中）部分同义。

象征不是一种独立的修辞格，因为象征可以起始自任何一种比喻：明喻、隐喻、提喻、转喻、潜喻，象征与被象征事物之间的联系，可以取其像

---

① Miranda Bruce-Mitford、Philip Wilkinson：《符与象征：图解世界的秘密》（*Signs & Symbols，An Illustrated Guide to Their Origins and Meanings*），台北：时报文化出版社，2008 年版。此书在导论中说："符号有直接的功能，它可以是书面或视觉语言的一部分，警告前方路况的一种视觉词汇，或公司产品的一个夸大用词。符号给予我们的是一则有立即关联性的简单讯息。另一方面，象征则是一种视觉图像或标志背后的潜在意义，代表的是宇宙真理的深层指标。"

② 转引自托多洛夫：《象征理论》，北京：商务印书馆，2004 年版，第 366 页。

③ 戴志中：《建筑创作构思解析》，北京：中国计划出版社，2006 年版，第 20—21 页。

似性，也可以取其邻接性。但是象征在修辞形态上与其他比喻种类实际上无法区别，在语言修辞中无法说象征是一种独立的修辞格。"于丹是新国学热潮的象征"是转喻；"黑色是闻一多晚期作品忧郁情调的象征"实为提喻；兰波说"O象征太阳金色的阳光"，是跨渠道通感比喻。钱锺书说"同喻异边"，象征也可以多边。例如龟在中国古代象征长寿，为中国寿文化的主要符号，成为重要礼仪元素。元代之后，俗文化兴起，龟与蛇等肮脏爬行动物生活在一道（邻接）而被喻为通奸男子，从而延伸出"龟儿子""王八蛋"等侮辱用语。这两种象征基于不同根据性，两者在同一文化中似乎也并不冲突，可能因为使用的文化场合有很大等级差。叶芝曾指出："当隐喻还不是象征时，就不具备足以动人的深刻性，而当它们成为象征时，它们就是最完美的了。"① 象征是否为"完美的比喻"，暂且不论，但象征的确是比喻的发展。

比起其他比喻，象征的表现体更是超语言、超单独媒介的。上文已经说过，跨语言跨媒介的比喻，是概念比喻的特征。因此象征的出发点往往是跨媒介通用的概念比喻。例如十字架、新月、万字之于基督教、伊斯兰教、佛教，这些象征无论用什么媒介表现，无论是图像、雕塑、语言、姿势来表现，依然是同一个象征。

经过如此的变异与积累之后，象征的意义所指总是比较抽象，经常是无法"意释"的精神境界（état d'âme，例如佛教中用莲花象征纯洁），或是不太容易用别的方式表达的（例如经轮象征佛法），甚至难以形诸语言的事物（例如品牌象征的趣味、品位与社会地位）。这就是为什么本书强调象征必须在符号学中才能讨论清楚。哲学家谢林说象征是"以有限方法表现的无限"，这个定义不清楚，但是"无限"一词，点出了喻旨说不清的特征。荣格说得比较明确："象征意味着某种对我们来说是模糊的，未知的，遮蔽的东西。"②

卡西尔一方面把"symbol"最普遍化，等同于"sign"；另一方面又给"symbol"最"精神性"的定义："'symbolic form'应理解为一种精神能量，借其之助，使一种精神内容，和一种具体的感性 symbol 相联系，并内

---

① W. B. Yeats, *Essays and Introductions*, New York: Macmillan, 1961, p. 45.
② Carl Jung, *Man and His Symbols*, New York: Dell, 1964, p. 3.

在地属于这 symbol。"① 这的确是象征的定义：象征的符指对象必须是一种"精神形式"，象征的本身却必须具体。

刘熙载《艺概·词概》名言："山之精神写不出，以烟霞写之；春之精神写不出，以草木写之。故诗无气象，则精神无所寓矣"，写不出的"精神"，宜以形象表现。只不过刘熙载说的是"词"这种文学体裁，是指描写这些形象的语言：此时我们就看到了象征的"符号载体级差"——"烟霞""草木"这些形象，可以是景色（物象），可以是美术、照片、电影等再现（图像），可以是文辞，也可以是文辞描写的场景（语像），或者文本集合，例如文学作品景色描写（文本景像）。例如《黄土地》全剧构成一个景象象征，《边城》全书构成一副景象象征。

在某些特定情况下，象征也可以不涉及如此大规模的或抽象的"精神意义"，而使用于非常具体的效果祈求：给人贺喜画上红蝙蝠，象征"洪福齐天"；往新娘床下放红枣、花生、桂圆、莲子，喻"早生贵子"。这些只是利用"语音相似"（phonetic iconicity）祈福，钱锺书先生称之为"声音象征"（sound symbolism）。也有解字音、字形兴文字狱的事发生：雍正时，翰林官徐骏在奏章里，把"陛下"的"陛"字错写成"狴"字，雍正帝见了，马上把徐骏革职。后来在徐骏的诗集里找出了两句诗："清风不识字，何事乱翻书？"于是说是诽谤清朝，徐骏死罪。此时使用象征，只是因为（或断定）符号发送者不便或不愿直言。祈福或降祸，均托之于仪式化象征，基于其婉转非直言效果。

因此象征可以有一系列规模迥异的表现方式，从单元符号，进入大规模文本符号；从物象，到图像，到语像，到文本景像。有论者提出象征就是"被赋予文化意义的符号"②，应当说，符号的意义，都与文化有关，没有文化性的意义，两个个人之间的符号交流就不可能。因此象征的意义，不仅是文化意义，而且是在集体使用中累积而形成的比较抽象而难说清的精神性的文化意义，或因各种原因不便或不宜直接说的文化意义。

---

① Ernst Cassirer, *The Philosophy of Symbolic Form*, New Haven : Yale University Press, 1988, p. 43.

② 陈华文：《文化学概论》，上海：上海文艺出版社，2004 年版，第 148 页。"象征是从一种固定的文化形态中赋予或开掘出更多的文化意义，换句话说，象征就是给文化符号赋予更多的价值和意义。"

4

象征的符指含混但常常宏大，许多文化符号，尤其是具有"神话"式精神表意的符号，就被人有意推向象征方向。象征意义往往是历史地积累起来的，符号使用中的不断"片面化"渐渐倒空原符号意义，代之以新的特殊意义：形成象征的关键是重复使用所造成的变化与意义累积。

下文列出若干把普通修辞格变成象征的方法，可以说：所有方法都必然利用符号使用者（发出者，解释者）共享的文化意义积累。正因为象征不停留于比喻，它积累起超越修辞水平的丰厚意义，因此它有一个意义形成过程，这个过程的关键，就是重复：文化对某个符号进行重复，使用符号的个人或集体对符号进行重复，都可以达到意义积累变成象征的效果。

文化群体使用某形象表达意义有一定积累，就会成为象征。《诗人玉屑》卷九"托物取况"："诗之取况，日月比君后，龙比君位，雨露比德泽，雷霆比刑威，山河比邦国，阴阳比君臣，金玉比忠烈，松竹比节义，鸾凤比君子，燕雀比小人。"

文学语言如此排列一一对应，可能过于机械，但是象征的文化规定性的确有一定的组合规则。例如，中国的风水术就是复杂的组合象征：建筑选址负阴抱阳——前面有案山，有池为朱雀，有小折河应"金带环抱"；背面有座山，为玄武，东边引水成渠以喻青龙，西边有路谓之白虎。风水的象征体系，起始明显是为官宦人家社会地位即社会欲望的象征祈福。

集体象征可以很隐蔽，例如艾略特《荒原》中依靠的主要象征系列，是古代繁殖神神话，因为变形过于复杂，引用过多，作者不得不加了许多注，诗人给作品加注以说明象征，这是很少见的例子。《荒原》的象征，实际上接近原型象征（archetypal symbol），即在部族，甚至全体人类经验中植根很深的某些形象：例如太阳象征真理或阳刚，月亮象征美丽或阴柔，春天象征希望，四季象征生命。有些论者认为：所有的原型象征，实际上是先前作品使用形成的历史积累。如果考虑到在有记录的艺术与文学出现之前很久，人类已经有上万年的符号文化，解释象征意义的确是靠重复使用积累起来的。

例如华表，原先是一种路标，尧舜时代常为供百姓告状的"谤木"。晋代崔豹说："今华表木也，以横木交柱头，状若花也，形似桔槔，大路交衢悉施焉。或谓之表木，以表工者纳谏也，亦以表识肠路也。"后世华表的路标与"谤木"功能早已消失，上面不再刻以谏言，而为象征皇权天授的云龙纹所代替，是皇家建筑的一种特殊标志。而在当代，则成了中华民族的象征。因此华表的象征意义，是历史性地变易与累积所得。

数字也可以是有历史原因的象征：耶稣有十二门徒，这个数字的意义来自《旧约》：在以色列旷野里有十二股活泉解渴，此后成为犹太的十二支派。耶稣如果真选了十二个信徒，或是耶稣门徒自称有十二人，可能就是想到十二这个犹太民族的象征数字，以代表整个民族；如果十二是基督教建立后声称的，更是有意追溯犹太教渊源。这个数量象征，最后去象征化，变成普通数量词"打"。

荣格认为组成集体无意识的主要是原型象征。原型是人心理经验中的先在的决定因素。促使个体按照他的本族祖先所遗传的方式去行动。人们的行为，在很大程度上是由这无意识的原型所决定的。神话象征影响着我们的行为，尤其是情感活动。在梦、幻想、宗教、神话、传说中，这些原型会显现出来。荣格的"自我"概念也是一种重要的原型，它包括了潜意识的所有方面，具有将整个人格结构加以整合并使之稳定的作用。与集体无意识和原型有关的另外一个概念，是从印度教和佛教借来的曼陀罗（Mandala），指的是一种回旋整合象征，在不同文化中反复出现的人类力求整体统一的精神努力。[①] 荣格的原型象征理论，深入宗教、历史和文化领域。弗洛伊德的学说是悲观的，他看到的是阴暗的力比多力量无可阻挡，人只能略做些敷衍塞责的对抗；荣格的原型象征说却比较乐观，他把原型象征看成一种人类试图与神圣或神秘接触的努力。

过于特殊的安排，形成组合轴上强大的聚合系，也可以形成象征。戈达尔的电影《芳名卡门》（*Prenom Carmen*）中多次出现海鸥的叫声，但是镜头前的画面往往是巴黎的夜景与车流，不可能出现只有在天宽地阔的海边才有的海鸥叫声。这种"断裂性"的插入元素只要重复几次，就变成了一种抽象意义的象征。

艺术家有意让一个形象多次出现，重复着力表达，也可能获得意义更深远的象征意义。这实际上是艺术家自己进行重复。英国莎士比亚专家卡洛琳·斯博琼（Caroline Spurgeon）1935 年首先分析莎士比亚戏剧中的"复现形象"（recurrent image），发现累积意义可以成为象征。例如《哈姆雷特》剧中的疾病形象，《麦克白》中的"赤裸婴孩"形象。布鲁克斯在《精

---

① C. G. Jung, *Memories*, *Dreams*, *Reflections*, New York: Vintage Books, 1961. 其中说："我知道，发现曼陀罗作为自我的表现形式，是我取得的最终成就。"

制的瓮》一书中进一步研究了复现语象累积意义的方式，以至于弗莱评价说："对复现语象的研究是新批评的主要方法之一。"①

实际上仅仅复现本身是不够的，这些语象指向文本的主题，才能获得象征的分量，因此往往被称为"主题形象"（thematic image）。孔尚任《桃花扇》中反复提及的扇子（提扇、溅扇、寄扇、撕扇）使它成为爱情中女子的气节与国难中民族气节的象征；俄国导演祖亚金瑟夫的电影《归来》中反复出现的"爬高"形象，成为孩子长大的象征。

如果要避开重复所需要的篇幅或时间——艺术家经常建立自己设置的"私设象征"，这种象征可以直接点明。毕加索名画《格尔尼卡》的象征"黑白灰三色是压抑，公牛象征兽性与黑暗，而受惊的马代表人民"。这是他自己设置的，用的方式是映现，即在形象的配合中显示与对象（格尔尼卡轰炸惨案）的共型性。上面引用的是他事后的说明，但是当时观众，靠标题的明晰作意义主导参照，也看懂了这样的象征配置。惠特曼纪念林肯的名诗《当紫丁香最近在庭院开放》开头两行：

> 每年开放的紫丁香，那颗在西方陨落的星
> 和我对我所爱的人的怀念

紫丁香的象征被直接点明。叶绍翁诗："满园春色关不住，一枝红杏出墙来"，点名红杏象征春色。这些所谓"私设象征"，不可能完全没有文化根据、没有集体用法的基础。每年重开的花、陨星，与纪念死者本来就有关。杏花灿然高于墙外，也是大家认可的春日景色。至于"红杏出墙"此后的延伸象征意义，则是使用社群共同的文化积累，不是诗人原先设立的。

我们可以看出，要形成一个携带着厚重意义并能成功流行的象征，往往需要把文化原型、个人创建、集体复用这三种方式结合起来：希特勒创用的"Swastika"（万字）象征，利用了雅利安神话中的原有符号，加以个人设置，信徒们坚持重复，在实践中填充"雅利安种族主义神话"内容，结果成了纳粹法西斯主义的恐怖象征。

5

而这种品格获得，与文化提供的"超常语境"有很大关系。复现形象渐

---

① Northrop Frye, *Anatomy of Criticism*, 1957, p. 58.

渐积累意义成为象征，实际上是许多特用符号建立意义的手段。国家旗徽、城市地标建筑、王室贵族纹章、机构标识，再到品牌图像，都是靠一再复现方式形成象征意义积累，因此各种宣传或广告，绝对不会轻易放过突出象征标志的机会。

这就关系到当代社会品牌的建立方式：大公司的商标图像称为"Logo"（如耐克的勾，麦当劳的 M，肯德基的人头，英特尔的字形，奔驰车的蓝黑图标等），原本是有理据性的修辞符号（例如字母是品牌缩写）。但是随着资本主义的全球化，象征性增加，其超出原先"意图定点"的意义，延伸义扩大到全世界的消费者都只认图标而不管"真实品质"。当全球化向纵深发展，西方出现了"反 Logo 霸权"运动：商品图标的象征意义，远远超出全球化之前的文化想象。

商品标牌追求象征化，当代大众传媒则提供了象征化所需要的复用机会，而且把这个需要相当长时间的过程缩得很短。实际上大量网络语，如"打酱油""俯卧撑""躲猫猫""被增长"，也是有人发明，众人接上，在网上大量重复，直到最后成为具有特殊意义的表现方式。当代所谓迅速爆红的名人，也是这样一种网络语大众传媒之间接力的人物象征。

这是所谓后现代社会在象征化上的一个特点。"现代的艺术作品，其特征在于本质性和暂时性的统一。这种当下特性在艺术和时尚、新颖以及游手好闲者、天才、儿童的外表之间建立起了亲密的关系。"① 这个趋势愈演愈烈，速度越来越快，例如"芙蓉姐姐""犀利哥""凤姐"之类的人物，忽然成为全国名人，而且代表了一种概念，一种值得人们追求的"平民神话"象征。起先有人解释说这是中国人喜欢"围观笑话傻子"的恶习，是侮辱这些人；事到后来，恐怕是他们在笑话我们，笑话我们为他们成功地象征化添砖加瓦：毕竟要让那么多人来参与建设这些象征，不是一桩容易做到的事。

【原载《贵州社会科学》，2010 年 09 期】

作者简介：

赵毅衡，四川大学文学与新闻学院教授、博士生导师，主要研究方向：符号学、叙述学、形式论。

---

① 哈贝马斯：《现代性的哲学话语》，南京：译林出版社，2004 年版，第 46 页。

二、经济价值和货币符号学的相似之处

[保加利亚] 克里斯蒂安·班科夫　著

贾　欣　译

引　言

在符号学理论中，关于经济价值的概念，并没有令人满意的讨论。有一些关于货币概念的单篇论文，其中一些颇具有洞察力，但并不是已成型的理论。在这里，我将尝试着把这两个概念放在一起，并提出一个具有可行性的理论方法纲要，这将开启一个研究计划。

经济现象的符号相关性并不难看出。只要不是即刻的生产或消费，一切经济现象都是时间和空间上的价值转移。货币不是经济价值转移的唯一媒介，但它们是最具象征性的经济符号。价值的积累和转移是任何经济行动的基础，符号学方法可以分析媒介与其内容之间的关系。当然，符号学的观点可以揭示"传统的交流行为"和"经济行为"之间的主要区别—— 在第一种情况下，我们有可能对符号进行无限的再生产，反而在第二个中我们对对应性有着严格的限制—— 既定系统中货币符号的数量应与市场参与者的可用经济价值的数量相对应。当经济符号过度再生产时，它们开始失去价值（这称为通货膨胀的过程），此外，当我们交换经济符号时，它更是"交易符号学"，而不是信息交流。但随后我们将会谈到这一点。

至于在符号学中有关于经济价值的许多其他问题，有皮尔斯和索绪尔的理论作为基础。在二元传统中，索绪尔自己已经将语言学的语义价值和经济符号之间进行了类比，同时考虑了语言学和政治经济学的方法论。[①] 这种方

---

① Ferdinand de Saussure, *Course in General Linguistics*, Charles Bally, Albert Sechehaye eds., New York: McGraw-Hill Book Company, 1966.

法的重点在于交换价值。在三元传统中，价值被认为是一种交换和生产，这一传统很自然地采纳了马克思主义的附加劳动视角。

三元传统

艾柯对符号与经济价值的皮尔斯三元模型进行了最直接的投影。在《符号学理论》① 一书引言部分的一个非常重要的章节中，他证明了每一种社会现象都符合符号学原理，并创造了一种交换商品的符号学模式。该模式是三元的，并详细阐明了商品的交换价值（EV）与人力劳动（HL）和货币的关系。

但是，艾柯也用公式证明了为什么这种模式应当作为符号学理论的一部分，而不是作为经济价值的符号学理论：硬币（作为符号载体）和词语之间的唯一区别是词语可以在没有经济努力的情况下再生产，而硬币是一个不可复制的项（它共享其商品对象的某些特征）。这仅仅意味着，有不同种类的符号，而且它们也必须根据其<u>表达一物</u>的经济价值加以区分。② （着重号为艾柯所加）

这就是"表达一物"的必要缺乏，它是货币符号的价值/意义的可能性条件，并且，正如我们将看到的，在当今经济中，尽管货币常常是非物质的电子文件，但它们的价值条件仍然是对无限再生产的限制。

关于符号学的马克思主义方法对经济价值的最长久的贡献，是由意大利哲学家罗西－兰迪做出的。关于这个问题，他著有几本专著，并创办了一个有追随者的学派。这种方法的基本假设来源于黑格尔和马克思的劳动理论：人是他自己工作的结果，正是通过这样的工作，他逐渐与其他动物分别开来。这个理论最重要的方面之一是，一切有价值之物（因此，正如我们将看到的，一切有意义之物）都是人类工作的产物；价值是人类已经引入并继续引入到世界中（劳动价值理论）的东西。<u>所有社会符号系统作为人类工作的</u>

---

① Umberto Eco, *A Theory of Semiotics*, Bloomington：Indiana University Press，1976.

② Umberto Eco, *A Theory of Semiotics*, Bloomington：Indiana University Press，1976，pp. 25－26.

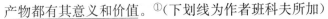

产物都有其意义和价值。①（下划线为作者班科夫所加）

在这个强有力的假设下，他发展出一个巨大的研究项目，探索生理和语言劳动之间的同型，其主要关注点在于揭示资产阶级社会强加的阶级异化的新维度。语言工作者和普通人，是处理共同社会共享语言的真正生产者，但是符号的使用规则和对其流通的控制在那些拥有渠道的少数人中。为了证明这一点，罗西－兰迪开发了一个多层次的模型，以展示生理和语言劳动在价值创造过程中是如何同源的。他描述了产品的十个层次，以及关于生产与生产材料/技术和语言的人工制品的日益复杂性。

第一层：前表意项。

第二层：不可简化的表意项。

第三层："完成的"的片段。

第四层：工具和句子。

第五层：工具的聚合。

第六层：机制。

第七层：复杂的，自足的机制。

第八层：总体机制或自动化。

第九层：不可复制的生产。

第十层：总体生产。②

但在罗西－兰迪这里，我们没有发现任何关于语言符号复制的无限可能性和符号复制的严格限制之间的评论，即再现经济价值—货币符号。他甚至用专门一章来讨论"语言货币"③，并通过对这个问题的讨论，把整个重点放在言语中的货币的等价物上，即被说出的话如何总是存在之上，并提出，它们是既定的，而不是说话者自己生产的。这种情况使他们与自己的语言活动相疏离。

---

① Ferruccio Rossi-Landi, *Linguistics and Economics* (= *Janua Linguarum*, *Series Maior* 81), The Hague：Mouton, 2nd ed. 1977. [first publ. in：Current Trends in Linguistics. Vol. XII：Linguistics and Adjacent Arts and Sciences. The Hague：Mouton 1974, Part 8, 1788]

② Ferruccio Rossi-Landi, *Linguistics and Economics* (= *Janua Linguarum*, *Series Maior* 81). The Hague：Mouton, 2nd ed, 1977. [first publ. in：Current Trends in Linguistics. Vol. XII：Linguistics and Adjacent Arts and Sciences. The Hague：Mouton 1974, Part 8, 1862—1888]

③ Ferruccio Rossi-Landi, *Linguistics and Economics* (= *Janua Linguarum*, *Series Maior* 81). The Hague：Mouton, 2nd ed, 1977. [first publ. in：Current Trends in Linguistics. Vol. XII：Linguistics and Adjacent Arts and Sciences. The Hague：Mouton 1974, Part 8, 1932 ff]

庞齐奥是罗西－兰迪的主要翻译和追随者，他在《作为符号的人》① 一书中对平等交换符号学的批判②进行了专章讨论。这是一个重要的理论贡献，它使得古典的符号学说与经济和市场的问题直接相关。庞齐奥将索绪尔的符号学和边缘主义经济理论进行平行研究，揭示了日内瓦经济学派瓦尔拉斯和帕雷托对萨苏尔的直接影响。他们的经济理论以交换阶段为代价几乎完全忽略了生产、劳动和消费的阶段，因此，庞齐奥很容易证明，索绪尔的符号学也具有同样的不足。在边缘主义经济模型中，它是"平等"的概念，在语义学上它是语言系统（语言，language），以及衍生的符号概念。庞齐奥的观点将皮尔斯、巴赫金和罗西－兰迪的理论作为基础，其立场是社会实践、市场交换和许多其他人之间的语言沟通，从来不是作为从发送者传递到接收者的编码的信息而结束的。这只是关于这一主题的无效假设。在马克思主义符号学的逻辑中，人类的互动，总是解释性的、对话性的和富有成果的，在某种意义上，工作和沟通是一个无限的过程。庞齐奥不仅忽略了经济和语言符号再生产的不同性质，而且还定义了一个观点，考虑到这种差异，该观点就像一个重商主义的假设那样，认为财富是由黄金和货币创造的。

二元传统

符号学的另一派，在结构主义范式内，也有着重要的贡献。索绪尔自己已经提出了一个关于两个学科的共时性和历时性的区别的强有力方法的假定。由此它在语言学和政治经济学中，使精确的科学方法可以在共时性水平上得以实现，即"两个科学都关注一个系统，使不同秩序的东西相等——劳动和工资，所指和能指"③。更准确地说，索绪尔通过以下方式阐述了这个想法。

---

① Ponzio Augusto, *Man as a sign. Essays on the philosophy of language.* edited and translated from Italian and with an introduction by Susan Petrilli, Berlin and New York: Mouton de Gruyter, 1990.

② Ponzio Augusto, *Man as a sign. Essays on the philosophy of language.* edited and translated from Italian and with an introduction by Susan Petrilli. Berlin and New York: Mouton de Gruyter, 1990, pp. 185 ff.

③ Ferdinand de Saussure. 1916. *Course in General Linguistics.* Edited by Charles Bally and Albert Sechehaye. translated, with an introduction and notes by Wade Baskin. London: McGraw-Hill Book Company 1966, p. 79.

对于价值的存在，有两个因素是必要的。为了确定五个法郎值什么，必须知道：它可以交换固定量的不同的东西，如面包；可以将其与相同系统的类似值进行比较，例如，一个法郎，或另一个系统的硬币（美元等），以同样的方式，一个词可以交换不相似的东西，如一个概念；此外，它还可以与同性质的东西（交换），如另一个词。因此，只要简单地说明它可以与既定概念"交换"，即它具有这个或那个意义——它的价值就是不固定的，还必须将其与类似的值，和其他与它对立的词进行比较。①

索绪尔的这些思考与他对于符号科学—索绪尔符号学的简单概述和基本的假设一样有影响力。后现代哲学的两位旗手鲍德里亚和德里达已经开展了从索绪尔模型出发的经济价值研究（或者说，无论如何，他们的研究都可能是后现代的声明）。

鲍德里亚对经济学的符号学解释做出的贡献与罗西—兰迪相当，这包括他的几本著作，特别是在他进行研究的头二十年里所写成的。鲍德里亚的方法是二元的，但他对资本主义制度的批判与他的意大利同行一样激烈。他批判的深刻见解在于：如果我们想要理解资本主义的压迫机制，我们必须忘记工作、生产和剥削，并将我们的注意力集中在消费和马克思的产品拜物教概念上。正如索绪尔所描述的，在消费阶段，资本主义制度将使用价值的逻辑替换为语言符号的差别价值的逻辑。消费的不同价值意味着商品和服务在一个意义的网络中"监禁"消费者，这种意指从一个漂浮到另一个，而不指向经济学家认为是需求和经济价值之起源的客观需求。网络的意义（社会地位、时尚、区分）是社会建构的和自我参照的，并且是消费者选择的逻辑，它代表了不具批判性的参与资本主义制度特权的意识形态，即过度消费和与对我们有的真正兴趣和关系的异化。

鲍德里亚并不是用特定的方法来分析货币符号，尽管他经常使用这个概念。但是他有的关于信用体系的想法是很有洞见的，这触及我将要进一步研究的核心问题——货币和暂时性之间的关系。显然，他对潜藏的消费者信用机制是相当批判的，并如此对其进行解释："幻觉真的很了不起：表面看上去，社会在给你增加信用以换取形式上的自由，但事实上，是你在给社会

---

① Ferdinand de Saussure, *Course in General Linguistics*. Edited by Charles Bally and Albert Sechehaye. translated, with an introduction and notes by Wade Baskin. New York: McGraw-Hill Book Company 1966, p. 119.

信用并在此过程中转让你的未来。"① 所以，信用将你在时间上分割为两部分——一个是在现在享受着免费的（购买者），另一个是在未来必须赚钱的（付款人）。②

让我稍感惊讶的是，我发现实际上，德里达已经将我提出的模式中所有必要的要素集中在一本书中进行了讨论，并且，其中有许多观点与鲍德里亚相同。在《给既定时间：一，假币》一书中③，他在送礼实践的一些悖论上运用了他的解构法（灵感来自于索绪尔的符号模式）。我们可以将自己的时间当作礼物送给别人吗？对德里达而言，这显然是一个形而上学的螺旋。我们可以把假币给乞丐吗？当然，我们可以，但从它的相关角度而言，它的意义是什么，这其中的价值转换是什么？德里达像马塞尔·莫斯《礼物》一书中那样反对其格言风格，讨论很多基本主题：作为保证货币价值的黄金标准（稀缺原则），消费社会的到来——从生产逻辑到消费逻辑的转化，烟草的消费文化等。不幸的是，德里达把所有这些想法混杂在一起，而无法建立对未来有用的模式或肯定性的分析脉络。多亏了迈克尔·特拉特纳有见解的文章《德里达之于米尔顿·弗里德曼》④，我们才可以领略到这位哲学家的真正的符号—货币直觉，并将其和20世纪最伟大的金融家——米尔顿·弗里德曼的理论进行对比。

德里达比较了经济信用和语言差异的概念——在他看来，它们扮演相同的角色，并保持在各自的系统对无限差异性的开放。⑤ 这种观察的深刻后果，与米尔顿·弗里德曼关于钱最具煽动性的表述之一是一致的——钱"是一个社会最基本的公约，它的存在使得人们接受一个虚幻的观点"⑥。而迈克尔·特拉特纳的结论对我们的分析至关重要："符号系统本身在货币上的

---

① Baudrillard, Jean. 1968. The system of objects. translated by James Benedict. London: Verso. 1996, p. 169.

② Jean Baudrillard, *The system of objects*. translated by James Benedict, London: Verso. 1996, p. 162.

③ Jacques Derrida, *Given Time: I. Counterfeit Money*, translated by Peggy Kamuf. Chicago: University of Chicago Press, 1992.

④ Michel Tratner, "Derrida's Debt to Milton Friedman", *New Literary History*, 2004, pp. 791-806.

⑤ Jacques Derrida, *Given Time: I. Counterfeit Money*, Chicago: University of Chicago Press, 1992, p. 158.

⑥ Milton Friedman, Anna Jacobson Schwartz, *A Monetary History of the United States Princeton*, NJ: Princeton University Press, 1963, p. 696.

变化，是经济事件中最重要的决定因素之一。"①

整体的方法

与之前引用作者的观点相反，对于经济价值和货币引入强有力的符号学和后结构主义范式中的问题，其几乎没有什么重要的讨论，能够从货币和经济价值出发，运用符号学方法来强调货币现实对于思考整体社会性的重要性。正如我以前强调的②，货币对思考是有用的，它与稀缺原则即货币的价值/意义之可能性的条件相结合，形成了对于经济交换之符号学理解的最深远视角。

在 1989 年发表的《将货币的意义作为交换媒介》一文中，戴尔（Alan Dyer）提出了将货币作为一种思考主要的货币经济理论的媒介这一符号学思考。用他的话来说，"通过重新呈现物品和经验作为可交换价值的可比容器，货币象征性地改变生活，从而调节着我们对它的理解"③。这也意味着，市场交易不仅仅是文化上中立的经济交流，而且是人与人之间的共同理解和世界观的深层互动。史蒂文·霍维茨（Steven Horwitz）在他的文章《货币交换作为一种额外语言的社会交际过程》④ 中，阐述了主体主义的经济价值理论与伽达默尔的解释学本体论之间的密切关系。他的最重要的见解是在两个系统之间的平行中，货币并非是大多数研究者认为的信息，但它们对应于语言本身，其中价格具有词语或信息的功能。⑤ 在他的模式中，文本的概念被投射在经济现实上，并对应于市场的概念。⑥

① Michel Tratner, "Derrida's Debt to Milton Friedman", *New Literary History*, 2004 (34): 798.

② Kristian Bankov, "The copyright of my sensorimotsor experience," *Marusek*, Sarah ed., London: New York: Routledge, 2016, p. 190.

③ Alan W. Dayer, "Making semiotic sense of money as a medium of exchange". *Journal of Economic Issues*, 1989 (23): 505.

④ Steven Horwitz, "Monetary Exchange as an Extra-Linguistic Social Communication Process". *Review of Social Economy*, 1992 (50): 193—214.

⑤ Steven Horwitz, "Monetary Exchange as an Extra-Linguistic Social Communication Process". *Review of Social Economy*, 1992 (50): 208.

⑥ Steven Horwitz, "Monetary Exchange as an Extra-Linguistic Social Communication Process". *Review of Social Economy*, 1992 (50): 210.

货币的符号学演变

我们现在可以看一下历史上各种形式的货币符号发展的背后是否有一些符号原则。然后，我们将讨论如何使用艾柯的术语去理解货币的"表达一物"，反思新的社会结构出现的方式，以及从符号学的角度来看我们构建我们的生活计划的方式。

经济交流的第一种文化形式是易货。易货交易已经有一个基本的符号功能——对于我们的需求而言，我们富余的货物不如交换得来的货物有用，即我们拥有的货物是某种它自己无法满足的。这个符号功能的范围是非常有限的，仅限于易货交易发生时，两个经济行为者在同一时刻交叉了他们的需求和富余。这就是易货原则如何逐步向更灵活的交换原则——商品货币发展的过程。商品货币发生在对某些货物，如牛、粮食、盐等在易货交易中的需求比其他待交换的货物更多。因此，这种货物开始以更大的数量生产，并且人们开始以这种"普遍"需求的货物交换其商品，以确定在他们未来需要的时刻，能够交换到他们所需要的东西。商品货币使经济交换的符号功能更进一步——这样的商品通常比其他商品更耐用，因此比起纯粹的易货来，它们允许经济行为者以更大的经济价值存储更远的未来。然而商品货币仍是由易腐坏和可消耗的物体制成，这限制了它们的使用。下一种形式的货币仍然是商品货币，但是是更复杂的货币——装饰品、仪式对象和贵重金属。在这里，符号功能是非常明确的，并且它们不是"有用的"和消耗品的事实，使得它们更好地存储经济和形式力的价值，并且在空间和时间中更好地传送这种价值。

货币形式演变的大跳跃就是硬币的产生。硬币有一个特殊的符号属性，使它不同于任何以前的形式——它的可替代性。硬币以以前的方式存储和转移经济价值，但它们具有相同的价值，不需要像以前的形式被测量和单独考虑，而只需要被计数。硬币比任何以前的形式都能被更好地考虑和计算，它允许不同层面的计划和计数，即不同层面的社会管理。

装饰货币到硬币的转变在世界各地独立地发生着，但中国是最有趣的案例，而且在时间上可能是最早的。中国硬币的第一个原型是人工制作的复制品——牛皮。牛皮在中国非常重要，甚至在硬币出现后，它们继续被用于仪式和作为钱币。① 这是因为，高品质的牛皮非常接近可互换性原则。牛皮币的青铜复制品是第一种混合形式的硬币，但早在那之前，还有另外两种中国发明——铲形币和刀形币。如上所述，这三种形式都是从易货到货币经济转型的典型形式。

和古希腊和罗马帝国相似的是，在公元前 221 年秦朝建立统一的帝国后，中国才开始集中地使用硬币。② 这种新的货币形式是在政府管理和人们日常生活两个层面上产生影响的。在这两种情况下，规划未来都更加容易，硬币上刻有的权利象的存在提高着整个系统的信度。货币最有力的符号定义之一是，它们是"刻上的信任"③。

货币现象的另一个符号维度涉及其与自然语言的关系。再一次地，在中国货币现实中有一个很好的例子可以说明这种协同作用是如何发展的：商代的贝壳币/货币就是一个贝壳的象形再现。它还构成了许多其他与商业相关的汉字的根源，其中包括"寶"（bǎo 寶）、"抵押"（dài 贷）、"财富"（cái 财）、"買"（gòu 購）、"賣"（mài 賣）、"资产"（zī 资）、"贖回"（shú 赎）等。因此，它成为代表货币、财富和价值的中国书面语言的基本组成部分之一。由于中国书面语言的特殊性，我们可以追踪到货币的基本概念是如何嵌入交流中，以及如何也可能嵌入中国思想的。④

接下来发生的又是中国在货币历史上的首创，或者更好的说法是，它是从 11 世纪成都开始的发明——纸币。最初，它们（交子）被引入作为应对与铁硬币质量的技术问题的方法，但它们随之完善个性化票据的使用方式，并以各种各样的形式存在。现代意义上的纸币直到 1661 年才在欧洲出现。对本文而言，有趣的是，纸币增加了货币符号的符号功能。一方面，多亏了统治者的官方铭文，硬币成为它们价值的保障；另一方面，金属本身是一个保证，即使没有官方保障，它们也是有价值的。纸币的发展从"再现性货币"的法规开始，其价值由硬币或贵金属的存储保证，但政府很快意识到它

---

① William N. Goetzmann, *Money changes everything: how finance made civilization possible*. Princeton, NJ: Princeton University Press, 2016.

② Philippe Herlin, *La Révolution du Bitcoin et des Monnaies Complémentaires*, Paris: Editions Eyrolles, 2013, pp. 148−201.

③ Niall Ferguson, *The ascent of money: A financial history of the world*, New York: Penguin, 2008, p. 30.

④ William N. Goetzmann, *Money Changes Everything: How Finance Made Civilization Possible*. Princeton, NJ: Princeton University Press, 2016, p. 151.

的权力的意义，开始印发但没有储蓄备份的货币。这些货币是纯粹的"刻上来的信任"，它们的价值完全取决于官方权力，这就非常容易发生，并且经常发生官方滥用权力印发货币和使之贬值。在符号学术语中，这种货币符号比任何其他先前形式都更加具有任意性（在索绪尔的意义上）。在上面的引文中，艾柯把货币与语言进行比较时，给出了货币符号的例子，但是如果以纸张或电子货币为例，他的区别就不那么清楚了。它们都可以"无须经济努力"而被再生产，政府一直这么做，或至少在1971年美元可兑换的黄金标准暂停后就是这么做的（德里达的观点）。

经济价值的本质：时间性

随着银行电脑化的来临，货币符号本质的纯粹性变得更清楚了。有人称之为"可计算的电子书写"①。货币符号的演变从易腐坏的消耗品开始，并以无形电子记录结束。我将其称为货币符号的增加任意性，但这种任意性与索绪尔语言符号的任意性略有不同。货币符号的任意性使其成为越来越复杂的经济交往媒介，将我们对短期、长期的规划和活动与思考财务问题结合起来。某些学者认为，在历史上，人类的写作始于为服务于经济②和计数服务。③ 他们还坚持认为社会组织的财务方面对于"人类想象和计算未来的能力"有着至关重要的作用④和"包含在更宽泛的社会结构"中的"思考体系"⑤。

从这样的角度来看，用于思考的货币形式（即计算、管理，并将其整合到实际计划中）越简易，社会的经济表现越好。货币不是实际经济活动的中性措施，也不是市场交换存在的中性手段。由于其在存储和转移空间与时间的经济价值方面的根本作用，货币深深植根于社会组织，在个人和集体层面

---

① Philippe Herlin, *La Révolution du Bitcoin et des Monnaies Complémentaires*，Paris：Editions Eyrolles，2013，p. 13.

② Glyn Davies, *A History of Money from Ancient Times to the Present Day*. Cardiff：University of Wales Press，1997，p. 49.

③ William N. Goetzmann, *Money changes everything：how finance made civilization possible*. Princeton, NJ：Princeton University Press，2016，p. 1.

④ William N. Goetzmann, *Money changes everything：how finance made civilization possible*. Princeton, NJ：Princeton University Press，2016，p. 2.

⑤ William N. Goetzmann, *Money changes everything：how finance made civilization possible*. Princeton, NJ：Princeton University Press，2016，p. 11.

都是如此。但它们的符号功能还有另一个基本方面——它们可以执行它们保持自己价值的这种功能。在语言中，符号保持其价值被认为是理所应当的。相反，经济体系可能大幅崩溃，这在历史上并非只发生过一两次。当这种情况发生时，并不意味着，我们的需求或我们的工作能力和生产使用价值已经崩溃。崩溃的是系统中的普遍信任，它保证需求和生产出的使用价值在预见到未来得以满足——而这正是货币的深层符号功能。在现代社会中，保持货币的购买力稳定是社会契约的最直接表达。它允许了规划和对商业活动的管理。经济价值随着经济系统的稳定性而不断提高，而与产生的使用价值无关。正如凯恩斯所说，消费倾向改变了需求的结构，并提高了系统的经济绩效。为了提高经济体系的绩效，可预见利润的价值就至关重要，它提高了投资的实体涉及的人力资源数量、计划收入等。

但是，如在没有黄金标准，即没有外部指示物的情况下，保持货币的价值也是有可能的，因为它似乎是三元符号学视角的唯一可能方法。货币在当今货币体系中的价值似乎是由动态等价的复杂系统中的平衡所保持的。在这个系统中涉及以下几点：（1）流通货币的数量。（2）对信用的处理，反映未来的付款、收入和利润。（3）系统的经济主体（生产和消费）和潜在实体交换货物和服务。

货币的购买力直接取决于（1）和（3）的等价性，但同时双方的实体取决于（2）中预期的经济增长。作为能指与所指之间的稳定关系，货币符号的价值取决于流通货币符号与相应可用货物和服务之间的关系。如果钱比货物和服务多（不负责任的中央银行，印刷的货币多于经济增长），那么就会有通货膨胀；如果相反，流通的钱比服务和货物少，就难以偿还债务，并会减少经济增长，虽然短期的货币符号会获得更多的购买力。

现在我们可以看到为什么货币足以用于思考我们人类的现实。时间性和稀缺性构成了它们的价值条件，同时，它们构成了我们的基本存在条件。在《存在与时间》[①] 一书中，海德格尔把我们存在的存在性（面向死亡）作为达森的基本条件。我们的存在有投射性的结构，在那里我们发现自己总是等待着的存在，从古至今永远有一个暂时延伸开的计划，我们不可避免地受到生命终结的限制。正是时间的缺乏（限制），定义了初始的人类状态，它与

① Martin Heidegger, *Being and Time*. trans. *Joan Stambaugh*. Albany: State University of New York Press, 1996.

货币符号的结构具有相似性，使后者成为将人类状态的深层次转变为世俗生活的实际关注的主要工具。因此，从这样的角度来看，经济价值更多地涉及在多多少少可持续的将来，我们生活计划的整合，而不是具体的劳动和需求，它们在每一个时刻决定着经济交换的状态。

结　论

如今，经济为什么如此重要，这已经很清楚了。从那以后，经济一直是人类存在的主要关注点，但是长达千年来，货币符号是物质的、不灵活的，因此它是经济活动的物质性而非思想体系的一部分。今天的货币符号正是思想性的——它是一个书写系统，负责维持社会的平衡。这种符号系统对于思考和管理来说是如此容易，以至于无论收入和发展水平如何，货币都将商业逻辑深深地引入了我们存在的最私密层面。曾经宗教和政治成为强大的思想体系，成为有力的存在意识，而今天的货币和经济是治理的主要议程，所有其他社会文化体制都服从于它们的逻辑。

作者简介：

克里斯蒂安·班科夫（Krisitian Bankov），新保加利亚大学东南欧符号学研究中心教授，国际符号学会秘书长，主要研究方向：符号学、传播学。

译者简介：

贾欣，西南民族大学外国语学院硕士，主要研究方向：翻译理论与实践。

三、为什么马克思提出"商品是一种符号"？

陈文斌

　　马克思在《资本论》第一卷第一篇"商品与货币"中明确提出："每个商品都是一个符号，因为它作为价值只是耗费在它上面的人类劳动的物质外壳。"[①] 商品作为符号，再现了劳动力创造的价值。

　　马克思主义政治经济学是一套复杂的理论体系，这一体系的起始点就是"商品"。恩格斯指出："政治经济学从商品开始，即从产品由个别人或原始公社相互交换的时刻开始。进入交换的产品是商品。"[②] 商品交换推动社会关系的生成，政治经济学所考察的社会层面也就浮出了水面。

　　商品，本质上是一种交换符号。作为马克思主义政治经济学基础的商品的符号本质，是理解马克思主义商品观的一个重要切入点。意大利马克思主义者奥古斯托·庞其奥指出："事实上，商品之间的关系是一种具体的历史的社会关系体系，这些关系是可以改变的。就此而论，马克思批判属于符号学分析。无论是交换环节还是在生产和消费层面，如果不把商品作为信息加以考量，这种批判实际上就无法展开。"[③] 也就是说，马克思所考察的"商品"可以在符号学视域下被视为"符号"来进行反思。这样，商品生产就有符号生产方面，商品交换也就有符号交换方面，商品市场很大程度上则是符号的交换关系。由此，经济领域中的商品与社会文化领域所面对的符号有同质的对比。商品流通形成了符号网络，商品交易传递着符号信息，商品符号学的理论建构也就成为马克思主义符号学的新维度。

---

　　① 马克思：《资本论（第一卷）》，北京：人民出版社，2004年版，第110页。
　　② 马克思、恩格斯：《马克思恩格斯选集（第二卷）》，北京：人民出版社，2012年版，第123页。
　　③ Ponzio Augusto，"The Semiotics of Karl Marx"，*Chinese Semiotic Studies*，2014（10），pp. 195—214。

1. 商品的符号学分析

马克思在《资本论》中谈道："最初一看，商品好像是一种简单而平凡的东西。对商品的分析表明，它却是一种很古怪的东西，充满形而上学的微妙和神学的怪诞。"① 要退去商品表面的神秘面纱就需要将其置于社会生产和交换的维度考察，商品形式的奥秘在于"把生产者同总劳动的社会关系反映成存在于生产者之外的物与物之间的社会关系"②。也就是说，商品符号用物的形式遮蔽了人的社会性。"神学的怪诞"是指神学颠倒了人与世界的关系，明明是人创造了神，而神作为人的本质自我异化的产物，反倒成为人的创造者。再者，商品的"充满形而上学的微妙"指的是在商品表象背后有着一套形而上学的意义机制，对于意义机制的分析就有着祛魅的作用。

首先需要讨论的是商品本体论。按照马克思的说法，"商品是一种二重的东西，即使用价值和交换价值"③。后来他又深化了这一命题，"说商品是使用价值和交换价值，严格来说，这是不对的。商品是使用价值或使用物品和'价值'。一个商品只要它的价值取得一个特别的、不同于它的自然形式的表现形式，即交换价值形式，它就表现为这样的二重物"④。从这个命题可以得出：交换价值形式是商品的表现形式，同时，不同的商品指向不同的使用价值。

其次，商品交换又是一个符号过程。所谓符号过程（semiosis）"是一种活动（action）或一种影响（influence），是一个包含三个主要构件——符号、符号的对象、符号的解释项——的合作过程"⑤。商品作为符号在交换的过程中演示了符号过程的具体运作。

商品作为符号，表现为交换价值。商品的一头指向价值，因为"一个商品的价值是通过它表现为'交换价值'而得到独立的表现的"⑥，也就是说，商品具有交换价值的形式后，才真正具有了价值。再者，如果没有使用价值，耗费在它上面的劳动也是无效的。在此基础上，对于商品占有者而言，

---

① 马克思：《资本论（第一卷）》，北京：人民出版社，2004 年版，第 88 页。
② 马克思：《资本论（第一卷）》，北京：人民出版社，2004 年版，第 88 页。
③ 马克思：《资本论（第一卷）》，北京：人民出版社，2004 年版，第 54 页。
④ 马克思：《资本论（第一卷）》，北京：人民出版社，2004 年版，第 76 页。
⑤ 皮尔斯：《皮尔斯：论符号》，赵星植译，成都：四川大学出版社，2014 年版，第 34 页。
⑥ 马克思：《资本论（第二卷）》，北京：人民出版社，2004 年版，第 75—76 页。

商品具有了交换价值，对于商品购买者而言，这件商品便具有使用价值，购买者从交换价值表象上解读出了使用的意义。

从符号意指三分式来看，"符号所代替的那种东西被称为它的对象；它所传达的东西，是它的意义；它所引起的观念，是它的解释项"①。商品即符号，以交换价值为表现形式，商品的对象即价值，商品所引起的观念是使用价值，它能引发购买者对于使用价值的意义需求。由此，保罗·科克尔曼在《商品符号学本体论》②中总结出以下关系：

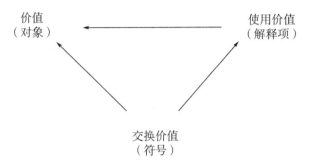

$$价值（对象） \longleftarrow 使用价值（解释项）$$

$$交换价值（符号）$$

这一关系建构了商品符号学的分析模型，契合了皮尔斯的符号三分式。不足之处则在于他忽视了商品流通的复杂性，而将商品停留在一次性交换阶段。换言之，这一模型将单个商品交换孤立起来，无法穿透整个商品市场的意义流转和价值变迁。

为了弥补这一模型的缺陷，我们最后要补充的一点即是处于商品流通中的商品符号。因为马克思指出："一切商品对它们的占有者是非使用价值，对它们的非占有者是使用价值。"③从表面上看，商品占有者和非占有者是对立的，这就意味着，在"商品的惊险的跳跃"④中，占有者让渡使用价值是否成功，直接关系到商品的存在意义。而要实现这一符号过程的完整运转，需要交换双方达成共同的意义需求，卖者将商品卖给货币持有者，货币持有者买到自身需要的使用价值，"商品一旦到达它充当使用价值的地方，就从商品交换领域转入消费领域"⑤。当商品从交换领域退出，成为使用价

① 皮尔斯：《皮尔斯：论符号》，赵星植译，成都：四川大学出版社，2014年版，第49页。

② Paul Kockelman，"A Semiotic Ontology of the Commodity"，*Journal of Linguistic Anthropology*，2016（16）：76-102.

③ 马克思：《资本论（第一卷）》，北京：人民出版社，2004年版，第104页。

④ 马克思：《资本论（第一卷）》，北京：人民出版社，2004年版，第127页。

⑤ 马克思：《资本论（第一卷）》，北京：人民出版社，2004年版，第125页。

值的消费品时，这一商品交换过程也就终结。

但是商品流通存在着更为复杂的状况，除了购买商品满足消费需求以外，还存在另一种情况，即货币持有者购买到商品后，并没有直接进入消费领域，而是让商品再度进入交换领域。使用价值又转变为交换价值，商品继续流通。这也就是马克思所区分的两种商品流通形式："商品流通的直接形式是 W—G—W，商品转化为货币，货币再转化为商品，为买而卖。但除这一形式外，我们还看到具有不同特点的另一形式 G—W—G，货币转化为商品，商品再转化为货币，为卖而买。"①

在不同的商品流通形式中，商品购买者所得出的解释项是不同的，前者的"最终目的是消费，是满足需要，总之，是使用价值"②，后者的"动机和决定目的是交换价值本身"③。也正是基于解释项的差异，货币的作用在两种流通形式中也被区分开来，也就是马克思所说的："作为货币的货币和作为资本的货币的区别，首先只是在于它们具有不同的流通形式。"④ 前者是单纯的货币，后者则是作为资本的货币。商品流通与货币之间存在着密切关联，商品的流通必然要借助于货币，也正是借助于货币符号，商品流通才能有效展开。因此，对于商品的符号学分析必然要导向对货币的研究。

2. 从商品到货币

马克思在《资本论》第一卷第一篇中又提出货币的元符号（符号的符号）本质："货币作为价格的转瞬即逝的客观反映，只是当作它自己的符号来执行职能，因此也能够由符号来代替。"⑤ 这意味着，货币作为元符号，不仅纸币可以代替金银货币执行流通职能，甚至是电子货币也可以发挥符号作用。只是"货币符号本身需要得到客观的社会公认"⑥，也就是说，货币符号需要得到货币文化内阐释社群的共同认可。

如果说商品用"物与物的关系的虚幻形式"遮蔽了"人们自身的一定的社会关系"⑦，那货币就落在双重遮蔽之后，在商品遮蔽社会关系的基础上，

---

① 马克思：《资本论（第一卷）》，北京：人民出版社，2004 年版，第 172 页。
② 马克思：《资本论（第一卷）》，北京：人民出版社，2004 年版，第 175 页。
③ 马克思：《资本论（第一卷）》，北京：人民出版社，2004 年版，第 175 页。
④ 马克思：《资本论（第一卷）》，北京：人民出版社，2004 年版，第 172 页。
⑤ 马克思：《资本论（第一卷）》，北京：人民出版社，2004 年版，第 152 页。
⑥ 马克思：《资本论（第一卷）》，北京：人民出版社，2004 年版，第 152 页。
⑦ 马克思：《资本论（第一卷）》，北京：人民出版社，2004 年版，第 90 页。

货币用一种绝对的形式遮蔽了物与物之间的关系。马克思解释道："因为从货币身上看不出它是由什么东西转化成的，所以，一切东西，不论是不是商品，都可以转化成货币。一切东西都可以买卖。流通形成了巨大的社会蒸馏器，一切东西抛到里面去，再出来时都成为货币的结晶。"① 这种磨平差异性的功能，使得货币成为社会关系的纽带，商品交换的畅通需要借助于这一重要符号。

每个个体具有不同的意义需求，这些需求需要借助不同的物来实现。不同的人制造不同的物，社会分工的形成使得每个人既在为自己服务，也在为他人服务。货币从商品中脱离出来，成为公认的意义媒介，抹平了交易过程中的不平等。商品的"充满形而上学的奥秘"在货币商品中得到了极致体现，因此，张一兵提出："抽象的价值关系获得了一个事物的形态。"②

从符号学维度去审思，货币仍然是物—符号的二连体，但其物的一端无法展现自身本质，无论是贵金属、纸币，还是如今的虚拟货币，物的形态的巨大变易只会让它更加神秘，只有从它们作为符号的价值入手，才能发现货币在政治经济学中的微妙之处：

其一，货币表意依赖语境。货币和语言具有共性，马克思说："货币标准一方面纯粹是约定俗成的，另一方面又需要得到公认，所以，最后就由法律来规定了。"③ 可见，两者发挥作用都依赖于语境的支持。这种局面很类似语言与符号对系统的依赖。"单词在语言之外是不表意，同理，金钱在货币文化之外也不能被理解。因此，两者都是自给自足的话语系统，在这种系统中一个符号的意义和经验必须参考符号运行的整个系统才能被解释。"④

货币作为符号再现了价值，价值发挥作用需要不同主体在特定语境中达成协调。语境决定着货币的意义，这个特定语境就是市场，货币在市场内部得到使用者的认可。不同的价格表征着不同的价值，不同数量的货币可以购买自身限度范围内的商品。商品出售者与购买者在这个语境中各有所求，他们投入市场就是为了填补自己的意义需求。但值得深思的是，这个内部规则

---

① 马克思：《资本论（第一卷）》，北京：人民出版社，2004 年版，第 155 页。

② 张一兵：《回到马克思：经济学语境中的哲学话语》，南京：江苏人民出版社，2014 年版，第 604 页。

③ 马克思：《资本论（第一卷）》，北京：人民出版社，2004 年版，第 120 页。

④ Carl Wennerlind, "Money Talks, but What Is It saying? Semiotics of Money and Social Control", *Journal of Economic Issues*, 2001 (35)：560.

是谁制定的？为什么市场交换中的各主体一定要遵循这种价值规律？

对于这个问题的反思重新将货币与符号的相似性置于前台。同样的问题，符号的规则又是谁制定的，为什么每个人都要去遵循这个规则？事实证明，符号规则是自发演变的，新的符号会产生，旧的符号规则会改变，规则的演变能够自我进化。换言之，市场内的规则也在演变，新的货币形式也会产生，古人用铜钱，当代人可以用支付宝付款。奴隶制度时期，人可以作为商品被自由买卖，而到了资本主义时期，自由人只是出卖自己的劳动，市场规则发生了改变。

对于第二个问题的回应也是同样的逻辑。当你在中文语境中使用陌生符号，或颠覆话语规则去言说时，别人就无法和你实现正常的意义交流，接受者的空缺只会导致意义的中断。同样，在市场中，货币就像词汇一样有着特定的形式，不同数量的组合才能契合交换双方的要求，对应的货币形式才能在不同国家市场中发挥作用。市场中的行为主体集结为货币意义的"阐释社群"，他们共同制定并认可规则，而规则自身也在历时性演变，单个主体无法决定整个语境，但单个人又促成了语境生成，这样最终导向了相互决定论。

其二，货币作为一种权力话语。相互决定论并不意味着每个主体都是平等的，货币的平等性在于，同一市场语境中，货币传递着相同的内容，即购买力。但由于数量多寡的差异，货币持有者在整个阐释社群中有着不同的话语权。"货币充当了对于社会财富的一般声明，它授予了行使权力制约人民的特权。同样的，货币成为社会权力的最高象征，并允许它的持有者去表明这种力量。"[1]

这种状况的形成基于两个方面的支撑：一方面，马克思指出，执行流通手段职能的货币的总量"取决于流通的商品世界的价格总额"[2]，这意味着，拥有货币的量越大，所能占有的商品世界的物就越多，这种资源占有的不平等形成了身份的差异。另一方面，马克思又指出，"货币本身是商品，是可以成为任何人的私产的外界物。这样，社会权力就成为私人的私有权力"[3]。这表明，货币本身并不具有独立性，它依附于持有者，同时又不依附于某一特定身份，任何人都可以通过货币去宣示这种力量，"当社会权力通过货币

① Carl Wennerlind, "Money Talks, But What is it Saying? Semiotics of Money and Social Control", *Journal of Economic Issues*, 2001（35）：566.

② 马克思：《资本论（第一卷）》，北京：人民出版社，2004年版，第144页。

③ 马克思：《资本论（第一卷）》，北京：人民出版社，2004年版，第155－156页。

进行表征时，它戴了一层清洁、纯净的面纱，这个面纱模糊了社会控制经常诉诸武力和暴力的事实"①。货币成为一个受万人追捧的权力符号，不同身份的人追慕并匍匐于它脚下。

货币占有的多寡导致了社会身份的差异，而货币又不依赖于特定身份，这样就使得不同身份的人继续认可货币所宣告的差异，并试图积累货币以抬高自己的身份。也就是说，货币制造了一种身份的幻觉，让每个人不仅承认它所制造的不平等的合理性，而且又让每个人对摆脱不平等地位、掌握社会权力抱有期望。马克思指出："随着商品流通的扩大，货币——财富的随时可用的绝对社会形式——的权力增大了。"② 市场中的行动者制造商品，推动商品的流通，货币所宣示的力量伴随着市场的扩大而增强，权力也就渗透到世界的每一个角落。

其三，货币构建社会关系。齐美尔在《货币哲学》中提出，货币在匿名个体之间散布信任，这样就为市场的形成奠定了必要基础。随着货币的不断渗透，社会的绝大多数领域都成为市场。货币在市场中创造了共享的经验，货币可以作为兑现承诺的保证人，它鼓励每个人在货币规则中兑现交易。作为社会权力的象征，它鼓励人们去占有它，并为了占有它而尊重它所传递的意义，货币成为意义中转的枢纽，成为最有效的符号形式。

市场不断扩大，货币所能勾连的社会关系网也在扩大。实际上，我们不是信任彼此，而是信任彼此对于货币的认可，从而认可并推崇货币所传递的意义，但货币诸种功能的实现依赖于国家，也就是说权力的源头来自于国家，而非个人。

国家通过制定财政政策和货币政策可以进行市场调控，货币不过是活跃于市场的媒介，当每个人都去共享货币的经验时，这个经验本身就是被制造的。国家需要市场中的主体搁置原始本性，遵从彼此信任的规则，进而促进交易的实现，在各种交易中，商品能够更大规模地流通，货币也就能够渗透更多的领域，这样就使得权力能够渗透到每个人的日常生活中。

3. 回到马克思

国家的形成基于民众共识，这种共识的建构并不仅仅是因为语言，因为

---

① Carl Wennerlind, "Money Talks, But What is it Saying? Semiotics of Money and Social Control", *Journal of Economic Issues*, 2001 (35): 567.

② 马克思：《资本论（第一卷）》，北京：人民出版社，2004 年版，第 154 页。

同一国家的不同地域会使用不同的语言。但货币是一种特殊的语言，也是传递意义的重要符号。同一国家必然使用同一套货币体系，货币上印有国家元首并通过标志性图案汇聚彼此。这昭示了人们曾经有着共同的领袖，属于同一个国家。货币在每个人手上流转，每个人都信任货币所传递出来的整体性，我们在每一次交易中都在实现着关于国家的共同想象，实现着对于自身身份的认同。

政治经济学作为一门独立学科，其发展是由特定的历史条件催生并决定的，那就是社会性的商品生产。工厂手工业的日渐发展在 18 世纪催生了以亚当·斯密为代表人物的古典政治经济学，其后继者包括大卫·李嘉图、约翰·密尔等。他们把古典政治经济学发展成了为资本主义发展提供理论基础的一门学科。但是禁锢于资本主义内部的古典政治经济学无法超越自身的局限性，它将资本主义制度视为自然并且永恒，因而无法看穿资本主义的本质。

而马克思主义政治经济学，一方面从古典政治经济学中汲取思想资源，另一方面，又对古典政治经济学展开批判和超越。批判建立在实践上，超越立足于历史维度中。而随着社会现实的发展，实践基础发生了改变，历史维度也有了新的超越。但作为批判性的理论，马克思主义政治经济学原理显示了永恒的生命力，它与一个多世纪以来的历史现实相结合，尤其是与现代性实践和理论资源相结合，生发出新的活力。实践证明，马克思主义的政治经济学至今是我们建设社会主义商品经济的指导思想。

马克思主义政治经济学的符号学研究就是为了"回到马克思"，对马克思主义进行当代重构。立足于当代现实，商品和货币作为符号必须引起我们的反思，但更为重要的是，没有生产力的发展，没有劳动者的创造，一切符号都是空谈。因此，我们需要从后马克思主义的解构迷信中走出来，回到政治经济学的基础，回到对物质文化生产的重视，回到商品与货币的符号本质，最终回到对人本身的关注。本文尝试在马克思主义政治经济学与符号学之间搭建桥梁，探寻对话的可能性，从而为马克思主义政治经济学探索一个理解的新维度。

【原载《符号与传媒》，2016 年 13 期】

作者简介

陈文斌，四川大学符号学－传媒学研究所成员，博士，研究方向：马克思主义符号学。

四、文化与消费：关于消费品文化意义的结构与转移的理论解释

[加拿大] 格兰特·麦克拉肯 著

秦 洁 贾 欣 译

消费社会中的文化意义不断地从一个地方移动到另一个地方。在传统的轨迹中，文化意义首先从文化构成的世界转移到消费品上，然后再从这些商品转向消费者个人。广告、时尚体系和四种消费惯例负责着这个运动轨迹。本文通过分析文化意义运动轨迹的理论，显示在当代北美消费者中的文化意义存在于何处，以及这种意义是如何从这个系统的一个位置转移到另一个位置的。

消费品具有超越其功利性质和商业价值的重要意义。这个重要性在很大程度上取决于他们传承和传达文化意义的能力[1]（Douglas、Isherwood，1978；Sahlins，1976[2]）。在过去十年里，一个多元化的学者使消费品的文化意义成为新的研究焦点[3]（Belk，1982；Bronner，1983[4]；Felson，

---

[1] Baron Isherwood，*The World of Goods：Towards an Anthropology of Consumption*，1978，New York：W. W. Norton.

[2] Sahlins，*Culture and Practical Reason*，Chicago，IL：University of Chicago Press，1976.

[3] Russell W Belk， "Acquiring，Possessing，and Collecting：Fundamental Processes in Consumer Behavior," *Marketing Theory：Philosophy of Science Perspectives*，Ronald F. Bush and Shelby G. Hunt eds. ，Chicago，IL：American Marketing Association，1982，pp. 185 - 190. William Leiss，"Things Come Alive：Economy and Technology as Modes of Social Representation in Modern Society," *Table Ronde Internationale sur les Representations*，1983.

[4] Simon J. Bronner， "Visible Proofs：Material Culture Study in American Folkloristics," *American Quarterly*，1983（35）：316-338.

1976①；Furby，1978②；Graumann，1974 - 1975③；Hirschman，1980④；Holman，1980⑤；Leiss，1983⑥；Levy，1978⑦；McCracken，1985c⑧；Prown，1982⑨；Quimby，1978⑩；Rodman、Phillite，1985⑪；Schlereth，1982⑫；Solomon，1983⑬）。这些学者已经建立了跨越社会科学的一个子领域，现在致力于增加对"人与物"关系的研究的清晰度和彻底性。在本文中，我将会为这个新兴子领域提供一个理论视角，表明商品的含义具有移动的特点，尽管现在普遍的理论还不认同。

现有关于消费品文化意义研究方法的一个很大的局限性是没有认识到意

---

① Marcus Felson， "The Differentiation of Material Life Styles：1925 to 1966," *Social Indicators Research*，1976（3）：397—421.

② Lita Furby，"Possessions：Toward a Theory of Their Meaning and Function Throughout the Life Cycle"，*Lifespan Development and Behavior*，Paul B. Balte eds.，New York：Academic Press，1978，pp. 297—336.

③ Carl F. Graumann，"Psychology and the World of Things," *Journal of Phenomenological Psychology*，4（1），1974—1975，pp. 389—404.

④ Elizabeth C. Hirschman and Morris B. Holbrook，Ann Arbor，MI：Association for Consumer Research，pp. 4—6.

⑤ Rebecca Holman， "Product Use as Communication：A Fresh Appraisal of a Venerable Topic," *Review of Marketing*，Ben M. Enis and Kenneth J. Roering eds.，Chicago，IL：American Marketing Association，1980，pp. 250—272.

⑥ William Leiss， "Things Come Alive：Economy and Technology as Modes of Social Representation in Modern Society," *Table Ronde Internationale sur les Representations*，Montreal，1983.

⑦ Sidney Levy（1978）， "Hunger and Work in a Civilized Tribe," American Behavioral Scientist，21（March/April），557—570.

⑧ Grant McCracken（1985c），"The Trickle-Down Theory Rehabilitated," in The Psychology of Fashion，ed. Michael R. Solomon，Lexington，MA.：Lexington Books，39—54.

⑨ Jules D. Prown（1980）， "Style as Evidence," *Winterthur Portfolio*，15（Autumn），1980：197—210. "Mind In Matter：An Introduction to Material Culture Theory and Method," *Winterthur Portfolio*，17（Spring），1982：1—19.

⑩ Quimby，Ian，ed.（1978），*Material Culture and the Study of Material Life*，New York，W. W. Norton.

⑪ Margaret Rodman，Jean-Marc Philibert， "Rethinking Consumption：Some Problems Concerning the Practice of Objects in the Third World," *The Canadian Ethnological Society Meetings*，Toronto：University of Toronto，1985.

⑫ Thomas J. Schlereth， "Material Culture Studies in America，1876 - 1976," *Material Culture Studies in America*，Thomas J. Schlereth，Nashville ed.，TN：The American Association for State and Local History，1982，pp. 1—75.

⑬ Michael Solomon， "The Role of Products as Social Stimuli：A Symbolic Interactionism Perspective," *Journal of Consumer Research*，1983（10）：319—329.

义是在不断流动着的。文化意义在设计者、生产者、广告人和消费者的努力下，在社交世界的许多位置之间不停转移着。传统的运动轨迹通常是，文化意义在文化构成的世界中形成，并转移到消费品上，然后意义在商品中形成，并转移到消费者个体上。换句话说，文化内涵在三个地方出现：在文化构成的世界中以及消费品、消费者个体上。并且在一条轨迹进行两个点之间的流动：从世界到商品，从商品到个人。本文将依次对有意义的轨迹进行分析。

认同消费社会中文化意义的移动性，有助于阐释现代社会消费的两个方面。第一，这样的观点促使我们了解到，意义会经过消费品和消费者。据此，我们聚焦于从未被强调过的消费结构化和动态性。第二，"轨迹"的观点要求我们将这个现象看作广告、时尚体系和四种消费惯例，这三者是传递意义的工具。我们必须承认，在现代消费社会的中心存在着这样一个强大有力的系统，它赋予了社会连贯性和灵活性。总之，这个观点有助于阐释金钱消费行为的全部复杂性，也有助于用更详细的方法阐释什么是"消费社会"。

1. 文化意义的地点：文化构成的世界

文化意义最初存在于由文化构成的世界中，最终流向消费品。在现在的这个世界中，现象世界中的日常经历，展现在个人感知面前，往往被个人文化的信仰与假定所完全塑造与构建。文化通过两种方法建构了这个现象世界：第一，文化是个人观察了解世界的透镜，它决定了个人如何理解和接受这些现象；第二，文化是人类活动的蓝图，它决定了社交与生产活动的协调一致，也将文化通过其产生的行为和事物具体化。作为透镜，文化决定了人类是如何看这个世界；作为蓝图，文化决定了世界是如何被人的努力改变。简单说来，文化通过赋予其意义来构筑这个世界。意义可分为两方面：文化分类和文化准则。

（1）文化分类

文化分类是意义的基础坐标，代表着基础的定义，这些定义是一种文化被用来对现象世界进行分类。比如，所有的文化都对时间的分类进行了具体化。在我们的文化中，这些分类包括了一个精细的系统，这个系统能区分的单位可以小到"秒"，可以大到"千年"。我们的文化在工作和休闲时间之间、庄严和随意的时间之间等也同样进行了虽然不精细却依然很重要的区分。文化同样对空间进行了具体的分类。在我们的文化中，这些分类包括了度量制和"场合"制。文化同样对植物、动物以及自然景观、超自然场景进行了分类。或许，最重要的分类是文化创造了人类社会对阶级、地位、性别、年龄和职业的定义。

时间、空间、自然和人类的文化分类构成了一个庞大的分类体系，这个体系构成了现象世界。每种文化都建立了自己对世界的特殊看法，从而使得理解和规则适用于另一种文化背景。一种特定的文化是一套特定的术语，其中对于文化内部的成员是容易理解的，但是在其外的就没有秩序，没有制度，没有安全的假设，没有任何已有的理解的前提。总之，通过赋予世界以自己的特殊意义，文化"构成"了一个世界。文化这样建构了这个世界，以使消费品被赋予了意义。

（2）对当代北美社会的文化分类

值得注意的是，当今北美的文化类别似乎别具一格。第一，它们具有不确定性，这在其他民族志学的情况下通常是不明显的。例如，对于一个人文化的分类被标记为不清晰的持续存在，年龄的文化类别也是如此。第二，他们具有明显的"选择性"。由于个人的自由，当代北美社会允许其成员自行决定它们目前占据的文化类别。为了行使这种自由，青少年宣称自己是成年人，工人阶级的成员宣称自己是中产阶级，老人宣称自己是年轻人，等等。在大多数文化中，更严格地规定和监管的群体成员在我们自己的社会中更多地是个人选择的问题。在我们的文化中，个人在很大程度上是他们所声称的，即使这些说法是通过一些严格的社会学计算，也是不可信的。

我们必须注意到当代北美文化类别的第三个特征：它们受到持续和快速的变化两个方面所支配。当今北美文化类别的动态性明显增加了他们的不确定性。更重要的是，这种活力也使我们的文化习俗受制于个人的操纵。社会团体可以寻求改变他们在分类中的地位，而营销人员可以寻求建立或鼓励新的文化类别的人群出现（如，雅皮士①），以创建一个新的市场细分。当代北美的文化类别受到多方的重新思考和安排。

（3）文化分类的证明

文化分类是由一种文化构成的世界的概念网格。它们决定了这个世界将如何被分割成离散的、可被理解的各个部分，以及这些部分将如何组织成一个更大的连贯系统。然而，对于它们的重要性，文化分类在他们组织的世界

---

① 英文为"yuppie"，指在美国接受过完好教育的城市职业阶层中的青年人士。

中没有实质性的存在。它们是世界悬挂于其上的脚手架，因此是看不见的。但文化分类不断得到人类实践的证实。按照文化的蓝图行事，社会成员不断地在世界上进行分类。个人不断地进行分类区分，使他们创造的世界与他们想象的世界一致。从某种意义上说，文化的成员不断地融入他们所生活的世界的建构，或者说是组织框架。

文化类别被证实的最重要的方式之一是通过文化的物化。正如我们稍后会看到的，事物是根据文化的蓝图创建的，并且在这个程度上，事物使得这个蓝图具有物质性和实质性。因此，物体有助于构建精细的文化世界，正是因为它们是将从另一方面来说无形的文化意义变成了重要的、有形的记录。事实上，事物具有"贯彻"的功能（Austin 1963[①]；Tambiah 1977[②]），这是不足为奇的，因为它们赋予个人以文化的意义，否则它就不会存在。构建一个世界的文化意义，要通过商品，使之成为这个世界中一个可见的、可证明的部分。

人类学家已经详细地研究了文化使其文化类别显现的过程。结构人类学为这项研究提供了一个理论框架，还有几个子专题，例如艺术、服装、住房和物质文化的人类学，以及特别调查的领域。作为这项工作的结果，现在对语言特别是非语言媒体表达文化类别的方式有了清晰的理论理解（Barthes，1967[③]；Saussure，1966[④]；Levi-Strauss，1963，p. 116[⑤]；Sahlins，1976[⑥]）。对空间组织（Doxtater，1984[⑦]）、建筑形式（Bourdieu，1973[⑧]；

[①] J. L. Austin, *How To Do Things With Words*, New York: *Oxford University Press*, 1963.

[②] Stanley J. Tambiah, "The Cosmological and Performative Significance of a Thai Cult of Healing Through Mediation," *Culture*, *Medicine*, *and Psychiatry*, 1977 (1): 97—132.

[③] Roland Barthes (1967), *Elements of Semiology*, trans. Annette Lavers and Colin Smith, New York: Hill and Wang.

[④] Ferdinand de Saussure (1966), *Course in General Linguistics*, New York: McGraw-Hill.

[⑤] Claude Levi-Strauss (1966), *The Savage Mind*, Chicago, IL: University of Chicago Press.

[⑥] Marshall Sahlins (1976), *Culture and Practical Reason*, Chicago, IL: University of Chicago Press.

[⑦] Dennis Doxtater, "Spatial Opposition In Non-Discursive Expression: Architecture as Ritual Process," *Canadian Journal of Anthropology*, 1984 (4): 1—17.

[⑧] Pierre Bourdieu, "The Berber House," *Rules and Meanings*, Mary Douglas, Harmondsworth ed., England: Penguin Books, 1973, pp. 98—110.

Cunningham，1973①）、艺术（Fernandez，1966②；Greenberg，1975③）、服装（Adams，1973④；McCracken，1986⑤；Schwarz，1979⑥）、装饰（Drewal，1983⑦）、技术（Lechtman、Merrill，1977⑧）、食品（Appadurai，1981⑨；Douglas，1971⑩；Ortner，1978⑪）也有了理论理解。这种对物质文化的研究有助于展示，世界是如何由反映和促进文化框架的事物建构起来的——文化分类是如何被证实的。

（4）商品文化分类的证明

商品可以被视为表达由文化建立的分类框架的工具。商品制造了文化材料。与任何其他物质文化一样，商品使得个人通过以物质区分的形式对这些分类进行编码来在文化特定类别中进行视觉辨别。对人进行年龄、性别、类别和职业的分类可以通过商品的物质区分来表示。空间、时间和场合的分类也可以反映在这种传播媒介中。商品有助于证实文化的秩序。

---

① Clark E. Cunningham，"Order in the Atoni House," *Right and Left*，Rodney Needham，ed.，Chicago，IL：University of Chicago Press，1973，pp. 204－238.

② James W. Fernandez，"Principles of Opposition and Vitality in Fang Aesthetics," *Journal of Aesthetics and Art Criticism*，1966（25）：53－64.

③ Greenberg，Laura J，"Art as a Structural System：A Study of Hopi Pottery Designs," *Studies in the Anthropology of Visual Communication*，1975（2）：33－50.

④ Marie Jeanne Adams，"Structural Aspects of a Village Art," *American Anthropologist*，1973（75）：265－279.

⑤ Grant McCracken，"Clothing as Language：An Object Lesson in the Study of the Expressive Properties of Material Culture," Barrie Reynolds and Margarett Stott eds.，*Material Anthropology，Contemporary Approaches to Material Culture*，New York：University Press of America，Inc.，in press，1986.

⑥ Ronald A. Schwarz，"Uncovering the Secret Vice：Toward an Anthropology of Clothing and Adornment," Justine Cordwell and Ronald Schwarz，eds.，*The Fabrics of Culture*，The Hague，Netherlands：Mouton，1979.

⑦ Henry Drewal，"Body Art as an Expression of Aesthetics and Ontology Among the Yoruba," *session E－023 of the XIth International Congress of Anthropological and Ethnological Sciences*，Vancouver，B. C.，1983.

⑧ Heather Lechtman，Robert S. Merrill，（eds），*Material Culture：Styles，Organization，and Dynamics of Technology*，St. Paul，MN：West，1977.

⑨ Ardun Appadurai，"Gastro-Politics in Hindu South Asia," *American Ethnologist*，1981（8）：494－511.

⑩ Mary Douglas，"Deciphering a Meal," *Myth，Symbol，and Cultuire*，Clifford Geertz ed.，New York：W. W. Norton，1971，pp. 61－81.

⑪ Sherry Ortner，*Sherpas Through their Rituals*，Cambridge：Cambridge University Press，1978.

几项研究已经验证了商品在这种证实中的作用方式。萨林斯对北美消费品象征主义的研究（1976）揭示了食品和服装的"系统"，并显示了它们与人类文化分类的对应关系。列斯（1981）对美国社会中食物类型与性别和年龄的文化类别之间的对应关系的研究是另一个很好的例证，可以从结构主义的角度来看待商品中携带的人口信息。这两个研究表明，商品的秩序是建立在文化的秩序之上的。这两项研究还表明，商品的大部分意义可以追溯到文化对世界的分类。另外，有不少学者（ Belk、Mayer、Bahn，1981[1]；Coleman，1983[2]；Davis，1956[3]；Form、Stone，1957[4]；Goffman，1951[5]；Sommers，1963[6]；Veruure、Magel、Sadalla，1977[7]；Warner、Lunt，1941[8]）均对关于消费品对阶级分类的证明有所研究。关于性别分类的证明研究的验证要相对次之，但似乎吸引了更多的学术关注（Allison 等，

[1]　Russell W. Belk, Robert Mayer, Kenneth Bahn, "The Eye of the Beholder: Individual Differences in Perceptions of Consumption Symbolism," *Advances in Consumer Research*, Andrew Mitchell, Ann Arbor ed. , MI: Association for Consumer Research, 1981 (9): 523-530.

[2]　Richard P. Coleman, "The Continuing Significance of Social Class to Marketing," *Journal of Consumer Research*, 1983 (10): 265 280.

[3]　James Davis, "Status Symbols and the Measurement of Status Perception," *Sociometry*, 1956 (19): 154-165.

[4]　Form, William and Gregory Stone, "Urbanism, Anonymity and Status Symbolism," *American Journal of Sociology*, 1957 (62): 504-514.

[5]　Erving Goffman, "Symbols of Class Status," *British Journal of Sociology*, 1951 (2): 295-304.

[6]　Montrose Sommers, "Product Symbolism and the Perception of Social Strata," *Toward Scientific Marketing*, Stephen A. Greyser, ed. , IL: American Marketing Association, 1963, pp. 200-216.

[7]　Vershure, Beth, Stephen Magel, Edward K. Sadalla, "House Form and Social Identity," *The Behavioral Basis of Design*, Book 2, PA: Dowden, Hutchinson and Ross, 1977, pp. 273-278.

[8]　Lloyd Warner, Paul S. Lunt, *The Social Life of a Modern Community*, New Haven, CT: Yale University Press, 1941.

1980①；Belk，1982②；Hirschman，1984③；Levy，1959④），年龄分类的证实也似乎受到更多的关注（Disman，1984⑤；Olson，1985⑥；Sherman and Newman，1977－1978⑦；Unruh，1983⑧）。

（5）文化准则

文化意义也包括文化准则。在准则下，意义在于决定如何组织、评估和解释文化现象的想法或价值观。如果文化习俗是文化将世界分割成离散部分的结果，文化准则则是实现分割的组织思想。文化准则允许所有文化现象被区分、排名和相互关联的章程假设。作为思想和行动的指导思想，文化准则在社会生活的方方面面得以表达出商品不是最重要的。

文化准则，与文化分类类似，一般是物质文化，尤其是消费品。值得注意的是，文化分类和文化准则是相互以对方为前提的，它们在商品中的表达也必然是同性的。因此，商品中两者必然不能不共存。当商品显示两种文化分类之间的区别时，它们根据这两种类别的区分定义某些准则。因此，区分男性和女性，或高层和低层的服装也揭示了这些类别之间存在的差异的性质（McCracken，1985c⑨）。服装传达了所谓的女性的"细腻"和男性的"力量"，或者更高层次的"细化"和下层次的"外貌"。显然，关于阶级和性别的区分的传播必须取决于如何和为什么要区分。商品世界与语言不同，它从

---

① Neil K. Allison, Linda L. Golden, Gary M. Mullet, Donna Coogan, "Sex-Typed Product Images: The Effects of Sex, Sex Role Self-Concept and Measurement Implications," *Advances in Consumer Research*, MI: Association for Consumer Research, 1980 (7): 604－609.

② Russell W. Belk, "Acquiring, Possessing, and Collecting: Fundamental Processes in Consumer Behavior," *Marketing Theory: Philosophy of Science Perspectives*, Chicago, IL: American Marketing Association, 1982, pp. 185－190.

③ Elizabeth C. Hirschman, "Leisure Motives and Sex Roles," *Journal of Leisure Research*, 1984 (16): 209－223.

④ Sidney Levy, "Symbols for Sale," *Harvard Business Review*, 1959 (37): 117－124.

⑤ Milada Disman, "Domestic Possessions as Manifestations of Elderly Immigrants' Identity," *The 13th Annual Meeting of the Canadian Association on Gerontology*, Vancouver, B. C., 1984.

⑥ Clark D. Olson, "Materialism in the Home: The Impact of Artifacts on Dyadic Communication," *Advances in Consumer Research*, UT: Association for Consumer Research, 1985 (12): 388－393.

⑦ Edward Sherman, Evelyn S. Newman, "The Meaning of Cherished Possessions for the Elderly," *International Journal of Aging and Human Development*, 1977－1978 (8): 181－192.

⑧ David R Unruh, "Death and Personal History: Strategies of Identity Preservations," *Social Problems*, 1983 (30): 40－351.

⑨ Grant McCracken, "The Trickle-Down Theory Rehabilitated," *The Psychology of Fashion*, Lexington: Lexington Books, 1985, pp. 39－54.

来不以简单的方式表达差异。事实上，商品总是更加出色和更加透明。在某种意义上，在商品世界中，标识总比语言世界更有动机并且具有较少任意性。

当代北美的文化准则具有与文化类别相同的不确定性、可变性和选择性。像"自然主义"这样的准则在一个十年中可能会被贬低，只能在 20 世纪 60 年代恢复和发展到另一个新的重要地位。朋克的审美观觉得如此有用的"不和谐"的准则曾经不是一个准则，而只是一种不知何故逃避了成功应用另一个准则的现象的术语。关于事物意义的民族学文献可以在亚当斯（Adams，1973）[1]、德雷沃（Drewal，1983）[2]、佛南德（Fernandez，1966）[3]、麦克拉肯（McCracken，1985a）[4] 的研究中找到，这显示出当代北美社会中关于物体意义的存在和本质的实证性文献并不丰富，利维（1981）和萨林斯（1976）[5] 都对这个问题做过探讨，在洛霍夫（Bruc Lohof）[6] 关于万宝路香烟的意义转移的作品中隐含地探讨过这个想法。这个想法也表明，社会学家们试图让事物成为一个状态和类的指数。例如，劳曼和霍斯（Laumann、House，1970）[7] 试图建立家具的意义，并重新分类为"现代"和"传统"的准则。菲尔森（Felson）在他的"物质生活方式"（1976）[8] 的研究中提出了一个叫作"小古董因素"的东西，而戴维斯

---

[1] Marie Jeanne Adams，"Structural Aspects of a Village Art," *American Anthropologist*，1973（75）：265—279.

[2] Drewal Henry, "Body Art as an Expression of Aesthetics and Ontology Among the Yoruba," *session E－023 of the XIth International Congress of Anthropological and Ethnological Sciences*，Vancouver，B. C.，1983.

[3] James W. Fernandez, "Principles of Opposition and Vitality in Fang Aesthetics," *Journal of Aesthetics and Art Criticism*，1966（25）：53—64.

[4] Grant McCracken, "Consumer Goods and Cultural Meaning：A Theoretical Account of the Substantiation of Cultural Categories and Principles in Consumer Goods," *Working Paper No*. 85－102，1985.

[5] Marshall Sahlins, *Culture and Practical Reason*，Chicago：University of Chicago Press，1976.

[6] Bruc Lohof, "The Higher Meaning of Marlboro Cigarettes," *Journal of Popular Culture*，1969（3）：441—450.

[7] Edward. Laumann, James S. House, "Living Room Styles and Social Attributes：The Patterning of Material Artifacts in a Modern Urban Community," *Sociology and Social Research*，1970（54）：321—342.

[8] Marcus Felson, "The Differentiation of Material Life Styles：1925 to 1966," *Social Indicators Research*，1976（3）：397—421.

（Davis，1958）① 提出了"包豪斯建筑学派的日本"这个术语来描述一定的室内设计准则。"科学"准则（更准确地说，用技术来掌握对自然的关注，以及人类对事物的信心可以通过技术创新进行良性转变）是北美 20 世纪 50 年代 60 年代厨房电器和汽车最喜欢的主题（Csikszentimihalyi、Rochberg-Halton，1981，p.52②）。在美国研究和艺术史的物质文化中的学者在这里做出了最显著的贡献（Quimby 1978③；Schlereth，1982④）。例如，普洛恩（Prown，1980）⑤ 和科恩（Cohen，1982）⑥ 研究了美式家具的原理。

无论如何，如同文化分类一样，文化准则被消费品证实，商品有助于构成文化构成的世界。文化分类和准则组织的现象世界也操纵着这个世界。商品细分了类别和准则，因此作为这个世界的客体和客观化进入文化构成的世界。简而言之，商品既是文化世界的创造物也是创造者。

2. 意义转移的工具：从世界到商品

意义首先存在于文化构成的世界，如果要进入消费品，意义必须脱离这个世界并转移到商品。本节主要研究现在用作意义转移工具的广告和时尚系统中的产品设计。

（1）广告

广告作为一种潜在的意义转移方法，将消费品和文化构成的世界的代表一起放在特定广告的框架内。广告代理的创意总监寻求以这样一种方式结合这两个元素，以便能了解到它们之间的基本相似性。当这种符号等价性成功建立时，观众或读者将属于消费者的某些属性放在文化构成的世界中。因

---

① James Davis， "Cultural Factors in the Perception of Status Symbols," *The Midwest Sociologist*，1958（21）：1—11.

② Mihaly Csikszentimihalyi, Eugene Rochberg-Halton, *The Meaning of Things：Domestic Symbols and the Seltf*，New York：Cambridge University Press，1981.

③ Ian Quimby（ed），*Material Culture and the Study of Material Life*，New York，W. W. Norton，1978.

④ Thomas J. Schlereth， "Material Culture Studies in America，1876－1976," *Material Culture Studies in America*，Nashville，TN：The American Association for State and Local History，1982，pp. 1—75.

⑤ Jules D. Prown, "Style as Evidence," *Winterthur Portfolio*，1980（15）：197—210.

⑥ Lizabeth A. Cohen， "Embellishing a Life of Labour：An Interpretation of the Material Culture of American-Class Homes，1885－1915," *Material Culture Studies in America*，Nashville，TN：The American Association for State and Local History，1982，pp. 289—305.

此，文化构成的世界的已知属性存在于消费品的未知属性中，并且实现了从世界到商品的意义的转移。

这种复杂过程的机制值得更详细的阐述。创意总监关注的是实现两个元素的成功结合，其中一个元素由客户指定。在大多数情况下，客户给总监一个商品，其物理性质和包装是固定的、不受操纵的。第二个元素，即文化构成的世界的代表，以几乎相同的比例受到约束和保持自由。客户有时利用营销研究和建议，将其指定为消费品寻求的属性。根据这些规范，创意总监现在享有广泛的自由裁量权。仅仅受到预算限制的负面约束和连续品牌形象的积极约束，总监几乎可以无限多的方式中的任何一种随意地传递期望的符号属性。

这个传递过程包括一系列冗长而精致的选择（Dyer，1982①；McCracken，1984②；Sherry，1985③；Williamson，1978④）。第一个选择是困难的。董事必须将其自身的目的清楚地定性为产品所追求的价值。这个过程有时会导致客户和董事之间的一段复杂的谈判，其中各方交替地引导和跟随彼此，使消费者对产品的价值追求更加清晰。通常，广告公司进行自己的协商过程，以便使自身的目的足够明确。交付过程中的第二个选择同样困难，但也许不能够协商。导演必须决定所需的广告属性在文化世界中的位置。导演有自己选择的广泛可能性。必须选择地方，这里的首选是广告是否具有幻想设置或自然主义设置。如果选择后者，则必须决定其是内部或外部环境、城市或乡村景观、耕作或未经改造的环境。还必须选择一天的时间和一年的时间。如果人们出现在广告中，必须选择他们的性别、年龄、阶级、身份和职业，并指定他们的衣服、身体姿势和情感状态（Goffman，1979⑤）。这些都是文化构成的世界的部分，可以在广告中提起。

必须注意的是，根据导演的技能和训练，这种选择过程可以被或多或少地执行。没有从消费品的期望属性到在广告中能够唤起他们的文化构成的世

① Gillian Dyer, *Advertising as Communication*, New York: Methuen, 1982.

② Grant McCracken, "Anthropology and the Study of Advertising: A Critical Review of Selected Literature," *Working Paper No. 84−103*, 1984.

③ John Sherry, "Advertising as a Cultural System," paper presented at *The 1985 American Marketing Association Educator's Conference*, Phoenix, AZ, 1985.

④ Judith Williamson, *Decoding Advertising*, New York: Marion Boyars, 1978.

⑤ Erving Goffman, *Gender Advertisements*, Cambridge, MA: Harvard University Press, 1979.

界的片段的简单路线。正如广告行业的成员所指出的，这是一个创造性的过程，其中广告的最适当选择不是看起来那么精心准备。这个创造性过程不仅可能会出现大量的误差和错误，而且，因为它是创造性的，所以选择的过程多在不知情和有意识的水平上进行，董事不能完全认识到选择的方式和原因，即使这种选择具有强制性和必要性（Arlen，1980，pp. 99−119①）。

总而言之，导演必须从构成文化世界的文化类别和网络创造的替代品中进行选择。选择的替代方案将反映董事决定最接近客户为产品寻求的意义的那些分类和准则。一旦这两个选择过程完成，就必须进行第三组选择。导演必须决定在广告中如何描绘文化构成的世界。这个过程包括检查所有确认所选意义的对象，然后决定哪些对象在广告中能够呈现这种意义。最后，导演必须决定如何在其高度设计化的环境中呈现产品。利用照相和视觉的结合给观众或读者提供机会来窥见世界和物体的两个元素之间的本质等价物。导演必须将这两个要素结合在一起，鼓励潜在消费者隐藏着的同一性。世界和商品似乎有着特殊的和谐，这两者必须结合起来看。当观众或读者意识到这个相同性（在对其刺激进行一次或多次曝光之后）后，转移的过程已经发生。意义已经从文化构成的世界转移到消费品。这个商品现在代表了它以前不被发觉的文化意义。

视觉图像和言语材料在这种转移过程中似乎呈现出非常特殊的关系。它主要是当寻求意义转移时，结合世界和对象的广告的视觉方面。口头材料主要作为一种提示，其向观众或读者的指示应当由广告的视觉部分表达显著属性。文本（特别是标题）使得图像中已经隐含的内容变得明确。文本提供关于如何读取广告的视觉部分的指令。语言成分允许导演将观众或读者的注意力引导到准备转移的那些有意义的性质上（Barthes 1983，pp. 33−39②；Dyer，1982，pp. 139−182③；Garfinkle，1978④；Moeran，1985⑤）。

---

① Michael J. Arlen, *Thirty Seconds*, New York: Farrar, Straus and Giroux, 1980.

② Roland Barthes, *The Fashion System*, trans. Matthew Ward and Richard Howard, New York: Hill and Wang, 1983.

③ Gillian Dyer, *Advertising as Communication*, New York: Methuen, 1982.

④ Andrew D. Garfinkle, (1978), "A Sociolinguistic Analysis of the Language of Advertising," unpublished dissertation, Department of Linguistics, Georgetown University, Washington, D. C., 2005.

⑤ Brian Moeran, "When the Poetics of Advertising Becomes the Advertising of Poetics: Syntactical and Se-mantic Parallelism in English and Japanese Advertising," *Language and Communication*, 1985 (5): 29−44.

所有这一切现在必须由观众或读者成功地解读。值得强调的是，观看者或读者是转移过程中的最终作者。导演把世界和消费品结合起来，然后暗示了它们的基本相似性。留给观众或阅读者看到这种相似性并影响有意义的性质的转移。在这一点上，正如威廉姆森（Williamson，1978，pp. 40-70①）指出的那样，观众或读者是意义转移过程中必不可少的参与者。观众或读者必须完成导演的工作。

广告是一个渠道，通过它，意义从文化构成的世界到消费品不断转移。通过广告，新旧商品不断放弃旧意义，并获得新的意义。作为这个过程的积极参与者，观众或读者随时被通知消费品中存在的文化意义的当前状态。在这个意义上，广告作为当前文化意义的词典，在很大程度上，广告保持了萨林斯所说的"文化秩序"和"商品秩序"之间的一致性（1976，p. 178）。

（2）时尚体系

时尚体系并不时常被观察、研究和理解为一种意义转移的工具，而这种体统也作为一种手段，系统地注入和抽离意义。时尚体系是一种比广告更为复杂的意义运动工具。在广告中，通过广告代理的努力实现移动，以从文化构成的世界中解开意义，并通过广告将其转移到消费品。在时尚体系中，该过程具有更多的意义源头、转移媒介和传播媒介。一些这种额外的复杂性可以通过时尚界以三种不同的方式传递意义到消费品。

在一种能力中，时尚体系执行从文化构成的世界到消费品的意义转移，其在性质和效果上与由广告进行的转移非常相似。在杂志或报纸上同样结合世界的各个方面和消费者的好处，并且追寻相似过程。在这种情况下，时尚体系使新的服装或家居装饰品，与既定的文化类别和准则相联系，将意义从文化构成的世界转移到消费品上。这是时尚界交付能力最简单的一方面，讽刺的是，罗兰·巴尔特（1983）发现这种能力是非常复杂的，而且很难表达出来。

在第二个能力中，时尚体系实际上以保守的方式产生了新的文化意义。这个方式由意见领袖承担，有助于形成和改进现有文化意义，鼓励促进文化分类和准则的改革。这些是有距离感的舆论领袖——由于出身、外表或成就而受到高度尊重——这些有距离感的舆论领袖是社会地位较低的人的生活意义来源之一。事实上，有人已经提议，意义的创新是由那些低层模仿的个人

---

①　Judith Williamson，*Decoding Advertising*，New York：Marion Boyars，1978.

所促进的（McCracken，1985c[①]；Simmel，1904[②]）。通常，高层人物来自传统的社会精英——上层阶级。例如，这些分支起源于最初涓涓细流的"预制外表"。现如今，舆论领袖具有无耻的暴发户的特点，现在晚上肥皂剧如《达拉斯》和《王朝》——主宰着电视，并且似乎影响了消费者和他们的生活方式、习惯。电影和流行的音乐明星，因为他们的地位，他们的外表，有时他们的才华也会形成一群较新的舆论领袖。所有这些新的舆论领袖都发明和传递了一种意义，这种意义主要是根据文化分类和文化准则建立的主流文化进行协调的结果。这些舆论领袖可以透过文化创新、风格、价值和态度的变化，然后传递给他们的模仿者。

在第三个层面，时尚体系从根本上改革文化的意义。西方工业社会的一些文化意义的一部分总是受到不断和彻底的改变。这种意义的根本不稳定性是由于西方社会在克洛德·列维－斯特劳斯（1966，pp. 233−234）的"热社会"语言中，西方社会愿意接受，实际上鼓励由想要努力的人和匿名社会力量的影响所产生的急剧变化（Braudel，1973，p. 323[③]；Fox、Lears，1983[④]；McCracken，1985d[⑤]；McKendrick、Brewer、Plumb，1982[⑥]）。因此，在热的、西方的、工业的、复杂的社会中的文化意义不断地经历系统的变化。与几乎所有民族志学的观点相反，这样一个社会的成员生活在一个不断稳步变化的世界中（McCracken，1985b[⑦]）。事实上，毫不夸张地说，热社会需要改变并依靠它来驱动世界上的某些经济，社会和文化部门

[①] Grant McCracken, "The Trickle-Down Theory Rehabilitated," *The Psychology of Fashion*, Michael R. Solomon, Lexington ed., MA.: Lexington Books, 1985, pp. 39−54.

[②] Georg Simmel, "Fashion," *International Quarterly*, 1904 (10): 130−155.

[③] Fernand Braudel, *Capitalism and Material Life 1400−1800*, London: Weidenfeld and Nicolson, 1973.

[④] Richard Wightman Fox, T. J. Jackson Lears (eds), *The Culture of Consumption. Critical Essays in American History*, *1880−1990*, New York: Pantheon Books, 1983.

[⑤] Grant McCracken, "The Making of Modern Consumption Behavior: The Historical Origins and Development of the Context and Activity of Modern Consumption," *Working Paper No. 85−101*, 1985.

[⑥] Neil McKendrick, John Brewer, and J. H. Plumb, *The Birth of a Consumer Society: The Commercialization of Eighteenth Century England*, Bloomington: Indiana University Press, 1982.

[⑦] Grant McCracken, "Consumer Goods and Cultural Change: A Theoretical Account of Change in the Cultural Meaning of Consumer Goods," *Working Paper No. 85−104*, 1985.

(Barber、Lobel，1953①；Fallers，1961②）。时尚体系是捕捉和移动高度创新的文化意义的渠道之一。

负责文化意义的彻底改革的群体是处于社会边缘的群体，例如嬉皮士，拳击手或同性恋者（Blumberg，1974③；Field，1970④；Meyersohn、Katz，1957⑤）。这些团体发明了一种比他们在意义扩散领导中的高层合作伙伴更为激进和创新的文化意义。事实上，这样的创新团体偏离当代北美社会的文化规范。他们说明了西方特有的倾向，被认为严重违反了文化规范。如果只是通过违反诸如年龄和地位（嬉皮士和拳击手）或性别（同性恋）等文化类别的消极过程，这些团体就重新定义了文化分类。重新定义的文化类别和一些倾向文化准则现在已经进入文化主流。创新团体成为"意义来源"，他们致力于推翻既定的秩序（例如，嬉皮士），或者不允许他们的文化发明被主流吸收（例如，拳击手）（Hebdige，1979⑥；Martin，1981⑦）。

如果文化意义的来源是动态的和众多的，代理人收集文化意义并影响其转移消费品。在时尚界中，代理形成两个主要类别：（1）产品设计者；（2）时尚的记者和社会观察者。产品设计师有时可能是非常显眼的个人，他们在巴黎或米兰这样的时尚中心建立自己作为服装设计的仲裁者形象，他们围绕着个性的崇拜。其他产品设计师，例如建筑师和室内设计师，有时达到大致相当的地位，并发挥同样的国际影响力（Kron，1983⑧）。然而，更多的是，

---

① Bernard Barber, Lyle Lobel, "Fashion in Women's Clothing and the American Social System," *Class*, *Status and Power*, Reinhard Bendix, Seymour Martin Lipset eds. , New York：The Free Press, 1953, pp. 323－332.

② Lloyd A. Fallers, "A Note on the Trickle Effect," *Sociology*：*Progress of a Decade*, Seymour Martin Lipset and N. Smelser eds. , Englewood Cliffs, NJ：Prentice Hall, 1961, pp. 501－506.

③ Paul Blumberg, "The Decline and Fall of the Status Symbol：Some Thoughts on Status in a Post-industrial Society," *Social Problems*, 1974（21）：480－498.

④ George A. Field, "The Status Float Phenomenon：The Upward Diffusion of Innovation," *Business Horizons*, 1970（13）：45－52.

⑤ Rolf Meyerson, Elihu Katz, "Notes on a Natural History of Fads," *American Journal of Sociology*, 1957（62）：594－601.

⑥ Dick Hebdige, *Subculture：The Meaning of Style*, London：Methuen, 1979.

⑦ Bernice Martin, A Sociology of Contemporary Cultural Change, Oxford, England：Basil Blackwell, 1981.

⑧ Joan Kron, Home-Psych, *The Social Psychology of Home and Decoration*, New York：Clarkson N. Potter, 1983.

他们在自己的行业之外是未知的（Clark，1976[1]；Meikle，1979[2]；Pulos，1983[3]）。底特律的汽车设计师就是这样的例子，家具和家电行业的产品开发商也是如此（个人，如 Raymond Loewy 是证明规则的例外）。

第二类代理人包括时尚记者和社会观察家。时尚记者可能属于印刷品或电影媒体，可能有高或低的地位。社会观察者可以是研究和记录新的社会发展的记者。例如，比恩巴克（Lisa Birnbach，1980）[4]，弗雷泽（Kennedy Fraser，1981）[5]，沃尔菲（Tom Wolfe，1970）[6]，约克（Peter York，1980）[7]，或者他们可能是从一个有点不同的观点学习过大致类似的内容，例如罗兰·巴尔特（1972）和克里斯托弗·拉施（1979）[8]。市场研究人员也开始以这种身份服务，例如奈斯伯特（John Naisbett，1982）[9]，米歇尔（Arnold Mitchell，1983）[10]，也可能是莫劳伊（John Molloy，1977）[11]。

这些团体享有相对平等的分工。记者通过作为守门人来履行他们的职责。他们审查美学、社会和文化创新，因为这些首次出现，然后将创新分为重要的或微不足道的两种。在这方面，记者类似于艺术中的守门员（Becker，1972[12]）和音乐（Hirsch，1972[13]）世界。记者应该尽可能地观察文化创新的旋转体，并决定什么是短暂的，什么是持久的。在他们完成了困难的调整过程之后，记者参与传播过程，然后做出决定。必须承认，扩散链

① Clark，Clifford E. Jr.， "Domestic Architecture as an Index to Social History: The Romantic Revival and the Cult of Domesticity in America，1840—1870," *Journal of Interdisciplinary History*，1976（7）：33—56.

② Jeffrey L. Meikle，*Twentieth Century Limited. Industrial Design in America，1925—1939*，Philadelphia，PA：Temple University Press，1979.

③ Arthur J. Pulos，*American Design Ethic：A History of Industrial Design to* 1940，Cambridge，MA：M. I. T. Press，1983.

④ Lisa Birnbach，*The Official Preppy Handbook*，New York：Workman Publishing，1980.

⑤ Kennedy Fraser，*The Fashion Mind*，New York：Alfred A. Knopf，1981.

⑥ Tom Wolfe，*Radical Chic and Mau：Mauing the Flak Catchers*，New York：Farrar，Straus and Giroux，1970.

⑦ Peter York，*Style Wars*，London：Sidgwich and Jackson，1980.

⑧ Christopher Lasch，*The Culture of Narcissism*，New York：W. W. Norton，1979.

⑨ John Naisbitt，*Megatrends*，New York：Warner Books，1982.

⑩ Arnold Van Gennep，*The Rites of Passage*，London：Routledge and Kegan Paul，1960.

⑪ John T. Molloy，*The Women's Dress for Success Book*，New York：Warner Books，1977.

⑫ Howard S. Becker，*Art Worlds*，Berkeley，CA：University of California Press，1982.

⑬ Paul M. Hirsch，"Processing Fads and Fashions：An Organization—Set Analysis of Cultural Industry Systems," *American Journal of Sociology*，1972（77）：639—659.

中的每个人（Rogers 1983）都扮演着守门人的角色，并影响着寻求意见领袖的个人的品位。记者尤其重要，因为他们在创新传递到"早期使用者"之前就感受到了他们的影响（Baumgarten，1975[①]；Meyersohn、Katz，1957[②]；Polegato、Wall，1980[③]）。

当记者确定了真正的创新时，产品设计师开始将意义纳入主流，并将其投资于消费品。产品设计师不同于广告代理总监，因为他/她不仅改变消费品的象征性质，而且改变其物理性质。除了时尚和贸易展览（其仅仅覆盖一些潜在消费者）之外，产品设计者没有意义给出的上下文，诸如广告，其中他/她可以显示消费品。相反，消费品将离开设计师的手，并输入消费者选择的任何情况。产品设计是设计者必须说服消费者特定对象具有某种文化意义的手段。对象必须离开设计师的手，其新的符号属性显示在其新的物理属性中。

设计师，像代理主任，依靠消费者最后的行为，影响从世界到对象的意义转移。但与代理总监不同的是，产品设计师没有将自己置于高度管理的、经典的广告环境，鼓励和指导这种意义转移。设计者无法直接告知消费者商品的品质，这些品质在商品中必须是不言而喻的，因此消费者可以影响他/她自己的意义转移。因此，消费者有必要访问与设计者意义上的新兴时尚相同的信息源。记者将这些信息提供给消费者，以便他/她能够识别新对象的物理属性的文化意义。简而言之，设计师在开始时依赖于记者，然后在意义传递过程的最后再次如此。记者为设计师以及设计师工作的接受者提供了新的意义。这样，广告和时尚系统都是将意义从文化世界转移到消费品的工具。它们是将意义投入目标代码中的两种手段。正是由于它们，我们世界的对象才具有了这样的丰富性、多样性和多样化的意义，可以为我们提供这样不同的自我定义和社会交际的行为。

3. 文化意义的位置：消费品

消费品是文化意义的基础，这是一个非常确定的事实，需要在这里进行

---

① Steven A Baumgarten, "The Innovative Communicator in the Diffusion Process," *Journal of Marketing Research*，1975（12）：12—18.

② Rolf Meyerson, Elihu Katz, "Notes on a Natural History of Fads," *American Journal of Sociology*，1957（62）：594—601.

③ Rosemary Polegato, Marjorie Wall, "Information Seeking By Fashion Opinion Leaders and Followers," *Home Economics Research Journal*，1980（8）：327—338.

详细的阐述。这就是萨林斯所说的一个产品类别——服装（1976，p.179）。

从整体上看，美国服装系统是一个非常复杂的文化分类系统。可以说，服装几乎包括了其他高参与度的产品类别和几个低参与度的产品类别。服装、交通、食品，以及住房外部和室内装饰都是表达构成我们世界的文化意义的媒介。

该物品具有的文化意义有时对消费者是明显的，有时是隐藏。消费者可以有意识地看到，把操纵文化意义看作消费品的地位。然而，消费者个人往往只在特殊情况下才认识到消费品的文化意义。例如，因为盗窃、突然失去货物的消费者，或者伴随着老化而出现的脱离，会产生巨大的损失甚至哀悼（Belk，1982，p.185[①]）。即将讨论的拥有惯例还表明，消费品有意义的性质并不总是对消费者显而易见的，尽管它们用于通知和控制他或她的行动。

在本文开头，人们观察到，过去十年，人们对消费品的文化意义的工作倾注了很多精力。事实上，这些丰富的文献使我们相信，对商品所具有的文化意义的研究是一个蓬勃发展中的学术课题。然而，这些文献中没有一个可以解决具有移动特质的文化意义的问题，我们可能希望使这个问题在实地的操作假设。当我们研究消费品的文化意义时，我们可能希望确定文化意义来自何处以及如何传递。

4. 意义转移的工具：商品到消费者

到目前为止，我们已经从文化构成的世界到消费品的运动跟踪了文化意义，并已经考虑了这两者在这一过程中的作用。消费品中的意义如何从消费品转移到消费者的生活中是我们现在必须解决的问题。为了描述这个过程，我们要讨论第二套意义转移的工具，这些似乎符合"象征性行动"或仪式的特殊情况（Munn，1973[②]；Turner，1969[③]）。仪式是一种社会行动，致力于

---

① Russell W. Belk, "Acquiring, Possessing, and Collecting: Fundamental Processes in Consumer Behavior," *Marketing Theory: Philosophy of Science Perspectives*, Ronald F. Bush, Shelby G. Hunt eds., Chicago, IL: American Marketing Association, 1982, pp. 185−190.

② Nancy Munn, "Symbolism in a Ritual Context: Aspects of Symbolic Action," *Handbook of Social and Cultural Anthropology*, J. L. Honigmann ed., Chicago, IL: Rand McNally, 1973, pp. 579−612.

③ Victor Turner, "Forms of Symbolic Action," Robert F. Spencer ed., *Forms of Symbolic Action*, Seattle, WA: American Ethnological Society, 1969, pp. 3−25.

以集体和个人沟通、分类为目的的文化意义的操纵。惯例是可以确认、唤起、分配或修改常规符号和文化秩序意义的机会。在这个意义上，惯例是操纵文化意义的强大和可靠的工具。以经典的传代惯例的形式为例，惯例用于将个人从一个文化类别移动到另一个，其中他或她放弃一组符号属性（Turner，1967①；Van Gennep，1960②）。其他形式的惯例致力于不同的社会目的，一些形式用于给某些文化原理和概念提供"经验现实"（Tambiah，1977③），还有的用于创造某些具有政治联系（McCracken，1982b④）的其他形式。简而言之，惯例在其文化意义的操纵中被置于不同的目的。在当代北美，惯例用于将文化意义从商品转移到个人。有四种类型的惯例用于这一目的：交换，拥有，修饰和剥夺惯例。这些惯例中的每一个都代表了一个更通用的过程中的不同阶段，通过这个阶段，意义从消费者的利益转移到消费者个人。

（1）交换仪式

在当代北美交换惯例中，特别是在圣诞节和生日，一方选择、购买和向另一方提供消费品（Caplow，1982⑤）。通常送礼人选择礼物，因为它具有赠送者希望看到礼品对于收到礼物的人有意义。因此，接受特定种类的衣服的女人也是她自己作为女人的特定概念的接受者（Schwartz，1967⑥）。这件衣服包含这个概念，女人也用这个概念定义自己。同样，父母和孩子之间流传的许多礼物也是由这个概念激发的。给孩子的礼物包含了父母希望可以让孩子接收的符号特性（Furby，1978，pp. 312-313⑦）。

礼物交换惯例建立了一种有力的人际影响手段。礼物交换允许个人将某

---

①　Victor Turner，"Betwixt and Between: the Liminal Period in Rites of Passage," Victor Turner ed.，*The Forest of Symbols*，Ithaca，NY: Cornell University Press，1967，pp. 93-111.

②　Arnold Van Gennep，*The Rites of Passage*，London: Routledge and Kegan Paul，1960.

③　Stanley J. Tambiah，"The Cosmological and Performative Significance of a Thai Cult of Healing Through Mediation," *Culture，Medicine，and Psychiatry*，1977（1）: 97-132.

④　Grant McCracken，"Politics and Ritual Sotto Voce: The Use of Demeanor as an Instrument of Politics in Elizabethan England," *Canadian Journal of Anthropology*，1982（3）: 85-100.

⑤　Theodore Caplow，"Christmas Gifts and Kin Networks," *American Sociological Review*，1982（47）: 383-392.

⑥　Barry Schwartz，"The Social Psychology of the Gift," *American Journal of Sociology*，1967（73）: 1-11.

⑦　Lita Furby，"Possessions: Toward a Theory of Their Meaning and Function Throughout the Life Cycle," Paul B. Baltes ed.，*Lifespan Development and Behavior*，New York: Academic Press，1978，pp. 297-336.

些符号属性暗示到礼物接收者的生活中,并启动可能的意义转移。在更广泛的意义上,作为送礼人的消费者成为意义转移的媒介,其程度是他们选择性地将具有特定属性的商品分发给个人。在社会科学中建立的礼物交换研究(Davis,1972[①];Mauss,1970[②];McCracken,1983[③];Sahlins,1972[④])已经在消费者研究领域进行(Belk,1979[⑤]),并且值得进一步研究。必须注意送礼人选择带有文化意义礼物并试图传递给收礼人的过程。还必须注意礼品包装和表达的意义以及送礼的背景(时间和地点)。国内礼物交换礼仪给予对于交换的物品的意义是至关重要的。

(2)拥有仪式

消费者花费大量时间清理、讨论、比较、展示、炫耀,甚至拍摄许多他们所拥有的东西。暖房派对有时提供了这个机会,而家庭"个性化"(Hirschman,1982,37-38[⑥];Kron,1983[⑦];Rapoport,1968,1982[⑧])的过程也尤其是比较、展示和讨论的过程。虽然这些活动具有明显的功能,但他们似乎都有额外的效果,允许消费者声称自己拥有的东西。这声称过程不是通过简单地断言所有权。声称也是试图从物体中提取它由世界货物市场所给出的品质。这个过程当它不能发生时是最明显的。例如,有时消费者会声称拥有汽车、房屋、服装或其他有意义的东西——"从来没有什么对我来说真的很有意义"。有一些商品,消费者从来没有成功地声称,因为他/她从来没有成功地声称它们的象征性质。消费品变成了一个悖论:消费者占据它而不拥有它;其符号性质保持不变。

---

① J. Davis, "Gifts and the U. K. Economy," *Man*, 1972 (7): 408-429.

② Marcel Mauss, *The Gift*, London: Routledge and Kegan Paul, 1970.

③ Grant McCracken, "The Exchange of Tudor Children," *Journal of Family History*, 1983 (8): 303-313.

④ Sahlins, Marshall, "The Spirit of the Gift," *Stone-Age Economics*, Marshall Sahlins ed., Chicago, IL: Aldine, 1972, pp. 149-183.

⑤ Russell W. Belk, "Gift Giving Behavior," *Research in Marketing*, Jagdish N. Sheth ed., Greenwich, CT: JAI Press, 1979 (2): 95-126.

⑥ Albert Hirschman, *Shifting Involvements*, Princeton, NJ: Princeton University Pres, 1982.

⑦ Joan Kron, *Home-Psych.: The Social Psychology of Home and Decoration*, New York: Clarkson N. Potter, 1983.

⑧ Amos Rapoport, "The Personal Element in Housingan Argument for Open-Ended Design," *Journal of the Royal Institute of British Architects*, 1968 (7): 300-307. Meaning of the Butilt Environment, Beverly Hills, CA: Sage Publications, 1982.

　　然而，通常情况下，个人成功掌握拥有惯例，并设法得到已投入消费品的有意义的财产。如果传播文化意义，消费者就可以使用商品作为时间、空间和场合的标志。消费者利用这些商品的属性来区分阶层、地位、性别、年龄、职业和生活方式等文化类别。由于拥有惯例允许消费者占有商品的意义，这些惯例有助于完成文化意义运动的第二阶段。正如我们所看到的，广告代理和时尚界将文化意义从文化构成的世界转移到消费品中。使用拥有惯例，个人将文化意义在他们的商品和他们的生活中之间转移。

　　值得注意的是，拥有的惯例，特别是那些致力于个性化对象的惯例，几乎在小范围上，私人的意图是由广告代理机构进行的意义转移的活动。个人化的行为实际上是将意义从个人自己的世界转移到新获得的商品的尝试。在这种情况下的新背景是个人的消费品的补充，其已经具有个人和公共的意义。事实上，也许主要是这样一个匿名的占有——显然是由创造一个遥远的，非个人化的大规模制造过程——变成一个属于一个人的个人财产，并为它们发声。也许正是以这种方式，个人创造了一个个人的商品世界，反映了他们自己的经验和自我和世界的概念。广告传递到商品的意义是集体意义。个人行为传递到商品的意义是集体的意义，因为这种意义反映了消费者的个人体验。

　　（3）修饰仪式

　　很明显，商品中的一些文化意义具有易变质的性质。因此，消费者必须重复地从财产中吸取文化意义。当一个持续的意义从商品转移到消费者的过程是必要的，消费者可能会采取一个疏导惯例。这种惯例的目的是采取必要的特殊手段，以确保某些衣服、发型和外观中存在的特殊的、易变质的性质，被"哄骗"出他们的常驻商品，并使之鲜活起来，然而在个人消费者的生活中简单而不稳定。"排除"惯例，一个准备晚上赴约的惯例就是这个过程的好例子。这些惯例说明了时间、耐心和焦虑，因为要置身于这样一个大庭广众之下，而为自己好好准备赴晚会或晚宴。修饰惯例使那些"出去"的个人，他们的"最好的"消费品拥有特别迷人、崇高的、有意义的属性。这些有意义的财产一旦被获得并存在于个人身上，就给其新的信任、冲击和防御力量。广告描述某些化妆、头发造型的商品和服装的语言默认特殊修饰惯例释放到商品中有意义的属性。

　　然而，有时，不是消费者而是商品必须被修饰。当消费者培养对象中其对象有意义的属性，而不是哄骗自己的属性时，就会发生这种情况。在某些汽车上所花费的大量时间和精力的庞大数量在这里可能是最好的例子（Myers，1985，p. 562①）。这种类型的修饰惯例使商品增压，从而使物体可以将特殊的高度特性传递给所有者。在这里，个人的意义投资的作用也是显而易见的。对于消费者的重要性，培养消费品并使其能够释放其有意义的品质，是老龄化人士行为中最为突出的。谢尔曼和纽曼报道说，养老院的居民认为自己是"走到尽头"，从事一个"去除他们生活中重要物品的情感意义"的过程（1977-1978，p. 188）。

在消费者研究领域，罗科（Rook，1984）② 的惯例研究已经得到了显著的发展，他们观察到消费行为有多少是有意义的，谁从惯例的角度注意到消费习惯的价值。罗科和列维（Rook、Levy，1982）还研究了修饰惯例和修饰产品象征意义。很明显，修饰惯例是个人实现符号特性转移的手段之一。在修饰惯例中，意义从消费品向消费者转移。修饰惯例有助于从这些商品中吸取文化意义，并将其投入消费者。

（4）剥离仪式

从商品中抽出意义的个人将以个人身份查看这些意义来源，将商品与自己的个人财产相关联。消费者和消费者之间可能的混淆促进了剥离惯例的使用。剥离惯例用于两个目的。当个人购买以前拥有的商品（例如房子或汽车）时，该仪式用于消除与先前所有者相关联的含义。例如，新购买的房子的清洁和重新装修可能被视为消除以前所有者创造的意义而做出的努力。撤离允许新所有者避免与先前所有者的有意义的财产接触，释放财产的意义属性，为自己"声称"它们。第二次剥夺惯例发生在个人即将给予一个物品的时候，不管是把物品丢弃还是卖掉。消费者将试图抹去通过关联投入到商品中的意义。在坦白的时刻，个人认为他们觉得"有人穿着我的老外套有点奇怪"。在更加公正的时刻，他们会承认他们害怕隐藏个人意义，这种现象类似于移植捐赠者和接受者之间有时发生的"身份合并"（Simmons、Klein、

---

① Elizabeth Myers, "Phenomenological Analysis of the Importance of Special Possessions: An Exploratory Study," Elizabeth C. Hirschman, Morris B. Holbrook eds., *Advances in Consumer Research*, Provo, UT: Association for Consumer Research, New York: Warner Books, 1982 (12): 560-565.

② Dennis Rook, "Ritual Behavior and Consumer Symbolism," Thomas C. Kinnear ed., *Advances in Consumer Research*, Provo, UT: Association for Consumer Research, 1984 (11): 279-284.

Simmons，1977，p. 68[①]）。这两种观点都表示担心货物的意义可以转移、模糊、混淆，甚至在商品交换时失去（Douglas，1966[②]）。因此，商品在被通过之前必须被清空意义，并在被接受时被清除意义。事实上，听起来就像简单的迷信，就是对商品意义的可移动性的内在承认。

　　总而言之，个人的惯例被用于将商品中的意义转移给个人消费者。交换惯例用于将货物指定给赠送者认为需要这些财产的个人。在交换惯例中，提供者邀请接收者参与该物品拥有的属性。拥有惯例由所有者实行，以便检索有意义的属性。拥有惯例的目的是将一个好的财产转让给它的主人。修饰惯例用于实现易变质性质的连续转移——当消费者拥有时可能褪色的性质。修饰惯例允许消费者对商品进行换新。这些惯例也可以用来维持和"提亮"某些有意义的物品。最后，剥离惯例被用来清空意义上的商品，这样意义就不会损失也不会变质。所有这些惯例都是意义转移工具的一种微观版本，将意义从宏观世界移动到商品，因为这些惯例将意义从商品移动到消费者。

5. 文化意义的落足点：消费者个人

　　文化意义是用来定义和定向个人的方式，我们只是开始适应。很显然，生活在当代西方工业文化中的人们可以从商品的意义中获得广泛的选择。在这篇文章的开始，我们观察到当代北美文化留下了大量的未定义的个体。个人满足自由，履行自我责任的方式之一是系统地分配货物的有意义的财产。这个任务明显不是一个容易的任务，也不是总会取得成功的。许多人从那些不存在诸种意义的商品寻找；其他人寻求适当的种种意义，却并非通过一些清晰的社会学认定来获得。还有一些人试图仅仅根据商品的意义来构筑他们的生活。所有这些消费者的病态在现代消费行为中都是显而易见的，它们都说明了意义转移的过程如何带来错误，以及个人和社会付出的代价。然而，在正常情况下，个人以无贡献的方式使用商品构成自身和世界的关键部分。通过商品进行自我和世界建设过程的逻辑，必要性和细节被极大地削弱，现在只是吸引了严密的研究。我们的文化研究了自己的信仰和实践，在民族志记录中也没有深刻的热情。同样的彻底和热情，也使物质财富成为其最引人

---

① Roberta G. Simmons，Susan D. Klein，Richard L. Simmons，*Gift of Life：The Social and Psychological Impact of Organ Donation*，New York：John Wiley，1999.

② Mary Douglas，"Purity and Danger：An Analysis of Concepts of Pollution and Taboo"，*Harmondsworth*，England：Penguin Books，1966.

注目的关注点之一。因此，在建设自身和世界时研究货物的使用应该已经遭遇了如此长期而深远的忽视，这是非常奇怪和不幸的。

6. 总结

只有最近才有一个"人—事物"关系的领域，摆脱了创始人托尔斯坦·凡勃伦（Thorstein Veblen）所施加的限制。该领域已经开始认识到，消费品所具有的文化意义比维伯利亚人坚持认同能力更为复杂多样。但是，现在这个领域已经有了这个优势，它可能会考虑另一个可能性。它可能开始考虑到可转让、可移动、可操纵的意义的质量。本文通过对消费品文化意义的结构和运动进行理论性阐述，试图鼓励这种发展。它表明意义在于三个方面：文化构成的世界、商品和消费者。广告、流行体系和消费者惯例已经被确定为在这几个方面提取和转移意义的手段。广告和时尚体系将意义从文化构成的世界转移到消费者的商品上，而消费者的惯例则从消费者的利益转移到消费者身上。这是现代发达社会中文化意义运动的轨迹。

作者简介

格兰特·麦克拉肯（Grant McCraken），加拿大人，人类学家，作家，芝加哥大学文化人类博士，哈佛商学院高级讲师，剑桥大学访问学者，麻省理工学院副研究员，皇家安大略博物馆当代文化机构的创始人与领导者。

译者简介

秦洁，四川大学文学与新闻学院广告学专业本科生，研究方向：广告与品牌符号学。

贾欣，西南民族大学外国语学院硕士，主要研究方向：翻译理论与实践。

第二部分

符号化的商品

一、流行音乐的商品符号学研究

陆正兰

马克思在《政治经济学·导论》中提出"艺术生产"这个概念，并指出，艺术生产活动中的"不同要素之间存在着相互作用"。艺术一旦卷入生产，尤其在当代消费社会下，作为文化产业的流行音乐，就不可能是一种艺术家单纯的创作行为，相反，会卷入各种复杂的商品符号活动。因此，流行音乐既是一种精神生产，也是一种商品行为。作为流行音乐的符号学动力，"流行"二字，不仅是音乐符号表意的基本方式，也是音乐作为文化商品生产和销售的内在逻辑。

1. 流行音乐是一个符号场

流行音乐是一种复杂的符号活动：围绕一首流行音乐的文本，有各种伴随文本、歌星表演、歌手的服饰、舞台装置、灯光音响、广告赞助、场内外报道等，都在共同建构流行音乐文化和商品价值。流行音乐生产与流传的基本环节包含：（词作家的）歌词—（配器、作曲家的）音乐—（歌手的）表演—（机构媒介的）传播—（歌众粉丝的）传唱，五个环节合力起作用，背后的"创意—生产—营销—消费"构成了一条当代音乐文化商品的产业链。歌曲的创作和生产目的，在于社会的广泛认同和普遍的流行。既是文化产业，就需要产品"畅销"流行，流行音乐实为文化性和商品性一体两面。然而，任何个体行为选择，都不能造成流行这种文化景观。为了达到流行目的，从符号意义渠道和商品符号渠道，我们会观察到一系列精心选择、精心配合的文化商品符号策略。

20世纪40年代，阿尔多诺把"流行音乐"作为"文化工业"的批判对象，并把流行音乐的受众看成"文化消费者"，他已经明白流行音乐不可避免的商品性，只是他认为文化与商品经济不相容。这种精英主义立场的文化批判，没有能阻挡音乐文化产业的迅猛发展。① 尤其当音乐作为文化产业，它在核心层（实体唱片、音乐演出、音乐版权经纪管理、数字音乐、数字图书出版），关联层（乐器、音乐教育培训、专业音响）以及拓展层（广播电视音乐、卡拉 OK、影视剧游戏动漫音乐）这三个构成面的生产、推广、销售、盈利等程序上，发展迅猛，效率奇高。据《2015 中国音乐产业发展报告》，中国音乐产业 2015 年的总产值已经达到 3018 亿元。其中中国内地实体唱片产值规模为 5.59 亿元人民币。音乐类演出市场规模为 150 亿元，音乐著作权协会的版权许可收益为 1.7 亿元人民币，中国音像著作权集体管理协会的总收入达到 1.55 亿元人民币。在这些收益中，中国数字音乐的市场规模最大，已经达到 498.18 亿元。其中 PC 端音乐市场规模为 58.06 亿元，移动端音乐市场规模为 41.5 亿元；电信音乐增值业务为 398.62 亿元；网络音乐用户规模达 5.01 亿。②

在电子技术愈发发达的今天，随着网络通信、电台、电信的融和，这个数字会保持增长速度，同时会出现新的音乐传播和销售模式。比如 2014 年汪峰在鸟巢的演唱会的在线音乐现场，被看作新的音乐市场的标志。后来涌现的腾讯视频的"Live Music"，优酷土豆的"星梦"，乐视音乐的"Live 生活"，"YY 玩唱会"③，"陌陌现场"，以及由狮子音乐平台"酷狗"剥离出的"繁星直播"，拥有草莓音乐节品牌的摩登天空推出的"正在直播"等在线音乐直播平台都逐渐"成为常态"。④ 与视频网站一起出现的，是在线音乐现场直播的应用产品，如汪峰投资的"野马现场"，这预示着在线音乐现场直播成为音乐产业的又一个路径。

音乐产业在国外也是如此，美国流行音乐唱片工业的总产值几乎与航空工业平分秋色，暴敛了全球财富。在英国"有调查显示，目前英国至少有 500 万人通过网络听音乐。统计表明，每个网络音乐的下载，平均每月检索

---

① 阿尔多诺《论流行音乐》一文，直接批判"流行音乐"，认为流行音乐完全是文化工业的商业制作。他总结流行音乐的三个特点：标准化、伪个性化、促进消极消费。在他看来，标准化的流行音乐表面上看起来五花八门，实质上却是千篇一律，文化工业已经抽调了一切挑战性的、原创性的成分，剩下的只是技术效应所显示的"伪个性"。

② 赵志安：《2015 年钟鼓音乐产业发展报告》，北京：人民音乐出版社，2006 年版。

③ 这种在线直播，相当于拥有一个 Live House，具有专业的室内演出场地，空间远小于大型演出场馆、演出者贴近观众，音响等又胜过酒吧。通常做法，是每期选择一位有市场影响力的艺人进行演出，并进行现场直播。有时并没有任何观众，只是和在线观众互动，互动产生效益。通常要求演员"能互动""会唱歌"，通过评论、弹幕、虚拟礼物赠送、游戏等互动形成，变成一场玩唱会。

④ 高海博：《线上演唱会的新舞台》，载《瞭望东方周刊》，2015 年第 48 期，第 67 页。

19 首歌曲；至于使用高速接入者，这一数字则上升到 25 首。经过推算，整个英国一年中至少有 10 亿首歌曲被聆听"。而在瑞典，阿巴乐队（ABBA）在它鼎盛的 20 世纪 70 年代，每年为瑞典国库作的贡献，超过了整个庞大的沃尔沃汽车工业集团。

音乐产业的繁荣，不仅促进了各种不同的音乐传播和销售模式，也决定了流行音乐作为文化产业符号不同的编码方式和符号消费模式。

2. 音乐创意：流行音乐的文本编码

作为一种文化产业，流行音乐生产和流传的每个环节都作了精心编码。歌词在歌曲的这种复合多媒介中，信息最清晰，因此成为歌曲意义的"定调媒介"[①] 它决定了流行音乐的亚体裁区分，决定了其流传渠道：少儿歌曲通常在学校课堂和专门的少儿电视频道上传播；而摇滚乐将在现场音乐会上取得较好的效果；仪式歌曲也会在特定的场景传播；娱乐歌曲会在歌星音乐会，或者娱乐场所，比如 KTV 传播；旅游、公益歌曲等会在专题音乐会上传播，等等。歌词不仅决定了歌众的分层，也决定了歌曲文化意义的分层，及其营销结构的变化。

歌众传唱一首歌，都基于一个自我意义实现的意图，即用歌传达出某种共同的或个人化的意义。流行歌曲是社会心理的窗口，一个时代的流行歌曲常常是社会心理与精神气候的写照。反过来说，一个时代有其社会心理，也就有其流行歌曲。[②] 歌众不可能把意义权完全让渡给歌曲流传机构或其他因素。歌众有自己的主体诉求，歌众不是艺术家，不大可能用创作的方式来表达情感，但他们拥有等待被召唤出来的感情，也有在众多歌曲中选择并进行传唱的权力，所以，音乐从文本创意编码开始，就须符合歌曲流传的这个根本性机制。

任何文本的发送与接收，必须有个文本身份作为支撑。作为接收者的我们不一定要追究文本发出者的个人身份，但文本本身必须具有文本身份（textual identity）。歌曲文本，有体现体裁的文类身份、体现流派的风格身份、体现性别的社会身份、体现时代的历史身份、体现用途的功能身份等。

[①]　"定调媒介"，指多媒介文本中决定意义的媒介。参见赵毅衡：《符号学：原理与推演》，南京：南京大学出版社，2010 年版，第 135 页。

[②]　陶东风：《社会转型期审美文化研究》，北京：北京出版社，2002 年版，第 11 页。

身份是歌曲文本在文化中的定位，也体现了它对文化的依托。在人类文化中，文本身份经常比发出者个人身份更为重要。一首歌的词作者、曲作者、策划人、出品人、录音师、演唱者，他们的身份结晶成歌曲的文本身份（例如"当代民谣"），文本身份是文化直接作用于文本表意的结果，是文化给予一个特殊符号文本集体的规约性。一旦文本形成，文本身份就独立地起作用。一首歌，可以变成不同身份的文本，例如《太湖美》这首歌，用在城市形象的宣传中，它就是宣传身份；如果用在食品广告中，就是广告身份；用在一台音乐会中，它就是乡情歌曲音乐身份。

歌曲文本身份不但体现了文本表意的社会维度，而且也体现出它的商业维度。一首歌曲的文本身份，不仅仅是发出者（词作家、曲作家、音乐公司制作者等）的价值意图，更是取决于文化和商业的"预设"机制：商业消费、阶层分野、符号价值、性别偏见、集团使用等。

歌曲传播中含有多种信息：语言、音乐、形象、画面、故事，甚至历史、文化、风格等。他们都可以从任何一方面和表现对象进行锚定。比如，对于旅游形象歌曲，地素锚定最为重要，因为它是作为一个地方形象符号呈现的。当今作为哈尔滨市歌的《太阳岛上》，最初流传于1979年，是为庆祝中华人民共和国成立30周年，中央电视台组织拍摄的一部电视片《哈尔滨的夏天》中的插曲。多年过去，歌曲早已脱离了电视语境而广泛流传。"太阳岛"也因此成为符号制造对象的一个景点。

一首成功的形象歌曲创造的经济文化符号效应，有时候超出想象。2010年11月8日，《南国都市报》以"一首歌，让世界知道了海南岛"为题，报道了"中国文化旅游发展贡献奖"[①] 评奖情况。这个被誉为中国文化旅游产业"奥斯卡奖"的奖项，颁发给歌曲《请到天涯海角来》，因为"对旅游产业产生过巨大影响"。

形象歌曲作为一种标识性的象征符号，有其迥异于其他文化样式的独特优势，歌曲本来就是一个不断被重复实践的艺术。歌曲一旦传播，就成为一

---

① "中国文化旅游发展贡献奖"，由中华文化促进会、中国旅游协会主办，旨在表彰中华人民共和国成立以来对中国文化旅游产业发展产生过巨大影响、作出显著贡献的文化与艺术作品，共设九大奖项：影响中国文化旅游的一篇文章、一幅绘画、一部电影、一部电视剧、一首歌曲、一部旅游演出、一句宣传语、一个文化主题公园、一个古城古镇古村，共有来自全国27个省的218部作品参评。经过激烈角逐，组委会综合网络、手机短信和专家投票票数，结合评奖规则，最后选出了金奖1部，银奖18部。

种大众参与并重复实践的文化样式，一旦象征符号具有了标识性，就会大范围地流通，形成新的象征价值和品牌效应。这种不断传唱重复使用的文化效应是连续的、开放的、无限衍义的，此时，形象歌曲作为标识性的象征符号，发挥的功能也就越来越强大。

3. 歌星作为文化生产和消费的双重符号

歌曲文本身份，与个人的自我身份一样，也有群体（人际）、种族、社会、阶级、性别等范畴。通常人们所说的"人以群分"（togetherness），实际上是以符号意义方式区分。崇拜某种经典文本的人，喜爱某种电影的人，喜欢某种网上交际的人，喜欢某种运动项目的人，仰视某个领袖的人，他们走到一起来的原因，是对某一类文本身份的认同。

某个歌星的歌迷群，都是认同歌星文本身份的一类人，例如"玉米"（特指歌手李宇春的歌迷）、"Jay 迷"（特指歌手周杰伦的歌迷）、"菲迷"（特指歌手王菲的歌迷）等[①]；歌迷对某个歌星的崇拜，也是对集合于此歌手名下的文本之认同，因为他们会狂热地购买消费、传唱此歌手演唱的歌曲文本。当代歌曲生产与消费的流程大多集中在以歌手为中心的流行策略上。这不但加重了以歌手为中心的赋形意义，也带来了一连串以歌星为中心的产业文化。

典型的例子是被誉为"嘻哈音乐教父"的歌星 Jay－Z。嘻哈（Hip-hop），最早起源于 20 世纪 60 年代美国街头的一种黑人说唱乐（Rap），这种音乐是一种自由的即兴音乐，主张随时随地表演。20 世纪 70 年代之后，与街舞、涂鸦汇流一起，形成了一种特殊的街头"嘻哈文化"，演变为一种全球性的青少年文化运动，同时也促进了一系列嘻哈文化产品的流通，影响到一群人的生活方式：宽松却昂贵的衣服，名牌头巾或运动帽，典藏版的球鞋，带着可摄影的手机耳机，加上一堆亮闪闪的金属饰物，踩着有点摇晃的步伐。在嘻哈文化中，黑人明星歌手的作用相当明显，Jay－Z一出场，一双高帮的 Nike 运动鞋，披一件肥大 Rocawear（这是他的自创品牌）风衣，搭配着手腕、脖颈上闪亮的金属饰品。嘻哈文化在向全世界蔓延

---

① 崇拜某歌手偶像的歌迷，会在各种不同网站上建立论坛来讨论词歌手的各种问题，比如在百度网站上，歌迷通过"百度吧"建立起对歌手的相关讨论。比如，截至 2016 年 12 月 6 日的数据统计，关于"李宇春"，贴子数 70824885 篇；关于"周杰伦"，贴子数 80281381 篇；关于 TFboys，帖子数 9466162；关于"王菲"，贴子数 7591812 篇。

的过程中，出现了变异，比如在日本，盛行的是"嘻哈动漫"，在中国也到处可以看到街舞培训中心，及以各种竞赛活动。

当代社会是个原子社会，每个人都有自己喜欢的某一类歌曲，或某个歌星，歌曲这种艺术形式，除了满足了分散的个体社会认同的需要，还使这种需要形成某种"集体认同"。歌迷在这种语境中得到一种交流的社群感、归属感，他们就成为相关音乐产品销售的助理。这时明星便成为一种消费符号。"最有影响的明星实际上是最完美的商品。因而，明星不可能逃离商业体系，当他在文化市场中摆脱掉人的因素，而完全融入商品的世界，按照商品运行的规律行事，才能得心应手，游刃有余。"① 歌星不仅是声音符号的意义生产者，同时还作为价值意义"无限衍义"的符号。有学者描述："现在唱片公司在签歌手的时候，首先要看你唱得怎么样，怎么也要能交代得过去。但这个已经不是唯一的选择要点了。我们越来越重视歌手的形象，这个形象不单指是要成为偶像派歌手。而是你的形象是否可以去做广告，赞助商会不会对你感兴趣。影视剧能不能去拍。现在这样去选择歌手，主要是因为唱片公司已经无法收回制作唱片的成本。对于一个唱片公司来说，唯一的盈利点就是这个歌手是否可以拉到广告，是否可以去演影视剧。所以只有歌手的形象好，公司才有赚钱的可能。"② 这样的经济方式，虽然已经偏离了音乐自身，但带来的却是转向以歌手形象符号为中心的产业文化。

当代音乐文化产业很大程度上是以"造星"为中心的产业，整个音乐文化产业的消费逻辑都围绕着如何建构一个歌星的符号价值。音乐文化产业依据的是不同观众对不同歌手、不同音乐风格的品位，来制造差异的消费逻辑。此消费逻辑，又凭借品味、风格等因素，使这些歌星或歌曲拥有了不同的象征价值和地位。

20 世纪 90 年代以来，围绕歌星符号所建立的消费逻辑体系日趋明显，音乐产业主要集中在版权、商业模式和艺术家身上。克瑞斯·安德森（Chris Anderson）提出的长尾理论，非常适合以歌星，即少数巨星抢占市场的巨头部分，而以独立音乐为代表的产品占据长尾部分的市场营销模式。

① 陈刚：《技术迷信与明星神话——大众文化与宗教的分析》，载《北京大学学报》，1996 年第 4 期，第 43—44 页。
② 小石：《打开流行音乐唱片业的问号——艺风音乐北京分公司经理范立专访》，载《国际音乐交流》，2002 年第 10 期，第 76—78 页。

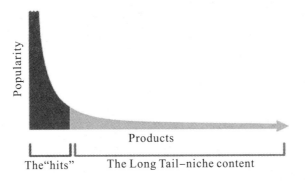

图 1　长尾理论示意（图片来源：www. technollama. co. uk）

但随着网络和手机移动终端的发展，音乐的生产和流传都发生了很大变化。音乐的传播和消费模式正在转变为："唱片公司组织音乐制作者创作音乐，由音乐的唱奏者进行表演，再把音乐转变为数字化格式。"[1]

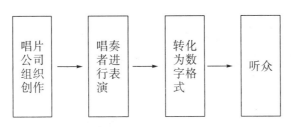

图 2　音乐的传播和消费模式

各种媒介竞争激烈，并形成融合趋势。很多唱片公司都积极与流媒体音乐平台合作，在平台的播放列表上加入自己的歌单，以此当作自己市场策略的一个重要部分。无线电台也根据流媒体的数据流量对播放的曲目进行及时调整。而在社交媒体，歌单的重要性更为明显。"圈型传播"代替了"直线传播"，一首歌加入受欢迎的歌单之后，其播放流量会通过朋友圈快速增长，并且能从一个社交网络上传播到另外一个平台上。这对于一个歌手，尤其是发展中的独立音乐歌手来说，也就意味着有可能从长尾方阵冲入巨头方阵。

不难看出，歌已经从最原始口口相传的流传方式，变成现代化的多层级传播，同时，为了促进歌的成流传功，各种机构、媒体甚至平台等会介入，中介便成了推动歌曲流传的重要一环。比如，对一首歌曲来说，创造大量的歌众，让更多的歌众将歌曲当作一种文化产品来购买、消费，商业契机就把

---

① 茅中飞：《数字化音乐传播初探》，载《南京艺术学院学报》，2006 年第 4 期，第 80 页。

歌曲发展成现在迅猛的文化产业。各种音乐文化公司，会将赢利看成第一要素，它们利用资本，包装制作歌星，发行音像制品，而对国家机构来说，它的第一要素，是对产品的思想性负责，在此基础上，考虑尽可能赢利。这样在公、私机构之间必然须采取一定程度的合作。"元旦晚会""春节晚会""七一晚会""八一晚会""国庆晚会"，是国内例行的五大专题晚会。而《超级女声》《中国好声音》这些制造新偶像明星的节目，都冠以不同赞助单位的名称出现，比如"蒙牛酸酸乳《超级女声》""加多宝凉茶《中国好声音》"等。

新的条件下，诞生了各种新的媒介机构。比如经纪人曾经是一种新型的职业。经纪公司是一种更私人化的、更商业化的机构，在参与歌曲生产和流传中非常重要。唱片公司的参与，对歌曲的生产和流传起到很大作用：不仅影响了唱片产业，还造就了一批歌手。越来越多的唱片公司不只是制作、销售唱片、创建平台，也常常收买、包装、推销歌星，策划演出，销售唱片，建立网络平台，推销歌单，赢取利润。很多音乐产业公司进行的是一条龙的服务，从作词、作曲开始，到歌曲走向市场，获得流行畅销，围绕音乐流传形成一套完整的产业符号链。

4. 歌迷的符号消费

歌迷是一群特殊的音乐消费者。以歌迷为主体形成的青少年亚文化正引起越来越多学者的关注。美国心理学家埃里克森（Erik H. Erikson）曾说："在任何时期，青少年首先意味着各民族喧闹的和更为引人注目的部分。"[1]

歌迷也是一群特殊的粉丝受众。"粉丝"是主动的、积极的、狂热的文化生产者。粉丝很容易识别，因为他们在文本的选择上具有排他性，一旦选择一个偶像文本，就选择了与这个文本相关联的社会关系。"人们在消费商品时已不仅仅是消费物品本身具有的内涵，而是在消费物品所代替的社会身份符号价值。消费者在一种被动迷醉状态下被物化成社会村中的符号——自我身份确认。"[2]

在歌曲接受者这个环节上，歌曲的文化和产业符号研究更为特别。歌曲

---

① 埃里克‧H. 埃里克森：《同一性：青少年与危机》，孙名之译，杭州：浙江教育出版社，1998年版，第12页。

② 王岳川：《消费社会中的精神生态困境——博德里亚后现代消费社会理论研究》，载《北京大学学报》，2002年第4期，第33页。

的歌众与其他艺术体裁的接受者相比，表现出强大的能动性：推动歌曲文本流行的动力正在于歌众不断创造新符号的能动性，正如符号学家达内西所说："每个人内心都有一股寻找意义和制造意义的冲动，这种寻找导致了符号的产生。"① 20 世纪 90 年代流行的一首耳熟能详的校园歌曲《同桌的你》（高晓松作词、作曲）②，被更年轻的一代改编成为更具当代感的《同班的你》："你总是唱着不想长大，擦肩就是二十好几。谁拥抱活泼开朗的你，谁陪着犯二的你，谁听了我给你的微信，谁把它彻底清零。"

　　歌众的这种能动性甚至超过了霍尔的"对抗式解码"、费斯克的"生产者式的解码"，获得了更自由的"创作式解码"。这就是我们在歌唱活动中看到的自由的"翻唱"和"改编"现象。歌众对歌曲文本传唱实践，实际上是一场情感狂欢。每个歌众都在"演唱"中进行一种个性操演。任何一个歌唱的符号运用者都无法完全控制其符号意义，意义通过在场与缺场的相互作用，形成一个不断增值的新的符号。

　　所以，从作词者开始，歌曲的生产流程就必须将歌众的接受意图性考虑在内，哪怕此时这首歌离歌众接受尚非常遥远。作曲者、配器者也会在各个方向上考虑潜在歌众的要求，曲一定要动听，用什么乐队，如何配器，选择怎样的音乐与节奏风格等，作曲者和配器者，都不只是在加强歌词的意图倾向，他们也必须在迎合一种社会接受和消费心理。应当让何种性别、什么样类型的歌手来唱，怎样让他作为歌的面孔，制定怎样的专辑，作为什么亮点推出，投资多少，放在哪个卖点上，放在何种媒介中推出，等等。这个"包装过程"都是在歌曲的伴随文本的符号价值上下功夫。

　　美国文化学家瑞尔·嘉布勒对 20 世纪美国文化语境进行分析时，提出美国文化从先前的"性格导向"到"个性导向"的文化转换："新的个性文化中社会角色的所有要求就是表演者"，"演好角色实际等同于成为真正的人"。③ 可以看到，歌众面对歌曲这种文化消费品，歌曲的文化传播实践对文化建构有着特殊的意义：它不仅反映歌者心中的感情需要，帮助歌众建构

　　① 马塞尔·达内西：《香烟、高跟鞋及其他有趣的东西：符号学导论》，肖惠荣译，成都：四川教育出版社，2012 年版，第 186 页。

　　② 原歌词："明天你是否会想起/昨天你写的日记/明天你是否还惦记/曾经最爱哭的你/老师们都已想不起/猜不出问题的你/我也是偶然翻相片/才想起同桌的你/谁娶了多愁善感的你/谁看了你的日记/谁把你的长发盘起/谁给你做的嫁衣。"

　　③ 转引自佐尔坦·科沃赛斯：《隐喻的变异维度与经验框架——研究美国文化的重要工具》，张延成译，载《江西社会科学》，2009 年第 6 期。

意义，而且在此过程中实现了流行音乐从文化价值到商品价值的转换。

5. 音乐的符号分节与营销

当代文化中流行音乐产业的发展，音乐符号分节细密度增加的速度令人惊叹。双重分节在符号学理论中如此重要，以至于巴尔特甚至建议将符号学称作"分节学"（arthrologie），符号本身也可称为"节"（articuli）[①]（2004，pp. 297—298）。艾柯也同样认为符号分节是个至关重要的命题："任何符号学课题……是对世界进行切分的历史和社会的结果。"[②]

符号学中所谓"双重分节"（double articulation），是指分节在符号形式与符号对象两个层面上同时发生：符号形式被分成若干节，导致实质性的对象在全域内分成若干类。符号不同的形式分节方式，可以导致对象不同的分类，原先处于星云状的散乱对象，在这种分节中产生了秩序与意义安排。而且，符号分节的密度与严格程度，也具有重大的社会意义和产业效果。

在消费社会的商业压力下，音乐的符号分节纷杂，且越来越多，标准千变万化，体式、主题、风格多变，这都是当代社会的音乐符号关切度剧增的一个文化表征。笔者曾对"百度音乐"2013 年 9 月 23 日和 2015 年 7 月 13 日的两个网络界面上的音乐分类加以对比分析发现，两个界面页设置的时间相差不长，两年不到，却有爆炸式的膨胀。分类增加，分节的数量剧增，分节方式的差距很大，这体现出音乐与消费文化的紧密联系，也证明了当代音乐在发展，当代音乐全域在急剧扩张，音乐受众也越来越细化。例如 2015 年新增了"影视节目"，与"（手机）铃声音乐"的分节类别。它们不仅预示了人们从单纯的听音乐到"看音乐"的转变，手握"微终端"已成为文化生活的重要部分，媒介正在改变着人们的审美习惯，继而影响人们的消费及生活方式。

分类，在横向上是歌曲风格，歌众品味的差异展开，在纵向上却是历史维度的演变。两者结合起来，就使简单的分节出现了风格与文化商品的复杂性。这也解释了为什么貌似简单的分节，却是艺术文化研究的一部分。符号双重分节，似乎是自然而然地、顺应自然本有的秩序，分割符号的对象，展

[①] 巴尔特：《符号学原理》，载赵毅衡主编《符号学文学论文集》，天津：百花文艺出版社，2004 年版，第 297—298 页。

[②] U. Eco, *A Theory of Semiotics*, Bloomington IN: Indiana University Press, 1976, pp. 315.

现文化新的面目，实际上是一种人为的区分。改动一种区分方法，整个对象全域即使总覆盖面不变，其组成形态也会发生剧烈变化。

比如，摇滚乐作为一种新的音乐分节从一开始出现，就不是一种纯音乐的方式。带有各种意识形态的摇滚表演是其重要的组成部分，摇滚歌手并不局限于现场表演。从西方 20 世纪 50 年代到 60 年代，电视、电影，甚至 80 年代的录像带，一起制造了很多的摇滚明星。比如，猫王把乡村音乐带入摇滚，他让美国观众在全国性的电视节目上，最早看到了只能在小俱乐部里见到的表演风格。这样，摇滚这个新的范畴称呼，就被放在新的音乐分节的名单上，音乐的对象不仅变化了，而且扩展了。

音乐符号分节是一种需求形式，而这一需求关系又是通过形式的各种分节形成的，这些分节体现出受众对符号文本的各种期待。当代音乐是一个在特定的社会图景中获得意义的复杂活动，它作为一种独特的符号系统，是意义的声音载体，显示了受众社群与文化社会的某种特定联系。音乐形式表现出特殊的生活方式，人们在分享某种生活方式的音乐再现过程中，获得某种身份认同。

音乐类型不仅是标签，也是社会文化的类别。新分节法的更新，源于各种内在的需求驱动，当代音乐文化需要调整的就是不断找寻更合适的方式来产生不同的音乐文本类型。类型化、身份认同、生活方式、价值观念赋予音乐分节生命。

与此同时，也应当看到，数量极大的音乐分节，不完全是由听众建立的。在很大程度上，它也是当代音乐产业充分利用了受众的欲望——获得和表达其身份认同的欲望——建构了这些丰富的音乐分节。单就社会文化的总体趋势而言，音乐符号的分节剧增，是一个社会文化变迁的表征。它至少说明了两点：一是音乐对象的全域在扩大，各种媒介提供的音乐数量剧烈增加；二是社会注意力在加强，听众对音乐的趣味要求在细化，这也是音乐符号消费的内在要求。

流媒体时代，符号分节加入了更多的人为因素。比如，著名音乐流媒体 Pandora，采用推荐系统，由公司邀请音乐学家，对音乐的调式、节奏、乐器、织体、歌唱者的音色等技术指标进行分类并划定分值。用户在一到五分值音乐间进行偏好匹配，同时系统会给他/她推荐更多的同分值的音乐。比如，加拿大女歌手 Sarah McLachian，观众点开她的歌，就会被推荐同样分值的法国女歌手 Celine Dion 的音乐。另一种推荐方法，由 MIT 和一位剑桥毕业生创立的大数据公司，专门收集网络上人们片言只语的音乐评论，囊括社交媒体到主流媒体。这家公司被 Spotify 收购，以海量的评论数据为基础，确定音乐推荐标准。

音乐符号分节的细化和多元，很大程度上是为适应大众品味以及多元选择，与音乐的好坏并不完全统一，尤其当商业利益为导向，这种分节的意义就重在争取音乐用户，音乐质量反而成为次要的符号品质了。

6. 音乐作为文化商品符号的使用

音乐是一种特殊的文化商品符号。音乐的符号意义不仅在于生产，更重要的是在于使用，在于它的实践性。维特根斯坦说："一个词的意义就是它在语言中的使用。"[①] 到符号的用法中寻找意义固然复杂，但符号的真正意义也就是使用意义，符号意义就是符号的使用。

中国的音乐文化空间分布广泛而灵活。政治领域：主流歌曲以歌唱社会主义核心价值体系等为主导；议程歌曲：以重要主题，比如中国梦，重大事件等为主导；经济领域：以商业目的为主，如演唱会、唱片、专辑、广告歌曲、商业音乐、网络音乐等；文化领域：以悦乐文化为主导，如音乐节、广场舞、演唱会；教育领域：教科书、课堂及学校文化活动等。

音乐依据不同的传媒渠道占据了不同的音乐空间，并发挥不同的主导作用，但就目前的发展来看，几个音乐文化空间的发展是不平衡的。娱乐和商业化的空间明显超过了政治和教育。

从符号学角度来理解，音乐符号的一个显著特点在于它和它的传播空间密不可分，音乐—空间这个双文本的建构，不但决定了音乐不同的使用方式，而且也表现出不同的文化互构方式，从而形成不同的空间文化。一旦空间被理解为文化空间，音乐与空间的集合就变得顺理成章。比如，美国音乐民族志研究学者瑞斯通过时间—空间—隐喻三维分析法，列出的从小到大九

---

① Garth Hallet，*Wittgenstein's Definition of Meaning as Use*，New York：Fodham University Press，1967. p. 29.

种不同音乐空间①，就是空间文化化的一个例子。

音乐服务于空间，并深入到各种平凡生活场合，空间—音乐双文本已经日常化，作为空间的风格化方式，这尤其在城市生活中比较突出。因为城市具有营造空间的文化性需要。在商场、饭店、咖啡厅、酒吧、舞厅、广场舞、游乐场、小区的庭院等空间中，都可以感受到音乐的空间塑造作用。所谓的"情调音乐"，也就是让空间具有一定的文化品格，成为携带某种文化意义的符号文本。

音乐犹如商场空间的装修，附加的风格决定空间的风格，无这些符号意义的空间只是"零度空间"，无风格也无文化的空间实际上是非空间。据有人在卖酒的商店做实验，如果用摇滚音乐作为背景，与播放古典音乐作背景时相比，顾客选择酒的品牌就贵三倍之多。这说明音乐的意义是渗透性的，它把同样的商店空间文化化了，使顾客感觉到自己的身份，应当与音乐—空间同一格调。此类调查研究的结论相当一致，促进的市场营销形象的音乐类型，完全不同于所创造的"金钱价值"形象的音乐类型。②

再例如"高档小区"的庭院，一般都用隐蔽于草丛中调成最低声的扩音器播放背景音乐，而此音乐总与小区所希望达到的总体风格（高档）相差甚远，通常都采用并非特别难懂的流行化的轻音乐（如克莱德曼的钢琴曲，恩雅的新世纪音乐），显然这是为追求"家庭""小资""格调"的买家与住户提供的音乐空间。而坐落在城市中的酒吧，则会尽量采用各种风格的西方摇

---

① 2003 年，美国学者瑞斯（Timothy Rice）的音乐民族志（subject-centered musical ethnography）提出三维分析方法：时间（Time）—空间（Location）—隐喻（Metaphor），并将空间（Location）划分为 9 个从小到大递进的单位，分别为：（1）个体（individual），即将研究对象视为单独的和独特的事物。（2）亚文化群体的（subcultural），为社会的一部分，如性别、阶级、种族、年龄、职业、兴趣等。（3）地方的（local），亦即亚文化群体表演音乐的地理空间位置。（4）地域的（regional），由研究者建构的超出乡村、族群以外的空间概念。（5）国家的（national），是指国家—民族（nation—state）的存在空间，包括政策、实践以及允许让公民设想其存在的空间。（6）区域的（areal），是指共同经历同一段历史的地域，如拉丁美洲、非洲前法国殖民地、前东欧社会主义国家阵营等。（7）移民族群的（diasporic），指具有共同起源、居住在同一地域的人们因各种历史原因分散至全球各地，犹太人移民现象是移民族群空间的原型。（8）世界的（global），在商业、旅游业、电子媒体的作用下，人们通过快捷便利的联络方式打破地方或国家的界限而形成的地球村（an global community）局面。（9）虚幻（virtual），指无实体的存在或由英特网络建构的虚拟空间。参见 Timothy Rice, "Time, Place, and Metaphor in Musical Experience and Ethnography", *Ethnomusicology*, 2003, 47 (2), pp. 151−179.

② A. C. Noth, D. J. Hargreave, "Music and Manipulation: on the Social Uses and Social Control of Music", *Music in Business Environments*, 2006, p. 117.

滚、爵士音乐等，以取悦酒吧中的常客，这些常客多为自以为品位国际化的时尚青年。空间因为添加了作为风格符号的音乐，而增加了商品价值。

同样，音乐空间一旦媒介化，音乐就成为多媒介的一个特殊的声音符号在起作用。比如，在影视的媒介化的空间中，这种双媒介化，甚至多媒介化音乐—空间却极为普遍。包括电子游戏音乐—空间，甚至广告音乐—空间，声音商标①等。

音乐—空间最为典型地体现跨媒介符号文本的无比丰富性，同时它也带来了"看不见"的消费符号价值。流行音乐的商业属性与生俱来，不仅在于音乐本身，还在于它是一个"场"，一个领域。譬如，很多电影在未上映之前，其中的某个歌星演员演唱的主题曲，就已经作为一个符号在宣传。

流行音乐成为当代日常社会生活中人际交往的一种特殊符号商品，它既是歌者表达感情，展现自身经验的一种形式，更是一种利益重大的交换商品。在这一交换过程中，生产与接受循环等形成了一系列独特的机制，而这些交换机制，又在建构社群文化以及沟通精英与大众、商业与文化等关系上发挥着重要功能。考察当代社会这种新的商品符号，会让我们看到，这种产业—消费链比传统商品更适合现代互联网电子媒介，音乐的生产与流传离不开现代技术。流行音乐作为一种文化产业独特的商品符号，每一个环节都需要更多的学者来仔细考察。

【原载《符号与传媒》，2017 年 14 期】

作者简介：

陆正兰，四川大学文学与新闻学院艺术理论与文化产业系教授，主要从事音乐符号学及艺术传播理论研究。

---

① 杨延超：《声音商标的立法研究》，载《百家争鸣》，2013 年第 6 期。

二、礼物交际的符号修辞及其表意特征

赵星植

礼物交换是人类文化最古老的交际形式之一，无论哪种文明、哪个朝代，都存在着一套按其自身文化约定的礼物交换体系、习俗以及相应的文化表意规律。远古神秘的献祭仪式，古代政治交往中的朝贡，名流交往中的雅赠，直到现代社会日益发达的礼品经济①······可以说，从远古走来的礼物，无论从形态上还是所携带的意义上，都在经历着剧烈的变化，以至于我们在很大程度上迷失于礼物千变万化的外部形态。需要特别说明的是，本研究所指的"礼物交换"，特指上文所谓的人类自古以来就存在的一种普遍文化交际模式，而并非当今传媒过度渲染的那种"以礼求权""以礼讨好"的贿赂形式。礼物交际与行贿是两个必须严格区分的概念，但这并非本文的目的；本文仅对人类文化中礼物交际这种独特的表意模式及其中所蕴含的符号修辞进行剖析。

1. 符号修辞：作为研究礼物符号表意特征的观察窗口

事实上，礼物究其根源，是一种"关系符号"（tie-sign），其根本目的在于表达交际意义。而作为符号传达过程的礼物交换，实质上是作为符号发送者的馈赠者通过礼物符号将其各种各样的意图意义传达到礼物接受者的过程。也就是说，馈赠者通过礼物这个符号载体作为媒介，建立起与受赠者之间的内在意义联系，如此一来，礼物交际的问题就转变为符号表意过程的问题；然而至今没有任何研究对礼物交际中的符号表意过程及其特征进行仔细研究。

---

① 据报道称，中国现已成为世界礼品生产基地，且保持着 20% 以上的逐年销售增长率，国内礼品市场的需求高达 8000 亿，2012 年行业年产值达到 4000 亿元。资料来源：《新周刊》，第 387 期，2013 年 1 月 15 日。

　　"符号修辞"是任何符号表意系统的重要组成部分，它作为一种表意功能，能够协助符号发送者修饰符号文本，从而更有效地使符号接受者按发送者的意图意义进行接收。应当说，探讨不同礼物交际类型中所蕴含的符号修辞格在当代社会是具有现实迫切性的：现代社会市场经济飞速发展，礼物作为一种"符号—物"①，正在异常地向"物"的一方拓展，即过度重视礼物的使用性及其价格层面；而传统意义上礼物重"礼"，也即表达人际关系的意义维度正在逐渐萎缩。因此，讨论礼物符号表意的修辞问题在某种程度上是对当代礼物交际的一次"纠偏"，引导大众重视礼物交际中侧重人际间情感表达及其表意技巧的那一面，而非越来越被扭曲的"功利"内涵。

　　首先要强调的是，本文所讨论的均为"符号修辞格"，而非传统意义上的语言修辞格。赵毅衡指出：与传统的修辞学不同，符号修辞学是处理包括语言在内的非语言的媒介。"一旦修辞学进入其他渠道（图像，实物，声音等），进入其他媒介（影视、表演、运动、比赛、广告、音乐、电子游戏），我们就会发现修辞格几乎都是跨传媒共有的，与渠道或媒介并不捆绑在一道。"② 而且，实际上符号修辞比语言修辞自然，因为它必然是"就近（情景）取譬"，可以把"远物"拉到"近物"。但符号修辞学研究遇到的大障碍是：语言表现力过于强大，区分语言修辞与非语言修辞极为困难。符号修辞的关联意义，必须靠解释才能落实。因此赵毅衡认为："符号修辞学要成为一个独立的学科，必须避开语言陷阱，以免回到语言修辞，同时又必须使用语言，我们能做到的只是尽量在两者之间维持平衡。"③ 在这样的原则之下，赵毅衡系统地论述了符号修辞的各个类型：概念比喻、符号明喻、隐喻、转喻、提喻及各种变体、象征、反讽与悖论。④

　　其次，相比于图像、音乐、视频等非语言符号修辞的研究，礼物交际的符号修辞难度更大。至今无任何文献讨论过以礼物交际为代表的，在社会语境中以"符号—物"系统组成符号交际文本的修辞格问题，因为它不是封闭性文本，也就意味着修辞分析主要依靠文本的手段基本失效；我们只能将礼

---

① 赵毅衡：《符号学》，南京：南京大学出版社，2012年版，第27页。
② 赵毅衡：《符号学》，南京：南京大学出版社，2012年版，第188页。
③ 赵毅衡：《符号学》，南京：南京大学出版社，2012年版，第187页。
④ 参见赵毅衡《符号学》一书第九章"符号修辞"的讨论；并特别指出，本论文所有关于"符号修辞格"的讨论均来自此书第九章对"符号修辞格"的定义与分类，以避免与传统语言修辞格混淆。

物符号交际文本限定在某一具体的交际语境中，将礼物、馈赠双方以及交际场合看成一个合一的文本。因此这种文本是动态的，也正因为如此，它有过多的例外以及偶然因素。

"仪式性语境"是礼物交际类型的基本区分点，人类社会一大半的礼物交际是在仪式性场合下完成的；实际上，作为礼物研究主要阵地的人类学与社会学，有相当多的重要文献①其实都是在讨论某种具体仪式中礼物交换的问题；由此可见仪式性语境对礼物分类的重要性。本研究认为，人类社会的礼物可以按照仪式性/非仪式性分为两类：仪式礼物交际（Ritual Gift），也就是包含"人生过渡仪式"（Rites of Passage），重要庆典等制度化的礼物馈赠。"交际性礼物"（Communicative Gift），则是指在日常生活语境所馈赠的礼物，诸如亲戚之间的互访，它不要求举行任何正式仪式；这类礼物突出其交际性目的，如联络友情、建立互惠关系等。

我们采用雅克布森（Roman Jacobson）所倡导的"主导"的概念，他把俄国形式主义首先提出的"主导"概念放在结构主义的系统观上进行考察，提出了艺术是"有规则有秩序的等级系统"②。雅克布森对"主导"下的定义是：一件艺术品的核心成分，它支配、决定和变更其余成分；正是主导保证了结构的完整性。实际上，"主导"概念完全可以延伸到任何符号文本或符号表意过程的讨论上。正如礼物符号交际，仪式性与交际性礼物符号表意中存在两大类主要符号修辞格，成为一种主导表意功能，共同决定了这两类符号过程的表意风格差异。

2. 仪式性礼物交换中的主导修辞格

自"礼物研究之父"马塞尔·莫斯（Marcel Mauss）开始，传统社会中礼物交换的仪式性一直是礼物研究的重点。许多学者甚至认为仪式性是礼物之所以为礼物的原因，反过来说，礼物也是仪式成为仪式的原因。因为人们在很大程度上是借助礼物才了解仪式中所蕴含的社群文化传统的。因此他们

---

① 在人类学研究中，远古社会中礼物交换常常被当成一种仪式行为进行解读，如人类学家马林诺夫斯基（Bronislaw Malinowski）所讨论的"库拉圈"（Kula）、马塞尔·莫斯（Marcel Mauss）所讨论的"夸富宴"（potlatch）。对这些著名人类学家有关"礼物"的研究综述可参见 David Cheal, *The Gift Economy*, London: Routledge, 1988, pp. 3—20.

② 罗曼·雅柯布森：《主导》，载赵毅衡编：《符号学文学论文集》，天津：百花文艺出版社，2004年版，第7—14页。

着重观察诸种仪式中各种礼物交换的极端形态及其所发挥的重大文化作用。① 而本研究认为，作为"关系符号"的礼物之所以能够在传统仪式中起到重要作用，正是因为其符号表意过程中蕴含着符号明喻、符号曲喻两种主导修辞格，使得礼物超越其"物"的属性，变成一种"象征物"（Symbolic Goods）而存在，从而在最大程度上协助仪式完成建构社群文化认同感之目的。

（1）符号明喻

明喻的特点是直接的强迫性连接，不容解释者忽视其中的比喻关系。"修辞学说比喻的两者之间有'像'、'如'等字称为明喻，没有则是隐喻。在符号修辞中，无法出现上述连接词或系词，但是符号文本可以有其他强制连接喻体与喻旨的手段。"②

在仪式性礼物交际中，符号明喻最大的特点是"仪式性语境"取代语言修辞中的比喻连接词，强迫地将礼物符号与其喻旨符号系统连接起来；其作用在于使得礼物在仪式场合中的表意功能固定，且不允许做另外的解读；这也就使礼物强制性地获得某种"仪式功能"。礼物不再单纯地表达交际意义，它变成一种"仪式物"，是仪式的一个重要组成部分，更是确保仪式得以进行的重要纽带。

例如"祭礼"中的纸钱。祭礼是仪式的一种，也是礼物交换场合最原始的一种形态③，其目的在于使现实中的人同阴间的神灵彼此沟通，通过献礼回馈神灵。而在中国，从城市到乡镇和农村，"上溯约至一千多年前的魏晋南北朝至迟推至唐末在生者与死者的联系中"④，纸钱一直扮演着重要角色。虽然近来焚烧纸钱招致非议，但它依然很盛行。据"人民网"报道称，仅沈阳一市，市民每年花费在纸钱上的金额就高达四千万元。⑤ 在献祭的仪式性场合，"纸钱"作为礼物，祭奠神明；它成为现实生活中世俗财富的一种典

---

① 如巴塔耶（Georges Bataill）对献祭仪式与礼物馈赠的讨论，参见巴塔耶：《色情、耗费与普遍经济》，汪民安编，长春：吉林大学出版社，2003年版；再如葛兰言（Marcel Granet）对中国上古节庆习俗及其仪式与礼物交换的研究，参见葛兰言：《古代中国的节庆与歌谣》，赵丙祥、张宏明译，桂林：广西师范大学出版社，2005年版。

② 赵毅衡：《符号学》，南京：南京大学出版社，2012年版，第191—192页。

③ Helmuth Berking, *Sociology of giving*, London: Sage, 1999, pp. 50—77.

④ 布莱克：《纸钱的符号学研究》，申凡译，载《广西民族学院学报》（哲学社会科学版），2005年第9期。

⑤ 《每年祭祀烧纸耗资数千万元，沈阳全城严禁烧纸》，"人民网"，网页链接：http://www.people.com.cn/GB/shizheng/14562/2747318.html，2004年8月29日。

型明喻；这些纸供品从纸人到仿制的形形色色的日常物品，模仿了从古至今各种古老的和新式的文明成果。在仪式性语境下，世俗社会的物质财富与人们想象中的"神明世界"的财富形成一种强制性的明喻关系；必然在这种明喻性修辞格的作用下，纸钱作为"祭神之礼品"的功能才能发挥，祭者也才能在此种仪式中获得满足感。

再如，中国葬礼中"花圈"作为一种礼物交际符号，用花圈类比现实生活中的鲜花，如同在世俗交际场合用鲜花表达敬意一样，实则是一个符号明喻的关系，其目的是表达对逝者的悼念与哀思；花圈必配"挽联"，将生者对逝者的敬意及其生前的品格通过挽联上的文字表达出来，"将语言符号与非语言符号相连接，使得明喻关系更加清楚"①；花圈成为生者向逝者沟通的一种重要方式；而这种方式要得以建立，则必须依靠符号明喻。

其实，无论是在古代社会还是现代社会，这些与想象世界的神明、逝者沟通的仪式（如献祭、夸富宴、祭礼、葬礼等）中所包含的礼物交换形式，符号明喻都在此类表意过程中作为一种主导修辞格而存在。而这类仪式的礼物交换一直在传统社会甚至当代社会中占据重要比重。正如巴塔耶认为，人的耗费与献祭活动，是一种非理性的冒险行为和极限体验，它能将人重新置于一个从世俗世界摆脱出来的神圣时间之中。因此，"在纯粹的献祭仪式中，人将'物'从被物化的工具化的世界中解放出来，并由此否定了劳动的物化的奴役性的'有限经济'的'世俗世界'和自己身上的动物性"②。

巴塔耶所谓的"物"就是献祭仪式中的礼物，他指出了礼物之于仪式的重要性，却没有说明礼物是如何获得这种仪式性的。而本文认为"世俗"与"神圣"的区隔需要靠礼物符号的明喻关系连接起来，由此，礼物成为所谓"神圣世界之物"的明确所指；也正是因为符号明喻的作用，礼物才能够联系现实空间与想象空间，实现其在仪式中的献祭与祭奠功能。作为馈赠一方的献祭者，礼物也必须被解读为"神圣世界之物"明确且强制性的明喻，如此才能将礼物变成一种沟通双方的中介物，进而才能满足馈赠祈求对神明、逝者表达敬意的情绪宣泄与抚慰功能。

---

① 赵毅衡：《符号学》，南京：南京大学出版社，2012年版，第192页。

② 巴塔耶：《色情、耗费与普遍经济——乔治·巴塔耶文选》，汪民安编，长春：吉林人民出版社，2003年版，第278页。

（2）符号曲喻

赵毅衡认为："符号曲喻是符号潜喻的进一步展开，A（如 B，因此）具有 B1—B2 的一个延展的品质或者行为。"① 本文进一步推进，认为符号曲喻有两种表现方式，一种是与对象的声音像似，另一种与对象的物质形态像似，从而可以延伸对象的某种品质。特别地，在仪式性礼物交际场合，对象的品质主要表现为吉祥意象的具体含义与文化功能。仪式性礼物本身的名称与吉祥意象的音正好谐音，或者与其形态像似，那么则正好将礼物比喻成该意象，进一步延伸获得与该意象相同的品质。

首先，与对象的声音像似。在中国传统仪式习俗中一直喜好将礼物与吉祥语挂钩，俗称"好彩头"，其本质就是对符号曲喻修辞格的运用。礼物与吉祥对象因为声音像似而获得比喻关系，进一步获得吉祥对象的品质，由此礼物转为吉祥之物；馈赠双方均看中的是礼物蕴含的吉祥之意，而非其具体的实用功能。"人和为吉"，传统婚姻聘礼直接用胶、漆，谐音"如胶似漆"；"裤"在有些地方谐音"富"，浙江宁波有句俗话说，"若要富，先作裤"，"这里是说在新娘的嫁妆中，必不可少的是新娘亲自为婆家长辈缝制的裤子"②；给人贺喜画上红蝙蝠，寓意"洪福齐天"；送新娘红枣、花生、桂圆，喻"早生贵子"，等等。即便是葬礼仪式也离不开利用符号曲喻的仪式性礼物，如寿衣。焦波在《俺爹俺娘》一书中记载到："寿衣一定要有一条棉裤，因为棉谐音'眠'，象征'以眠为安'，寓意死者生后能够平静安详。"③ 在此类礼物中，馈赠方看重的是作为礼物的物品自身名字的读音，即通过声音传达吉祥的意义；它不是符号明喻，因为喻体与喻旨之间并不直接连接；他们通过声音获得连接，并且获得相同的品质与内涵，因而只能是一种符号曲喻。

其次，仪式性礼物中的曲喻修辞格还可以通过与喻体的物质形态像似而体现。在中国古代传统婚俗中，男方需要给女方送鹿皮或与鹿这种动物形象相关的物品当作聘礼。《仪礼·士昏礼》将婚礼的仪节分为纳采、问名、纳吉、纳征、请期、亲迎"六礼"，其中纳征所用之礼就是俪皮④；后汉的郑众沿用周制，亦以鹿作为婚聘的礼物。从符号修辞的角度来看，婚礼仪式送

---

① 赵毅衡：《符号学》，南京：南京大学出版社，2012 年版，第 196 页。
② 张延兴：《谐音民俗》，北京：中央民族大学出版社，2004 年版，第 127 页。
③ 焦波：《俺爹俺娘》，济南：山东画报出版社，1998 年版，第 120 页。
④ ［清］阮元校刻：《十三经注疏》，北京：中华书局，1980 年版，第 962 页。

鹿为主要元素的礼物（鹿皮、鹿画等）主要取其形似，从而获得如鹿一样生生不息、子孙旺盛①的品质，其实这也是对符号曲喻的一种应用。实际上，在当代仪式性场合中我们也经常看到这类符号修辞格的运用：乔迁仪式，有人送印有葡萄的沙发布，取其形，寓意果实累累；现代婚礼中，多选用心形的礼物，寓意爱心永存；或者选送一对公仔娃娃，意味着早生贵子；"本命年"父母送给孩子佛型的金饰，保佑其来年顺利等。因此，无论是声音还是形态，仪式性礼物都采取了曲喻的修辞格，从而使得礼物同样携带着与吉祥物或吉祥意象相同的品质，以期礼物本身发挥着如吉祥物相同的功能。

通过上述两节的分析我们发现，符号明喻与符号曲喻之所以能够成为仪式性礼物表意中的两种主要修辞，是与仪式本身所赋予的文化功能分不开的。仪式的根本作用在建构社群的文化意义及其文化认同；而礼物作为仪式中不可分割的一部分，理所应当地承担起了文化建构的责任。符号明喻使得仪式性礼物表意过程清晰直接，符号喻体与喻旨的连接必须靠仪式性语境，这就要求阐释社群只有积极调动文化元语言，才能完成礼物表意的过程；而礼物的符号曲喻则更多与文化习俗相连接，如果馈赠双方无文化认同感，这种比喻关系自然就会断裂，礼物表达仪式意义的功能也不能实现。赵毅衡认为："象征不是一种独立的修辞格，象征是一种'二度修辞格'，是比喻理据性上升到一定程度的结果，象征的基础可以是任何一种比喻（明喻、隐喻、提喻、转喻、曲喻等）。"② 在仪式性符号修辞中，符号明喻与符号曲喻都通过文化社群反复使用与意义积累最终都变成象征，使得礼物逐渐脱离其"物"的属性，成为一种"象征物"（Symbolic goods），从而积累起超越物品本身之外的丰厚文化含义。其作用就在于使礼物所携带的文化意义固定下来，从而变成仪式的一个固定组成部分。因此，人们在仪式性场合的礼物交换，变成巩固文化认同感的一种重要手段。

同时，我们也可以通过上述两种主导修辞格的分析得出仪式性礼物符号表意的主要特征。在仪式性礼物交际语境中，文化社群通过符号明喻、符号曲喻的大量使用，使得礼物成为一种被社群内化的象征物，其目的并不主要在于人际交际，而在于实行仪式的文化功能，唤起群体成员的文化认同。反

---

① 李佳：《生殖之祝祷，婚聘之信物——〈诗经〉中鹿意象的象征性解疑》，载《河北师范大学学报（哲学社会科学版）》，2012年第3期。

② 赵毅衡：《符号学》，南京：南京大学出版社，2012年版，第204页。

映在礼物的物质形态上，仪式性礼物主要偏向文化象征意义，而非其使用价值，这与交际性礼物表意有很大不同。

3. 交际性礼物交换中的两种主导符号修辞格

日常生活中的礼物交际，与仪式性礼物交际非常不同：仪式性场合的礼物意指关系非常明确，礼物已经被特定语境与文化固定了下来，成为一种象征物；因此，送什么则代表什么，背后有一套固有的文化元语言作为支撑。而交际性礼物则不同，送礼双方有一个表意距离，礼物符号所携带的含义需要靠符号接受者的解释。馈赠双方在礼物交换的当下，并不能明确获得对方的交际意图，它需要一个"时间间隔"。

布尔迪厄（Pierre Bourdieu）在《实践感》一书中谈道："在馈赠交换中，重要的是，两位交换者通过中介的时间间隔，无意识地、不约而同地接力隐瞒或掩饰他们造成的客观事实。"他进一步认为送礼与还礼不但不是不同的，而且是推延的（Deferred）："这样，行动者不是作为互惠原则的有意识的或无意识的遵奉者，而是作为通过时间做出回应的策略者，参与礼物交换的社会活动。"[①] 布尔迪厄将时间概念引入使得礼物交换变成一种"实践策略"，遗憾的是，布尔迪厄将人类文化所有的礼物交换都看成一种资源支配策略，也就否定了礼物的仪式性与非功利性的维度。他的观点与莫斯开创的礼物研究经典范式背道而驰：莫斯学派认为古代社会的礼物交换是一种与道德、社会相关的"社会总体呈献体系"[②]，在很大程度上不同于现代市场经济社会，它是非功利性的，并且倡导现代社会应当重拾所谓"道德经济"的荣光，并以此来解决现代化语境下人与社会分裂的危机。由此，在西方学术界引发了有关礼物交换性质的论战。[③] 社会学界的讨论已经混乱，而符号学的研究没有必要跟着，我们认为就礼物符号表意可以按"场合语境"来区分，仪式性场合的礼物其重点在于象征意义以及仪式功能，我们在上文已经详细讨论过。而在日常生活的语境中，特别在当代社会，我们无法否认布尔迪厄将礼物交换看成一种资源支配策略，因为日常生活的礼物交际更多地为了馈赠双方的实用目的，交换的目的是实现双方的"互惠关系"，这反映到

---

① 皮埃尔·布尔迪厄：《实践感》，蒋梓骅译，南京：南京大学出版社，第159页。

② 马塞尔·莫斯：《礼物：古式社会中的交换的形式与理由》，汲喆译，上海：上海人民出版社，2005年版，第3页。

③ 刘拥华：《礼物交换："崇高主题"还是"支配策略"》，载《社会学研究》，2010年第1期。

礼物交际的具体实践中表现为：交际性礼物注重交际的实用性目的是否能够实现，并且能够引起收礼者正面积极的互惠行为。这与仪式性礼物注重其文化象征性功能截然不同。

而在交际性礼物表意过程中，这种"实践策略"主要通过两种主导修辞格展现出来：符号转喻与符号提喻。二者的存在使得礼物交际性表意获得一种"策略性"，从而更好地为日常生活礼物交换之交际性目的而服务。因此，相对于仪式性来说，交际性礼物的外在形态是异常丰富的，因为礼物与其所表达的意义之间并没有固定。送礼者为了达到意图意义，则必须揣摩收礼者自身的特征来选择礼物，并且需要借助符号修辞来"修饰"送礼意图；因为送礼意图如果像仪式性礼物那样暴露得过于明显，则容易会被收礼者误认为对方过于功利，反而使得本应达到的"功利性"落空，这就是布尔迪厄所谓礼物交际所掩饰的"双重真实"①：第一，馈赠双方的确进行的是礼物交际的"功利性行为"，第二，馈赠方又不得不用"撕毁价格标签"的方式，掩盖其功利性特征。

（1）符号转喻

符号转喻，是指以一种事物替代与之相关的另一事物。符号转喻的意义关系靠邻接；赵毅衡认为，"转喻在非语言符号中大量使用，甚至可以说转喻在本质是'非语言'的——转喻的特点是'指出'，例如箭头、症状、手势等"②，非语言符号转喻比语言中的指示代词"这个""那个"更清楚直观。而在交际性礼物符号表意过程中，符号转喻则多用来"指出"收礼者的品位、内涵与个人喜好，体现在具体物质形态上主要有两大类，即"文化礼物"与"定制礼物"。实际上这两类礼物在当代礼品市场上逐渐成为主流。根据国际促销用品协会研究发现，影响送礼者选购礼品的因素包括个性创意、文化内涵、价格高低、包装精简、实用与否，其中"'礼品是否个性有创意、是否独特、是否有文化内涵'成为选购礼品的最大因素"③。

第一，"文化礼物"类。"有品位""有文化内涵"的文雅礼物，实际上就是采用了转喻的符号修辞格：用文雅礼物指出收礼者的文化品位，既高雅，又得体，收礼者自然非常乐意，收下即意味着它与礼物所暗含的文化意

---

① 皮埃尔·布尔迪厄：《实践感》，蒋梓骅译，南京：南京大学出版社，第 161 页。

② 赵毅衡：《符号学》，南京：南京大学出版社，2012 年版，第 194 页。

③ 《"文化礼品"市场呼声高，需重点挖掘》，"中国礼品网"，网页链接：http：//www. lipingov. cn/news/4385. htm，2013 年 8 月 28 日。

义相连接，成为自己提高文化身份的手段。我们可以在当今礼品市场上"名人字画"走俏的现象中找到佐证。据"东莞阳光网"报道，如今东莞礼品市场名人字画日益火爆，据一位商家介绍，"今年（2006年）以来经他已卖出了近两百幅字画，价格均在一万元左右，业务量每年约增长一倍"①。足可见这种文雅性交际礼物的盛行。有位礼品客户的话，可能更说明问题："现在，不少有钱人不是比谁拥有奔驰、宝马等高档轿车，谁又买了别墅，而是比谁拥有更高档、更有品位的艺术品。"② 如今人民物质水平提高，物质需求日益饱和，越来越多的人将欲望从物质的追求转向对文化身份的提高。文雅性礼物正好暗合了收礼者的心理需求，礼物成为对方品位与文化内涵的转喻，成为向其人际圈中展示文化品位的手段。

第二，"定制礼物"类。定制礼物是指根据收礼者的个人喜好，馈赠者特别为其定制的礼物。其最大的特点在于馈赠者选择礼物时，不特别注重它是不是"品牌"，更主要是看其"个性新意"是否符合收礼者的爱好。由此礼物成为收礼者个人喜好的符号转喻，这典型地暗合了布尔迪厄所谓的"实践策略"，礼物符号表意转向诉求送礼者的个人喜好，以含蓄且"合意"的方式传达馈赠者在礼物表意过程中的意图意义。根据数据显示，在中国，定制礼品销售额已提升到礼品公司销售额的20％至30％左右。据估计在未来10年中，定制礼品消费市场每年的增长率将不会低于20％。③

在拉康看来，"欲望是转喻，欲望指向无法满足的东西，其喻旨与所有符号意义一样，必须不在场。欲望的转喻本质，是它无法得到满足的原因"④。拉康的解读很好地解释了当代交际性礼物表意中符号转喻修辞为主导的原因：正是因为在物资充裕的当代，人们对文化、品位、个性的需求日益增加，且并没有更好的方式使之得到满足。这种需求或欲望转换到礼物交际形式上，就使得馈赠双方开始重视礼物自身的文化内涵与个性特征。

（2）符号提喻

同样，交际性礼物符号修辞中，另一种符号修辞格也越来越凸显，成为

---

① 《东莞礼品文化概念内涵转变送礼青睐名人字画》，"东莞阳光网"，网页链接：http://www.sun0769.com/news/dongguan/kjww/t20060113_226837.shtml，2006年1月13日。

② 同上。

③ 《礼品经济冲击市场，个性定制礼品日趋火热》，"中国礼品网"，网页链接：http://www.lipingov.cn/news/294.htm，2012年6月2日。

④ 转引自赵毅衡：《符号学》，南京：南京大学出版社，2012年版，第195页。

交际性礼物交换的另一种重要表意模式，这就是符号提喻。"符号提喻的喻体与喻旨之间是局部与整体的关系。"① 而符号转喻是喻体与喻旨某个方面相邻接，并非是局部替代整体的关系。在符号修辞中，我们需要做上述区分。因为两种修辞格实际上反映的是两种不同的符号表意过程与行为。反映在交际性礼物符号表意上，就是用礼物来替代收礼者的人格、社会身份与地位；喻体是人的特征的一部分。

电影《美丽心灵》（*A Beautiful Mind*）中有段礼物馈赠场景的描写，准确地表现出礼物交际中这种提喻的符号修辞格。故事的原型是诺贝尔经济学奖获得者约翰·纳什（John Nash）。在纳什被告知自己已经获得了诺贝尔奖之后，在普利斯顿大学咖啡厅里发生了令人动容的"授笔"一幕，同校的其他教授为了表达他们对纳什教授的敬意与庆贺，纷纷起身将随身携带的钢笔送予他。在这里，作为礼物的钢笔就是一个典型的提喻，在那个电脑还不太盛行的年代，用一支支钢笔代了学者一生笔耕不辍的学术生涯。

礼物交际中的符号提喻也可以变得很俗，当今高校流行的"头衔礼物"就是最好的例子。所谓头衔礼物，主要是指如今越来越多的高校喜欢将自己与社会名流捆绑在一起，视为"提高学校声誉"的一种手段。社会名流不缺金钱，更不缺地位，但是他们缺的恰恰是文化身份，许多高校看到此种现象，纷纷向名人抛橄榄枝，送其"名誉教授""荣誉博士""访问学者"等头衔。这远比送实质性礼物奏效，"头衔"礼物成为名人文化身份的提喻，名流自然欣然接受；可以说"头衔礼物"给馈赠双方带来的是"双赢"的关系，学校机构需要送"头衔礼物"与名流，以获取更大社会知名度，而名流则靠头衔获得高端文化身份。

从符号学的角度上来看，以符号提喻为主导的交际性礼物表意，实际上是一个符号文本身份建构与互动的体现。所有符号文本都有一定的社会文化身份，这就要求对文本做出与身份相应的解释。"符号文本身份是符号表意的社会维度"②，一旦发出者的人格身份暂时缺场，符号文本身份就成为判断表意过程的重要依据。交际性礼物表意的重要特征我们在上文已经提及：它是延时的，收礼者对送礼者的身份与意图的判断，非常依赖于礼物符号文

---

① 赵毅衡：《符号学》，南京：南京大学出版社，2012 年版，第 194 页。
② 胡易容、赵毅衡：《符号学－传媒学词典》，南京：南京大学出版社，2012 年版，第 207－208 页。

本。因此，送礼者在很大程度上只能通过符号提喻的手段建立礼物符号的文本身份，来类比收礼者的人格身份。而收礼者一旦将这两者身份关系建立起来，那么送礼者的意图意义即达成。由此看来，这种以符号提喻为主导修辞的交际表意过程相对于符号转喻来说更具策略性，更委婉，其交际目的实现程度也更需要依靠收礼者自己对礼物的判断。

综上，符号转喻与提喻成为当今交际性礼物表意的主导修辞格，使得交际性礼物符号过程呈现出独特的表意特征：在此类符号表意过程中，礼物表意成功与否需要靠符号接受者的判断与解释；而礼物符号靠转喻与提喻与收礼者自身获得联系，从而获得一种强烈的"交际目的性"。也就是说，日常生活的交际性礼物符号表意，其目的是通过礼物符号建立馈赠双方的相互关系，由此，礼物的交换是为了交际目的的达成。而这种"交际目的"又受制于"时间间隔"的作用与传统社会文化人情、面子的伦理规约，因此需要通过上述两种修辞格对其意图意义进行适当的修辞，从而使得送礼者、礼物、收礼者三者的表意关系间接且含蓄。

4. 结语

通过本文的分析与讨论，我们发现仪式性与交际性礼物表意过程中存在着两类符号修辞主型：仪式性礼物交际以符号明喻与符号曲喻为主型，并且文化社群对这两种修辞格在礼物交际过程中的使用，使得两种修辞格由于意义的积累变成象征。由此仪式性礼物逐渐超越其物质属性，变成一种"象征物"而存在，从而行使仪式的文化建构功能。交际性礼物则以符号转喻与符号提喻为主型，二者共同使得日常礼物交际变得更具艺术性与策略性，最终达到建立或维护与收礼者的人际关系的"交际性目的"。

这两类礼物交际的符号修辞主型差异可以呈现在符号表意的风格上：首先，在仪式性礼物交际中，馈赠双方的表意过程明确、清晰；因为仪式语境决定了其符号修辞主型，并在此影响下强制性地规约馈赠双方为履行具体仪式的文化功能而进行礼物交换。而交际性礼物表意间接且含蓄，礼物交换是为了达成"交际目的"的功利性需求；而这种交际目的却受制于"时间间隔"的作用与社会的传统伦理规约，因此礼物交际的意图意义需要靠符号修辞的手段进行掩饰，馈赠双方需要有一定的表意距离。其次，是礼物符号本身：仪式性场合中的礼物重在表达文化象征意义，不同仪式中的礼物及其文化内涵已经被阐释社群所固定且主要作为"仪式功能物"而被确认。因此，该类礼物形态单一并逐渐失去其实用价值。而在交际性场合，礼物交换变成一种功利性的互惠策略，礼物在此类表意关系中则偏重其实用意义。而送礼是否得体、交际目的是否能实现则主要依赖礼物接受者进行判读，并且由于收礼者人格、身份、喜好等个体性差异，交际性礼物的形态并不固定，并且呈现出越来越多元化的趋势。

【原载《福建师范大学学报》（哲学社会科学版），2014 年 63 期】

作者简介：

赵星植，四川崇州人，四川大学文学与新闻学院博士生，四川大学符号学－传媒学研究所驻所研究员，研究方向：礼物符号学、社会符号学。

三、标出性理论对时尚传播的解读

宁 晓

日常生活的审美化带来了艺术与日常生活边界的模糊，社会舆论对时尚话题的关注，以及大众频繁地接触和使用时尚符号，使得时尚在当代的影响极具渗透力。这样一种辐射于各个领域的适用性，为时尚的研究提供了多种视角，而它自身纷繁复杂的外在表象也提供了丰富的研究素材，于是设计、广告、服装、营销等领域的相关研究不断涌现。但是，影响时尚的因素随着物质文化水平的增长而变得越发复杂，例如社会环境、文化传统、阶级特征等错综复杂的关联，造成对时尚形成的探索较难切入。

符号学作为一种分析方法具有普遍的适用性，而符号作为意义表达的工具，使得形式再复杂的符号都将具有一定的意义所指。暂时搁置时尚缤纷的表现形式，独具一格、新颖多变成为时尚带给大众最为直接的感知，并且这个特点随着时尚的发展一直存在，而标出性理论与这一特点的呼应，使得将时尚置于符号学视角下进行研究成为可能。

"当前符号学研究的重要论题和方向，它表明符号学已经超出文学和语言学，扩大到生物形式乃至一般意义上的进化过程。"① 运用符号学来对时尚进行研究，是将时尚化繁为简，实现将研究对象从物—符号到符号—物的转变过程。本文借由对时尚的外在表现和转变过程进行分析，找出共通的内部特征并带入理论进行解释和提炼，随后运用得出的结论重新描绘时尚形态，并在其他传播效果中进行推演，进而证明所得出的结论是否准确。

1. 时尚与标出性的紧密关联

关于时尚的解释有很多版本，德国社会学家、哲学家齐美尔认为："时

---

① 蒋诗萍：《实现自然、社会和文化的衔接：评保罗·科布利〈劳特利奇符号学指南〉》，载《符号与传媒》，2014 年第 1 期，第 235 页。

尚是既定模式的模仿，它满足于社会调适的需要；它把个人引向每个人都在行进的道路，它提供一种把个人行为变成样板的普遍性规则。但同时它又满足了对差异性、变化、个体化的要求。"[①] 时尚还被传统地定义为"在生产与组织方面都带有历史和地域色彩的特殊衣着系统"[②]。随着对时尚研究的增多，"对正常的偏离"（deviation from the norm）变成众多符号学家对风格的定义，而大众也较容易接收这个解释，因为这正是时尚带给他们最直接、最深刻的印象。

标出性理论的出现始于语言学家约瑟夫·格林伯格（Joseph Greenberg），1963 年他总结了多达 13 条标出性的特征之后，提出了总结性的定义："当语言中有 x 特征，也有 y 特征时，非标出组分即不包含 x 的组分。"[③] 在这两项中，组成元素较多的一方即为标出项。随着对标出性研究的深入，雅柯布森意识到这一理论的解释范围并不局限于语音、语法、语义，而是进入"美学与社会研究领域"[④]，而越来越多的学者也将这些理论运用于文化研究中。

在语言学术语中这一理论原称为标记性，为了避免标记一词在中文语境中造成误解误用，赵毅衡将其新译为"标出性"，而这种改动的必要性，在运用于文化研究时得到体现，标出这一词语形象地展现出异项在文化中所受到的压力。

> 两相对立中，导致不平衡的，是第三项，即"非此即彼，亦此亦彼"的表意，笔者称之为"中项"。为了简便，我们把携带中项的非标出项称为"正项"，中项的特点是无法自我界定，也没有自己独立的符号，必须依靠非标出项来表达自身。我们把中项排斥的成为异项，即标出项，也就是说，标出项之所以成为标出项，就是因为被中项与正项联合排拒。[⑤]

---

① 齐奥尔格·齐美尔：《时尚的哲学》，费勇译，北京：文化艺术出版社，2001 年版，第 72 页。

② 乔安妮·恩特维斯特尔：《时髦的身体：时尚、衣着和现代社会理论》，郜元宝译，桂林：广西师范大学出版社，2005 年版，第 49 页。

③ Joseph Greenberg, "Some universals of grammar with particular reference to the order of meaningful elements", *Universals of Language*, Cambridge：MIT Press, pp. 73—113.

④ Roman Jakobson, Morris Halle, *Fundamentals of Language*, The Hague：Mouton, 1956, p. 9.

⑤ 赵毅衡：《符号学原理与推演》，江苏：南京大学出版社，2011 年版，第 285 页。

标新立异在时尚的众多特征中十分显著，这使得在文化中受到排挤、标出的异项，在时尚的领域里却获得了特别关注；异项所拥有的独特性与个性化，放置于时尚领域中进行演绎却能获得大众更多的容忍和接受度；正项在文化中享受大众的关注与拥护，是社会发展的指标和导向，拥有重要的价值，然而在追求创新和个性的时尚中，异项的独树一帜却拥有着重要价值，使那些与众不同的符号转化为别出心裁、独具匠心的象征。

从以上的对比中不难发现，异项在时尚领域中扮演着重要角色，它伴随着时尚的发展，以及流行的周期性成长，在不同的阶段展示出自身的价值，这表明了对异项的分析能够成为认识时尚的观察点，也展现出标出性理论对于时尚研究的可行性与必要性。

2. 标出性在流行形成过程中的推演

不断改变的流行成为时尚这一抽象概念的具象体现，想要透视时尚需要对流行这个现象进行具体分析。本文将流行的生存周期概括为初期孕育、逐渐认同、成为流行以及开启重生这四个阶段，借助对流行生成过程中标出性特征的分析，对时尚的形成机制和本质特征进行推演。

（1）第一阶段——初期孕育：符号陌生化与异项生成

流行生成初期，为了便于异项的产生，需要完成一件重要的铺垫工作，即符号的陌生化。这是指将人们所熟知的符号打乱，或者赋予新的意义，让受众对接触到的符号产生陌生感，从而获得新的感官刺激。"对一个事件或人物进行陌生化，首先很简单，把事件或人物那些不言自明的，为人熟知的和一目了然的东西删去，使人对之产生惊讶和好奇心。"① 这是标出行为的重要前奏，这使得时尚在形成初期能够获得更为广泛的、可选的潜在异项资源，进而能够获得更为显著的标出效果。

人们始终拥有着对新鲜、独特事物的好奇，但是对相同对象的新奇感不可能永久存在，于是符号陌生化的步骤使人们获得的新鲜感知得以循环，也正是这样的方式使得异项得以长存，追求时尚的动力亦不会衰竭。

在形成初期阶段，异项因为被标出而获得关注，但是区别于其他环境中的待遇，人们对时尚中的标出项持有较高的包容度。这是因为，普遍性和熟悉感为人们的精神带来了安宁，但是除了平静之外我们还需要改变、感悟和

---

① 布莱希特：《布莱希特论戏剧》，丁扬忠译，北京：中国戏剧出版社，1990年版，第62页。

创造，而异项的存在则为生活注入了动感。时尚的多变和独具一格，使其成为人们经营生活和塑造自我的有效工具，而时尚符号的别具一格也成为百姓对时尚的认知。当这样一种认知成为共识，加上大众自身对它的需要，以及生活中频繁地接触和使用，促使了人们对时尚的包容度逐渐增强。

初期阶段，需要筛选出一系列的视觉符号，并在传播中用解读的形式对这些符号进行意义赋予，而这样一种时尚主题是与当时的社会背景和阶级属性密切相关的。于是，借助于信息时代下高速且多样的信息通道，人们开始关注到这些异项，同时也获得了符号所携带的意义解释。

（2）第二阶段——逐渐认同：中项的力量

第二阶段中时尚的影响力开始扩散蔓延，但是区别于第一阶段中异项的主要作用，此时中项的功能显得尤为重要。在任何一种文化中，正项、中项与异项都不会缺席，他们拥有着不同功能和地位，而正项和异项由于对立反差，较易形成深刻印象，中项的依附和追随感使得容易被研究者忽略其存在的价值。

在流行形成的第二阶段，中项的价值得到显著体现，因为此时大量的作为中项而存在的社会百姓，能否接受、使用并传播时尚符号决定着流行的成功与否。他们以庞大的社会数量，将时尚所产生的强大影响力和消费力推向高潮。中项认同在第二阶段所产生的能量，将助推在第一阶段被选取并赋予意义的时尚符号成为流行。

第二阶段的成功转型，不仅是中项价值的成功展示，也助推了流行在社会上形成的最为直观和宏大的景象，在这个阶段里，时尚已经开始了对社会与个人审美形态和思维方式的逐渐浸染。

（3）第三阶段——成为流行：标出性的消减

这段时期中的大众，对流行的一系列视觉符号与传播意义已经熟悉，此时的时尚审美观念获得了较为普遍的认同感，人们对意识的逐渐接受，通过对作为载体的视觉符号产生好感，并主动使用这些符号而表现出来。越来越多的追求者和使用者，使得时尚对消费水平的刺激越发明显，最直观的视觉感知成为人们对时尚的注解。此时的时尚符号将不再是因为标出性而受到关注，而是另一种心理机制来延续着人们对时尚的追逐，那就是从众与模仿。

现实生活中，不论是外表包装或是内在价值观，一旦大部分人趋于选择某一种形式时，为了追求社会认同感和心理安全感，从众行为成为必然，而最简单有效的方式就是模仿。模仿可以被视作一种心理遗传，以及群体生命向个体生命的过渡，模仿能够给予个体不再孤独地处于他或她自己行为中的保证。不能否认，人们都有自我独立的欲望，并且伴随着生理和心理的成长而越发强烈，但是，大多数人在性格独立和自我包装的能力上尚有不足，也就是说，人们虽然拥有着能动的企图心和目的论，但是现实中的大多数仍旧选择执行模仿行为，这样的行为能够让个体在社会环境中更加安心地运用这些视觉元素，无须为自己的审美和品味负责。

模仿的盛行让人们享受着时尚的视觉盛宴，但这一段流行却正是在这样的狂欢中开始衰退。齐美尔在《时尚的哲学》中认为："一旦较低的社会阶层开始挪用它们的风格，即，越过较高社会阶层已经划定的界限并且毁坏他们在这种时尚中所具有的带象征意义的同一性，那么较高的社会阶层就会从这种时尚中转移而去采用一种新的时尚，从而使他们自己与广大的社会大众区别开来。"① 阶级性赋予时尚高贵的姿态，也成为时尚让大众追求的本质原因，当模仿行为大范围出现时，保持阶层直接的区别使得这段流行所携带的视觉符号和表现形式必须被抛弃或更改。

流行就是时尚？也许以上的分析能够给出答案。

流行的开始却也宣告了这次狂欢的终结，究其根本需要联系到第三阶段开始时标出性的衰减，因为对异项的选择不仅是时尚吸引大众关注的重要方式，更是阶级性要求它提供的保障，正是流行让时尚中普遍性得以增强，而最终抵消了它的标出性，想要存活，时尚就必须携带标出性，于是这一场流行在狂欢后必然走向消亡。

（4）第四阶段——开启重生：再次标出

创造力与生命力在时尚的诠释下显得十分强大，经济的发展、文化的传播和社会的进步都将导致大众对时尚的需求有增无减，于是当代社会下时尚的生命力，体现在衰退的流行却拥有着快速的重生节奏。大众所感知到时尚的快速更新，正是因为感知到流行的不停改变。时尚并不会改变，其阶级属性以及对标出性的追求也将是它永恒的特征，就算时代语境都发生了转变，流行的重生也都能给予时尚强大的适应能力。

第一阶段的符号陌生化处理，紧密地衔接着第四阶段的重生，不论是对过去符号重新进行意义赋予，还是创造出新的表现形式，甚至是采用新的设计、包装和宣传方式，都能让人们产生新的感官刺激。例如"中山装"（英

---

① 齐奥尔格·齐美尔：《时尚的哲学》，费勇译，北京：文化艺术出版社，2001年版。

文为"Chinese tunic suit",指由近现代中国革命先驱者孙中山先生,综合了西式服装与中式服装的特点,设计出的一种直翻领有袋盖的四贴袋服装,此后中山装大为流行,一度成为中国男子最喜欢的标准服装之一),这样一种服装风格产生于革命时期,携带着较为明显的时代标记,于是随着中国和平稳定的发展,并接收到资本主义社会带来的新颖设计,这种流行逐渐淡出了人们的视线。但是,随着信息、经济全球化的发展和中国的崛起,中山装上演了精彩的"逆袭",它代表着中国的文化,被赋予挺拔、坚毅的意义,通过众多中国明星在国际舞台的展示,获得全世界的关注和认可,营造出新时代下的复古流行。

流行获得重生的案例不胜枚举,但是观察它们在不同时期下的特征,一个相同点造就了它们翻转的可能,那就是标出性。不是每一种具有标出性特征的符号都能在当时成为流行,但一个不能被标出的符号则一定会被当下的流行所排除。四个阶段的演进首尾相连,正是这样一种循环往复的周期性过程,为时尚提供了源源不断的生命力。

3. 不可忽视的异项

当我们试图解释,现代时尚为什么能对我们的意识产生如此大的影响力时,我们应当认识到这样一个事实:生活中长久的、重要的意念和观点正在逐渐失去关注,而我们对这个行为的普遍认同与长期执行,导致那些短暂却新鲜的变化因素得到了更多的展示机会,成为我们意识中的常客。

异项作为文化中独特、新奇的存在,受到正项联合中项的排挤,通过标出性理论在文化研究中的逐渐运用,异项所产生的特殊能量越来越受到关注。正如同它在时尚形成中的重要影响,当代的艺术领域已然成为它活跃的场所,在对时尚的研究中,异项成功地逆袭了正项,从被标出的角色转变成大众认可和追求的对象,标出性翻转在当代的成因是什么?人们在这个事件中又扮演着什么角色?以下对异项特点的总结能帮助解开疑惑。

(1) 审美中没有绝对的正项或者异项

标出异项,是每个文化特定的符号结构性排他要求:一个文化的大多数人认可的符号形态,就是非标出,就是正常。是否真的怪异,是次要的:文化这个范畴(以及任何要成为正项的范畴)要想自我正常化,就必须存在于非标出性中,为此,就必须用标出性划出边界外的异项。如果说在语言学中,基本上是标出性导致不对称,在文化研究中,是为了不对称而引发标出性。①

把被标出的异项定义为丑陋或者是错误的，是一种很武断的行为，就算带入当下的社会背景和发展阶段进行分析，我们依然能看到多种复杂的因素，如文化环境、阶级特征、社会发展目标以及大众认知水平等。

在艺术领域中，对异项、正项进行绝对判断显得更加困难，因为审美作为一种主观的心理活动，是人们根据自身对某事物的判断标准来做出的一种辨别，主观性和偶然性十分显著。而且，信息时代所造成的信息冗余，使大众的审美随着繁复的使用和改变而变得麻木，自身的判断能力逐渐减弱，人们对新鲜刺激持续不断的追求，最终导致个体对审美判断的麻木。

所以，时尚传播中所出现的标出性翻转现象，并不是错误变成正确，而是时尚应对改变的社会环境所进行的能动调整。在当代，审美的判断不再局限于艺术领域，人们价值观和审美意识的不断转变，也为标出性翻转在各个领域的发生提供了可能。

（2）视线焦点的异项之美

异项所带来的视觉刺激，在注意力经济时代背景下，展现出其强大的吸引力和生产力，其中，艺术领域尤为显著。

现代的艺术家们不再执着地朝向实在，甚至倾向于寻找与实在相对立的反方向灵感。在这样一种态度下，笔者看到很多独特、新奇的符号使用于艺术当中，从而艺术与现实得以区隔，人们原本认识的符号意义被这种方式重新陌生化，而那些熟悉的经验模式也被打破，取而代之的是与过去经验世界完全不同的陌生体验。观众收获了异项之美所带来的感官享受，在解读这些符号的同时，就自然而然地扩大了对艺术表现的包容度。

对异项的选择不仅是时尚的专属，物质文化资源的越发充实，让人们不得不面临更多的选择，于是，关于如何才能成为最特殊、最显眼、最吸引人的那个选项，成为各个领域中的生产者都共同关心的问题，异项所产生的影响逐渐从意识上转变成实际价值。

（3）人们的欲望最终赋予了异项存在的价值

巴尔特提出："意象系统把欲望当作自己的目标，其构成的超绝之处在于，它的实体基本上都是概念性的：激起欲望的是名而不是物，卖的不是梦

---

① 赵毅衡：《文化符号研究中的"标出性"》，载《文艺理论研究》，2008年第3期，第2—12页。

想而是意义。"① 人类的欲望没有止境，这使得生命的每个阶段都充满着期待和动力。于是，伴随着无止境的欲望，人们需要通过各种方式来实现愿望或者抒发情绪。

就像梦境的存在价值一样，人们在现实生活中也渴望得到一种梦想的体验，获得满足感同时也发泄积累的压力和疲劳。"消费社会里，人们的消费对象不再是商品的使用价值，而是大众传媒创造的符号价值；人们的生活世界也不再是由具体物品所构成的实体世界，而是由大众传媒构筑起来的拟象世界和'超真实'的世界；人们的需要也不再是主体性的需要，而是由大众传媒、广告所建构出来的'虚拟'的需要。"② 当时尚出现在大众眼前时，以各种新颖、独特的视觉符号激起好奇和关注，并通过大众传媒不断向人们暗示，想要改变普通平凡的自己，成为吸引别人关注的人，那欢迎使用这种快速有效的方式。

4. 标出性与时尚的本质特征

通过对时尚文本的分析，异项的价值和能量获得最大程度的体现，找到了大众将其标注为求新求异的原因，随着将流行生成过程中的结论进行推演，我们逐渐从复杂的时尚表象下触摸到它本质的特点和规律。

（1）时尚必须生存于标出性形成的对比环境中

漫长的时尚历史中，讲述了时尚发展的历程，也叙述着不同时代的变革。参照不同时期的社会背景和文化，我们能够对当时的流行进行深入解读，并且能够通过流行的分析来审视传播环境的特征。如果承认了流行的不断变化是为了使时尚适应不同时期的社会环境，那么，是否表示时尚对传播环境就没有要求呢？

这种推论过于笼统。时尚在不同环境中的适应能力毋庸置疑，但是，不同时代背景下的影响力却有所不同，这样的波动表现出时尚的能量并不稳定，时尚的影响力对时代语境和社会环境同样有所要求。透过标出性理论的推演，新鲜与独特的特质成为时尚生存的必要保证。在任何时代背景下观察文化，我们都可以发现正项与异项之间的对比和排挤现象，但这个冲突的剧

---

① 巴尔特：《流行体系——符号学与服饰符码》，敖军译，上海：上海人民出版社，2000 年版。

② 张骋：《符号操控与本体虚无：反思鲍德里亚的消费社会大众传媒观》，载《符号与传媒》，2013 年第 7 期，第 76 页。

烈程度以及标出性翻转出现的频率不尽相同，这都将影响大众对时尚的认同。

这样的认识使得对时尚影响力的研究更为复杂，但是对时尚所依存的社会环境有了一个准确认知，脱离了标出性形成的对比环境，时尚必须携带的阶级性将无法体现，没有了正项与异项之间的冲突，流行的变化将不再需要，于是，失去了阶级性所赋予的价值和流行创造的生产力，时尚无法生存，因为它的存在对社会大众没有意义。

（2）时尚与社会的进步一同发展，它是动态的、历史的、相对的

不断改变、交替的流行让时尚在不同时期拥有不同的传播意义和视觉表现，而这样一种结构体系使得时尚必须是动态的、历史的、相对的。

时尚在当代的影响力不容小觑，大众正是因为时尚的动态感所提供的持续感官刺激，来维持对时尚的新鲜感和追求欲，然而时尚之所以获得大众如此自觉的认同，不仅是通过客观实在的符号形象予以吸引和暗示，更依靠文化意义的不断赋予和积累，历史性特征让时尚文化伴随着时代的变革而逐渐丰满。随着大众认知水平的不断提高，对符号意义的重视逐渐超过载体，标出性使得时尚会舍弃已被大众熟悉的符号而选择新的意义载体，但不同时期中流行的传播意义则不会消失，于是，时尚意义不断积累的这个过程，在大众文化形成的过程中也产生了越来越显著的影响。

（3）标出性翻转为时尚带来独特美感

异项之美在当今社会受到的关注之前已有论述，于是标出性翻转的出现并不局限于艺术领域，但是时尚对这种能动效应的运用可谓十分典型。

时尚语境中的标出性翻转显得更为容易，正是借助于人们对时尚的较高包容和接纳度，异项在时尚中更容易被大众所接受和模仿，于是标出性翻转的大幕必然被拉开，转变的时间或长或短，但翻转的后果却无法避免。这些不断上演的"逆袭"，使人们对时尚形成无法把控、充满未知的定义，而这样的特征与人们自身的欲望相似，于是，时尚的魅力越发明显。

为何时尚总是让人觉得标新立异？为何流行的改变也无法影响人们对时尚的追求？时尚的以上特征让我们获得了回答相关问题的思路，关于流行的分析也将帮助解决大众生活中的迷思，例如，是否流行就是时尚，为什么说追赶潮流的人才是不懂时尚的人。

认识了时尚，对文化研究有着直接的帮助，然而当代时尚传播对社会意识的引导作用，使得时尚研究也将与大众传播产生互动效能。"电视成为现

代社会的'文化指标'（cultural indicators），文化大众透过大众传播实际上在与文化自身沟通，而这样的沟通，维系文化内一直的价值观。"① 大众传媒拥有信息传播功能，这样的信息互动将逐渐引导并改变接受者的价值判断。时尚正在逐渐改变着人们的审美判断，在这样强大的意识引导下，社会文化的建设是否可以利用时尚的包装来对大众心理进行有效的意义传播，适时有效地掌握和引导大众意识将对社会发展产生强大的推动力。

所以，时尚在当代所产生的能量必然能运用于社会建设和文化发展当中，应准确把握它的形成和传播特征，合理利用时尚对社会与个人的影响力，创造出适合于当下时代背景和发展目标的良好语境，进而在改革规划或者社会转型时期获得社会的强大动力。

【原载《当代传播》，2015 年 03 期】

作者简介：

宁晓，四川大学符号学与传媒学研究所成员。

---

① 乔治·格伯纳认为，电视成为现代社会的"文化指标"，文化大众透过大众传播实际上在与文化自身沟通，而这样的沟通，维系文化内一致的价值观，参见《传播评论》，1969 年，第176—180 页。

四、符号学视野下的时尚形成机制

杨晓菲

　　时尚总是在短期内迅速更迭，让人捉摸不透，又欲罢不能。作为一种复杂、烦琐的社会存在，时尚看起来古怪、无常，没有定型，但它的形成却并非偶然或毫无规律可循，从社会学家关注时尚开始，时尚的形成机制便成为该论题的重要话题之一，从19世纪末社会学大师齐美尔经典的阶级区分机制，再到现代社会美国学者布鲁默修正性的集体选择机制，学者们在社会学路径上探索着时尚的形成机制，逐步推进时尚形成机制的清晰与完整。随着现代社会的不断成长与成熟，时尚的形成已不再是某一因素主导的结果，更多的是各种力量综合作用的过程，本文将时尚形成中的各种因素置于符号学视野下进行考量，尝试用文化标出性理论来解读新媒介时代下时尚的形成机制。

1. 时尚形成机制的理论回顾

（1）齐美尔的阶级区分机制

　　"时尚是阶级分野的产物"[①]，是齐美尔关于时尚形成机制的经典论断。他认为，在有阶级分层的社会中，较高阶级在区分动机的支配下，通过时尚与较低的阶级拉开距离，而较低阶层则在模仿动机的支配下，通过仿效较高社会阶级的时尚来提升社会地位。一旦较低的社会阶层越过较高社会阶层划定的界限并且毁坏较高阶级在这种时尚中所具有的象征意义的同一性，较高阶级就会抛弃这种时尚，重新制造另外的时尚，从而继续把自己与社会大众区别开来。

　　相比凡勃伦来说，齐美尔的阶级区分更复杂，它不只是社会地位的表示，更是人类作为一种双重性生物的抗争结果。他更深入地关注到人类的两

[①]　齐美尔：《时尚的哲学》，费勇译，北京：文化艺术出版社，2001年版，第72页。

种本质性社会倾向——统合的需要和分化的需要在时尚形成中的作用，他认为时尚的建构因素便是这两种矛盾的欲望，两者有一方缺席的话，时尚就无法形成。而统合或者说同化的需要与分化的需要，在阶级分化中通过区分与模仿的过程来实现。

而时尚的主体是人，推动时尚不断发展的内在矛盾是人相互矛盾的双重心理诉求。区分与模仿是时尚形成背后的心理机制。正是由于人类对社会一致化倾向与个性差异化意欲这两种相反欲望的追求，在普遍性与差异性两个原则持续不断的斗争中，时尚作为二者最终在表面上形成形式上的合作的结果，得以出现。时尚通过相同阶层的联合，形成一个以它为特征的社会圈子来获得普遍性，又"凭借内容上非常活跃的变动，赋予今天的时尚一种区别于昨天、明天的时尚的个性化标记"①，以及其等级性来获得差异性。

概括来说，齐美尔理论中时尚的形成机制，是在对差异性与普遍性的追求中，通过区分与模仿，在阶级区分中实现从上层阶级渗透到下层阶级的过程。

（2）布鲁默的集体选择机制

布鲁默作为现代社会的社会学大师，在关于时尚的论述中，更加强调现代性对于时尚形成的重要性。在他看来，齐美尔所论述的上层阶级通过时尚与其他阶级相区分的现象，发生在时尚的运行中，但并非其成因。他把齐美尔所谓的上层阶级叫作"精英群体"，在他的理论中，精英群体对于时尚的形成作用并非决定性的，"精英群体的声望并不是在确定时尚运作趋势方面有所作用，而是在顺应时尚潮流领导品味方面有所成效；其他阶级的人有意识地追赶时尚，他们之所以这样做，是因为时尚本身而不是因为精英阶级的权威。因此，时尚的消逝也不是因为它被精英群体所抛弃，而是因为它让位于一种新的、更符合持续发展趣味的样式。时尚机制的出现不是为了满足一种阶级分化和阶级效仿，而是为了成为时尚，是同步保持好的名声，是在纷繁变换的世界中表达新品位"②。在此，布鲁默肯定了时尚运行中"权威"的重要性，但同时也给时尚运行中的"权威"祛魅。

布鲁默认为，时尚的形成机制，是一个集体选择的过程。他认为时尚的

---

① 齐美尔：《时尚的哲学》，费勇译，北京：文化艺术出版社，2001年版，第72页。

② 赫伯特·布鲁默：《时尚：从阶级区分到集体选择》，刘晓琴、马婷婷译，载《艺术设计研究》，2010年第3期，第5—12页。

集体选择过程分为三个层面：时尚是从大量竞争样式中进行自由选择的过程，是设计师试图抓住并体现出现代性的方向，是那些通过他们的选择来界定时尚的买家，买家们成了时尚消费群体不知情的代理人，他们最初的选择成了顾客追求的目标。而权威或者精英群体所扮演的角色，就是在大众品位还处于杂乱不一、尚不明确的最初阶段，通过选择的示范和建议，在混沌中逐步勾勒出大众品味的大致轮廓，"使得初级的大众品味就可以得到客观的表达和规范的形式，他们是为了适应审美品位和感知力改变的集体性选择的一部分"①。

在布鲁默的时尚形成机制中，他更加强调时尚文本的重要性，回归了时尚本身在时尚形成中的意义，弱化了权威在其中的影响力，认为时尚的形成是源于集体选择，时尚反映的是一种集体趣味，是对社会经验对象有机的敏感。

齐美尔和布鲁默关于时尚形成机制的论述，是时尚理论中颇具代表性的观点，布鲁默在齐美尔的基础上又向前推进了一步，更加细致地剖析了时尚形成过程的几个选择阶段，把大众品味也纳入时尚的形成过程中，让时尚形成机制更加具有现代性。阶级区分和集体选择机制的提出，给后人研究时尚的形成带来了很大启发，但置于今天，由于现代社会的复杂性，这两种学说或许已经不能够完全解释现代时尚的形成，而从符号学的标出性理论，或许能够对这一议题有所推进。

2. 时尚的双重标出过程

标出性是赵毅衡从语言学中推演到文化符号学普遍现象的一个符号学理论。他认为，在文化范畴中普遍存在着二元对立的情况，但对立的两项之间通常不对称，其中出现次数较少的一项，就是"标出项"，而与之对立的被使用得较多的那一项，就是"非标出项"，标出性是两个对立项中比较不常用的一项具有的特别品质。

标出性本是语言学中的概念，在把标出性移植到文化符号学的过程中，赵毅衡提出了"中项"的概念，中项即两项对立中导致不平衡的第三项，是"非此非彼，亦此亦彼"的表意，同时，为了简便，赵毅衡把携带中项的非

---

① 赫伯特·布鲁默：《时尚：从阶级区分到集体选择》，刘晓琴、马婷婷译，载《艺术设计研究》，2010年第3期，第5—12页。

标出性称为"正项",把中项排斥的称为异项,即标出性。中项因为无法自我界定,必须靠非标出项来表达自身,这个过程即所谓的"中项偏变"。在文化符号学中,由于倚重主观的意义解释的原因,文化的标出性常常取决于"中项偏变"这一关键问题。

用标出性理论来解读时尚的形成机制,也曾有人做过尝试。宁晓把对异项的分析作为认识时尚的观察点,通过标出性特征的分析,对时尚的形成机制和本质特征进行了推演。她把流行的形成过程分为四个阶段:第一是符号陌生化与异项生成的初期孕育阶段,这一阶段,异项成为时尚广泛的、可选的潜在资源;第二阶段是中项展现逐渐认同的力量,让第一阶段的时尚符号成为流行;第三是标出性消减导致时尚成为流行的阶段;第四阶段是通过再次标出,时尚开启重生的过程。[①] 但她主要论述的是流行的形成过程,对于时尚的形成只在第一阶段简单着墨,因此,关于标出性理论推演时尚的形成,还有很多可待深入的地方。所以,本文也将从这一地方着手,进行更深一步的推演。本文认为,时尚的标出是双重的标出,是不同层面的标出与非标出,是时尚在文本风格、使用行为的异项性与大众认知的正项性的博弈。

(1) 文本风格的标出

赵毅衡认为,文化领域中的标出性,主要是通过风格感知到的。因为语言的标出性往往在形态上首先表现出来,风格特征明显,而文化标出性只是主观感觉到的符号偏离,无法像语言学的标出性那样客观衡量。因此,文化符号的风格特征常常是一种感觉。

时尚之所以成为时尚,基本的条件便是时尚文本风格的标出性。文本是"一定数量的符号被组织进一个组合中,让接收者能够把这个组合理解成有合一的时间和意义向度"[②] 的对象。时尚是一系列的符号,尽管我们的世界和文化不是绝对的二元对立,但在多元的存在中,时尚这个符号组合本身在风格上仍然具有极大的标出性,它所传递的意义能被社会迅速感知,正是通过这样的标出。

时尚的标出性,多表现为新奇性。面对高速更迭的现代社会,时尚总是能够凭借其新鲜、奇特吸引到人们的关注。而这一特点又在时装上面体现得

---

① 宁晓:《标出性理论对时尚传播的解读》,载《当代传播(汉文版)》,2015 年第 3 期,第 43—46 页。

② 赵毅衡:《符号学》,南京:南京大学出版社,2016 年版,第 43 页。

尤其明显，时装往往呈现出强烈的与主流文化相对立的元素，以此达到成为时尚的目标。

时尚在风格层面的标出性，已经被很多学者在之前的论述中以不同的方式表达过。美国服装心理学、文化研究学者凯瑟曾在其 1997 年出版的《服装社会心理学》中说过："有些服装的外观特别吸引眼球，因为它们具有复杂性、审美诱惑性、新奇性，并且与社会环境或人不协调，或者具有不为人熟知的性质。如此装扮或许能吸引观察者的注意力，诱惑他们的情感，使其变得兴奋、着迷，甚至困惑。不管这种装扮是否具有视觉吸引力，已经激起观察者的解读兴趣。"[1] 美国夏威夷大学服装产品设计与营销专业副教授玛西亚·A. 莫加多认为："为了满足设计上不断创新的需要，时尚工业常常将街头风格、别具风情的民族样式、青年风格、同性癖风格还有其他亚文化风格都吸收到设计中去，而这些亚文化着装行为频繁地冲击着常规着装理念。"

通常，时尚以亚文化作为其风格标出的依赖。与主流文化相比，亚文化无疑是具有标出性的，如果说主流文化是正项，那么亚文化就是被大众文化所离弃或尚未被广泛接受的异项。但是异项的存在，为我们的生活注入了动感，也赋予了时尚新鲜感与独特感，时尚借助亚文化的异项性来获得自身的风格标出性。

例如希普霍普风格（hip-hop style）服装，也就是我们通常说的嘻哈风格服装，就集中体现了时尚服装的标出性。嘻哈风格服装的显著特征包括：超大号上衣搭配超大裤子，裤沿卷地，裤裆拖到膝盖部位，内衣有时在宽松下垂的低腰裤上方依稀可见，超长的腰带耷拉在裤裆前不停地摇摆，裤子故意前后反穿，大量的炫耀高档消费的标签挂在身上，棒球帽反戴或是其他夸张的装饰等。

这样的着装风格其实是根源于美国很多的亚文化。"有的认为是滑板文化，有的认为是冲浪文化，还有的认为是黑帮和毒品文化，或者是监狱文化，或者是非裔美国人的贫民窟文化。但是它与说唱音乐文化的联系最紧密。"[2] 无论上述提到的何种文化，与主流文化相比，都属于标出的亚文化。而希普霍普风格服装成为街头时尚，正是源于其背后亚文化标出性的支撑。

---

① S. B. 凯瑟：《服装社会心理学》（第二版），纽约：费尔柴尔德出版社，1997 年版，第 313 页。

② 玛西娅 A. 莫加多：《超奇着装的符号学意义：希普霍普风格的经典诠释和结构性分析》，刘晓琴、窦倩译，载《艺术设计研究》，2010 年第 4 期，第 20—28 页。

图 1 希普霍普风格的着装风格

我们可以从嘻哈风格服装的特征具体地来看它是如何标出的。传统的服装中，型号合身是主流，而嘻哈风格的尺码则正好反常规，它非常的肥大，远离了合身的标准；前后反穿的裤子和前后反戴的帽子，则是与传统服装的"前后"相对立，用颠倒的方法对抗着主流的方式；习惯上人们不会把内衣露在外面，而嘻哈风格着装有意把内衣穿在外面，是一种"内部"与"外部"以及"隐私"与"公开"的范式对立；通常会被摘掉或隐藏起来的价签，出现在了着装的显眼处，成为穿着者标榜身份的一个标志，与传统的含蓄内敛的个人相对，这是张扬的个性表达的标出，或者说是高消费的标出。

嘻哈风格服装中的符号，已经是对传统服装体制的绝对标出，它明显站在了传统服装的对立面，成为风格上的异项，坚决地对传统服装进行了否定。这样的风格，与我们的传统审美大相径庭，但很多时候，时尚不一定是审美的结果，它或许是对生活标准的挑战。甚至很多时候，丑陋和令人讨厌的事物也能变成时尚。

但是仅在文本层面上的风格标出，还不足以形成时尚。因为文本的标出性，并不具有天然的时尚性。如近年来常见的文化现象杀马特，不论男女，都留着五颜六色的爆炸头发，画着浓妆，穿着怪异，戴着稀奇古怪的装饰，这样的文本风格，在我们的文化中，是绝对标出的，但却远不能成为时尚，因为它尚不具备时尚形成的其他条件，也即本文接下来要论述的其他层面的时尚形成的标出性。

（2）使用行为的标出

从符号文本来看，时尚文本本身风格是具有极高的标出性的，除此之外，时尚符号的使用者或者说发送者，也是其标出性表现的一个层面。而且这一层面的标出性，可以说是区分时尚与流行的关键。

时尚使用行为的标出性，表现为时尚的使用者是少数人。即便在当代社会，真正的时尚也是只被少数人拥有的，因为时尚是具有身份性的，它一旦被大多数人认可，就已经开始走向灭亡，并逐步演变为大众流行。因为正如齐美尔所说，一旦上层阶级的时尚风格为下层阶级所使用，那么上层阶级就会抛弃这一时尚，转而生产新的时尚。

以目前国际上有名的巴黎、米兰、伦敦和纽约四大时装周为例，它们每年都会吸引大量的时尚领军者前往，但事实是，明星、富家子弟才是时装周上的常客，他们是时尚极为少数的拥有者和使用者。而几位明星出现在同一场合，最怕的就是撞衫，因为撞衫意味着自己的时尚使用行为的标出在这个场合已经消弭，意图引领时尚的行动宣告失败。但很多制服的穿着者，则不必担心这个问题，因为校服不会成为时尚。校服的使用者众多，一个学校上千人穿着一样的服装在一个基本有限、固定的范围内活动，统一风格的服装意义更多是约束，是某种固定身份的标志，与时尚的意义相去甚远。时尚的意义在于标出，标出也是时尚形成的手段。

时尚的使用者有领导者与跟随者之分，只有领导者，才掌握着真正的时尚，而时尚的追随者，则明显落后于时尚领导者一个层次，只能通过领导者的使用行为，来指导自己的时尚。而时尚的领导者绝对是少数人，但时尚的跟随者却可以无限扩大，它可以从较为接近时尚领导者的圈子，一层一层扩散到各个社会阶层，所以当时尚的追随者壮大到从上到下的各个社会阶层，时尚成为大众品位时，其使用行为不再具有标出性，时尚也就此灭亡，走向流行。

时尚的领军者就像是投入平静湖面的一颗石头，激起水纹并以很快的速度向周围产生共振波，让时尚一步步扩散开来。每年各大时尚网站或是时尚博主，都少不了要盘点"爆款女王"，杨幂、唐嫣、Angelababy、宋佳、高圆圆等女星经常榜上有名。爆款女王，也叫"带货女王"，就是指一些穿什么就带火什么的女明星，她们就是一本行走的时尚教科书，穿过、戴过的单品，极易成为淘宝上的"爆款"。而"爆款"的产生，就是一个由时尚走向流行的过程。

这些爆款女王就是时尚的领导者，她们偶然亮相的一双鞋、一个包、一件衣服，经过媒体的宣传，不久之后，就能在淘宝上搜到上万件同款在售。

在尚未成为"爆款"之前,这些包、鞋、衣服是明星等少数人拥有的时尚,但在大量仿款、山寨出现并销往全国各地,无论都市女性还是小镇姑娘都能轻松拥有之后,这样的时尚在使用者的行为上已经不具有标出性,时尚走向"爆款",就是走向灭亡。

2015年9月,苹果发布的新款手机 iPhone 6s,为果粉们带来了金色、银色与黑色之外的另一种色彩——玫瑰金色,玫瑰金色一出,就受到了热烈的追捧,供不应求。可以说,苹果公司的炒作行为,让玫瑰金色手机炙手可热,一时成为时尚的代名词。但毫无悬念,国内各大手机厂商也纷纷像苹果致敬,vivo、OPPO、华为等也相继给自己的部分机型用上了玫瑰金,但当街上都是使用玫瑰金色的手机的人的时候,玫瑰金色在使用行为上的标出性也已经被磨灭,玫瑰金从时尚走向流行。

标出是一种风格的感知,"风格本身看起来似乎有个'量',实际上风格是相对的感觉"[1]。虽说并非数量少就是标出的,但在时尚的使用行为和文本风格两个层面的标出上,正是因为使用者的标出性,保证了时尚在风格上的标出性,如果某一阶段大量的使用者在使用某一时尚,那么这一时尚的文本风格的标出性显然也会受到削弱,甚至沦为非标出项。

(3)大众认知的非标出

以上论述是时尚符号在文本风格和符号发送者两个层面上的标出性,但时尚除了具有标出的异项特征外,在大众认知层面,其仍具有非标出的正项特征。这是时尚之所以成为时尚的决定性环节。

赵毅衡认为:"任何两元对立的文化范畴,都落在正项/异项/中项三个范畴之间的动力性关系中。"[2] 作为重要的文化现象,时尚的形成也是正项和异项不断争夺中项的结果。如果时尚只是文本风格和使用行为上的标出,却得不到大众的认可,那么时尚永远只是某个圈子或是某些个人的时尚,而不会成为具有影响力的社会现象。

成为大众认知的正项,便是时尚争取中项的努力。正如前面提到的杀马特,文本风格上有绝对的标出性,却站在了时尚的对立面,原因就在于它的存在并没有得到大众的认可。"杀马特""洗剪吹",通常是"农村""无业青年""非主流"的代名词,而中国社会底层的农村待业青年,长久以来,确

---

① 赵毅衡:《符号学》,南京:南京大学出版社,2016年版,第286页。
② 赵毅衡:《符号学》,南京:南京大学出版社,2016年版,第290页。

实是中国社会青少年群体中一个数量庞大的异项，但这一群体在得到大众认可上还有一段尚待努力的距离，因此，其风格难以被人接受，所以即便它再个性鲜明，也没有成为人们一时所崇尚的时尚。

而东北大印花则是从大众认知的异项走向正项的时尚元素的一个典型代表。东北大印花在没有登上时尚舞台之前，一直是东北独具风格的一种修饰，在风格上，印花本身就具有足够的标出性，只要看到印花标志，人们自然就会联想到东北，而且多是想到"乡土气息浓重"的评价，这是东北印花在服装修饰中最早的异项性。在装饰元素中，出生于东北的印花与流苏、条纹等一直都占据时尚装饰主流地位的装饰不同，它具有强烈的地域性、风格性，暂不被时尚接受，但随着近年来，各路明星不断把东北印花穿在身上，印花元素开始逐渐被大众所认可。

早在 1992 年威尼斯电影节时，巩俐就身穿东北大印花裙子现身威尼斯，赢得一阵好评，时尚界开始刮起了东北风。2014 年的 Manish Arora 大秀上，东北印花元素登上了巴黎时装周的 T 台。2015 年，戛纳红毯上张馨予的一套花袄礼服，又把东北大印花和大袄带入公众视野，东北大花袄是时尚还是俗气的争论一时不停，东北印花争夺中项的过程开始变得激烈。而张馨予戛纳亮相时的大红袄的设计师胡社光，在 2015 年 798 中国国际时装周上，把"东北大棉袄"搬上了 T 台，夸张出格的造型，再次在风格上标出了东北印花元素。

图 2　2014 年巴黎时装周，Manish Arora 大秀上的东北风

尽管在这个过程中，东北印花元素在风格上被不断标出，但我们也看到了其在大众认可上不断去标出性的努力：通过明星穿着产生示范效应，通过

大牌时装运用提升影响力，等等。因此，东北印花作为中国元素慢慢开始被大众接受，并逐渐在时尚中占有一席之地。

从以上例子，不难看出大众认可的重要性，因为时尚是需要大众仿效的，而在一段时间内，无法在认知上得到大众认可的存在，是不可能成为时尚的。除此之外，时尚在大众认知层面的非标出性，还包括时尚使用者身份在大众认知中的正项性。

我们通常说时尚反映着一个人的身份，因此，使用者的身份也是时尚形成的一个重要因素。正项的身份特征，对于可能成为时尚的社会存在来说，是一种加持或保证。

为数不多的时尚使用者，至少都是在某一方面的评价上具有正项性的。还是东北印花的例子，巩俐穿就是时尚，是中国风，而张馨予穿则是吓人或"丑爆"了，除了服装本身确实存在一定的审美差距外，这样的评价也离不开大众对两位时尚使用者的认知。在一般大众心中，巩俐是集演技和颜值于一身的女神，而张馨予则是出了名的绯闻不断，因此，由于两者在受众心中的形象不同，也无形中影响了观众对于两者时尚品位的评价。

再比如，凉鞋配袜子的搭配，也是"看人"成为时尚。日本著名演员、模特水原希子，她的凉鞋配袜子，再搭配运动风的衣服，是时尚的代名词，古力娜扎凉鞋搭棉袜，配上一双大长腿，也是时髦得不行。然而评价到了凤姐这里，则截然相反，凤姐的凉鞋搭袜子，则显土，缺乏时尚效果。并非抛弃符号文本本身的差异性，但不得不说，时尚使用者身份处于大众认知的正项地位时，其获得的时尚度的评价会越高。

图3 水原希子的凉鞋配袜子

图4 凤姐的凉鞋配棉袜

因为符号的解释取决于它的接收者。时尚作为一系列的符号，只有在作为接收者的大众认知中被接受与认可时，才能被评价为时尚，否则它可能被评价为"土""奇葩""非主流"等，尽管时尚并不大可能被大众所用。因此，时尚能否形成，取决于接收者评价的正项性或异项性，也即时尚在大众认知层面的标出与否。

3. 时尚形成全过程

时尚的形成是一个复杂的过程。时尚作为一组符号，作为携带意义的感知，其符号过程也是经历如下意义传递：

发送者　　　　　　符号信息　　　　　　接收者
（意图意义）━━━━▶（文本意义）━━━━▶（解释意义）

图 5　赵毅衡的符号意义过程

因此，与之对应的，它的形成也是这三个层面上标出与非标出博弈的结果，时尚具有多重标出性。

发送者　　　使用行为的标出性
符号信息 ━━▶ 文本风格的标出性 ━━━━▶ 时尚
接收者　　　大众认可的正项性

图 6　时尚形成的标出与非标出过程

这样也就不难理解，东北印花在风格上具有极高的标出性，但在大众认可上却具有正项性，两者并不矛盾，因为这是不同层面的标出，接收者认知上的非标出性，并不影响其在文本风格上的标出，二者都是时尚形成中的重要因素，但不能混为一谈。

建立了这一完整的时尚形成过程，再回顾前人的观点，会发现，齐美尔强调的是符号发送者对时尚形成的重要意义，也即时尚的使用者如何影响时尚的形成：时尚使用者在差异化与同一性的双重心理驱动下，借助模仿与区分来实现不同阶层的时尚构建。不可否认齐美尔所说的时尚形成中的阶级渗透性，但他忽略了时尚符号的接收者在时尚形成过程中的主观能动性：并非上层阶级或少数人最初采取了某一时尚，它就一定会成为时尚，它还取决于作为符号的接收者，也即时尚文本接收一方的认可。

而布鲁默正好弥补了这一缺陷性，他认识到时尚是一种集体选择的结果，是一种集体趣味，也即时尚符号的接收者在时尚形成中发挥了重要作用，同时他还肯定了时尚文本本身对于时尚形成的重要意义，但他又过度抬高了时尚文本的在时尚中所扮演的角色。

他认为："风格之所以成为时尚是因为被精英阶级所赋予的标记。我认为这种观点几乎完全忽视了什么是时尚的核心，即成为时尚（to be in fashion）。不是精英的权威使得设计成为时尚，相反地是设计的适宜性或者潜在的时尚性，才使得精英阶级的权威对其有所依恋。"①

但时尚的核心真的是"成为时尚"吗？时尚的本质并非是"纯粹的设计的适宜性或潜在的时尚性"，它牵涉了更多的阶级与身份，尤其是消费社会下，时尚已然成为权力、金钱与荣誉的一部分象征，并非完全纯粹的艺术或生活的表达。所以"设计的适宜性和潜在的时尚性"，并不能完全决定时尚成为时尚。而且在明星经济盛行的当下，时尚中的精英阶级已经最大限度地转移为明星群体，不可否认，明星群体对时尚极度依赖，但很多明星个体，也能凭一己之力，助时尚成为时尚。

而布鲁默用时尚买家作为大众品味的代言人，也不够客观。因为时尚买家其实已经是一个与时尚最初的产生紧密相连的人，按照时尚的领军者和追随者来区别，时尚买家无论如何都属于领军者之列，甚至基本可以归类于时尚的"精英阶层"，它实在无法与"大众"的范围相匹配，因此时尚买家的选择，并不能代表"大众"的选择。可以说，布鲁默并没有真正注意到大众品位是如何影响时尚形成的。

所以布鲁默虽然认识到时尚的发送者、接收者以及时尚文本本身对时尚的形成都发挥了不可或缺的作用，但对于三者如何互动，如何影响时尚的最终形成，还有一定的偏差。他过于信赖时尚文本的重要性，过度弱化了精英阶层的权威，并且没有找到真正的大众品位。

时尚的形成确实是时尚符号的发送者、符号文本以及接受者三者之间的合力，文本风格的标出性是时尚形成的最基本的要素，时尚使用行为的标出性也为文本风格的标出作了保证，同时还是区分时尚与流行的关键，而大众认知层面上的认可与否，则决定着标出的文本风格与使用行为是否能成为时尚。当一个社会存在完成了这三个层面的标出与非标出，也即意味着其争夺时尚的努力已经成功。

---

① 赫伯特·布鲁默：《时尚：从阶级区分到集体选择》，刘晓琴、马婷婷译，载《艺术设计研究》，2010 第 3 期，第 5—12 页。

作者简介

杨晓菲，云南易门人，四川大学文学与新闻学院新闻与传播专业硕士在读，四川大学符号学－传媒学研究所成员，研究方向：时尚符号学。

五、消费主义视野下的服饰商品符号

宋　颖

从人类学和考古学的资料来看，服饰语言的历史和人类口头语言、书写文字的历史一样长。人们关注语言交际、语言文字中所承载和传达的信息与意义，也有不少人刻苦训练自己的文字写作能力与口头表达能力。服饰符号语言的命运却截然不同，它或被贬谪为高尚道德的反面①，或作为古代仪礼和君子美德的修习体现②。在消费主义肆虐的当下文化语境中，服饰语言与时尚潮流暧昧不清，使其本初的意义急剧扩张，成为美貌与财富、权力与地位的竞技场。下面，让我们一起看看服饰语言如何在符号消费时代急剧变动语汇，并如何通过时尚意识形态的建构，支配着社会中人们的服饰消费与流行观念的。

1. 服饰语言及其意指空间

在《服饰的历史与社会学》（*History and Sociology of Clothing*：*Some Methodological Observations*）一文中，罗兰·巴尔特（Roland Barthes）将"衣着"（dress）与具有个体性动作意味的"装扮"（dressing），与索绪尔在语言学中的语言（langue）与言语（parole）相类比③，使着装作为一种非语言交际（nonverbal communication）行为成为符号学意义拥有丰富语义空间的文本对象："衣着"是社会向度的、机体化与规范化的存在，它指向社

---

① 西方中世纪哲学的定调，《圣经》中人类因偷食智慧果而失去原初的蒙昧，须用衣服遮蔽身体来避免肉欲。

② 《周礼·春官·典瑞》："辨其名物，与其用事，设其服饰。"《论语》："文质彬彬，然后君子。"《后汉书·舆服志》："夫礼服之兴也，所以报功章德，尊仁尚贤。故礼尊尊贵贵，不得相逾，所以为礼也，非其人不得服其服，所以顺礼也。顺则上下有序，德薄者退，德盛者缛。"

③ Roland Barthes, *The Language of Fashion*, New York：Berg, 2006, pp. 8–10。

会与历史①；"装扮"则是具体的、个人化的衣着呈现，"它可以有形态学、心理学和场合上的意义，却并不是社会意义上的"②。

按罗兰·巴尔特在《流行体系》中所作出的三个层面的划分（真实的服装、书写的服装、意象的服装），本文只谈论作为符号文本的真实的服装，即广义角度的服饰。

服饰是一个弱编码文本。它没有一个覆盖全域的封闭体系，表意进程也不像密电码或者数学公式那样明确。它是包含视觉、触觉甚至嗅觉（面料材质的气味及所搭配的香水等）、听觉（衣服面料或配件随穿着者的动作而发出声音）的多媒介联合文本，并且可以成为来自不同文化符号的载体或与其他艺术门类符号结合，比如建筑（阿玛尼将中国建筑的飞檐应用于袖口和肩部）、绘画（伊夫·圣洛朗将蒙德里安、毕加索绘画用作服装图案）、手工艺（将刺绣作为服装装饰图案）等。

（1）服饰符码

"在符号表意中，控制文本形成时意义植入的规则，控制解释时意义重建的规则，都称为符码"③，在服饰符号的意义传达过程中，控制其意义传达的规则即是服饰符码。服饰符码是衣服被挑选和被解读的规则，能够向意义接收者传达服装符号的所指内容。

第一，服饰符码具有一定的时间性和历史性。

服饰符码的时间性和历史性，体现在它在一定的历史时期内的稳定性，但是这种相对的稳定性总是会随着历史的变迁而慢慢变化。服装史学家詹姆斯·莱弗（James Laver）④ 1937 年在其著作《品位和时尚：从法国大革命至今》中指出，促使服饰符码发生改变的原因有四点：服装的功能，制作服装使用的材料与设备，传统文化对服装的影响，使服装变得更漂亮的愿望。

第二，服饰符码系统具有强烈的自身突破性。

纵观中西服装史，在不同的历史时期，服装款式总是在不断变化，社会对于服装的审美认知也处在变更和轮替的进程中。例如，几十年前的流行风

---

① 不管在古代社会还是当今社会，这种规约的集合是始终存在并且较为稳固的。从当下社会中昂贵又备受欢迎的着装礼仪和用餐礼仪的培训课程就可以看出，着装规则之多丝毫不减"等级森严"的古代社会。

② Roland Barthes, *The Language of Fashion*, New York: Berg, 2006, p. 9.

③ 赵毅衡：《符号学原理与推演》，南京：南京大学出版社，2011 年版，第 224 页。

④ 曾工作于英国"维多利亚与艾伯特博物馆"，被认为是"使英国服饰研究变得值得尊敬的一个人"。

尚可能再次成为风尚，被社会大众视为时髦的代言词，如当下流行的阔腿裤，正是20世纪30年代美国经济大萧条时期的流行标志。服饰符码的强烈的自我突破性体现在：主流社会的服饰符码背后，还存在来自少数或亚文化群体的反叛性语言，这些语言最终会逐渐融入服饰符码体系。例如迷你裙、衣服中的骷髅图案，在当下服饰语境中已经是普通着装语言，并不指向极致的离经叛道。

对于服饰语言意指行为的解读，除了需要借助服饰符码以外，还牵涉对服饰伴随文本进行解读的问题。不可否认，每个社会都有各种各样的技术尝试，以反对不确定的符号的方式，去确定所指的漂浮链条。"由于意义是处在一种关系结构之中，具有一种动态的交流性质，因此它必然是开放的。解释既定的秩序，往往因人而异；经过约定俗成，一个符号可以从几种不同的既定秩序方向把握。所以，这赋予了服饰语言以开放的突出特点。这就是我们通常所说的符号的多义性。"① 除了符号意义的开放性本身以外，服饰符码的多变和时空限制，导致服饰语言的商量影响到文本意义的读解。为了获得更为清晰的信息，需要借助于伴随文本——文本以外的语义空间以及借助符号修辞的作用，将服饰符号语言的意义锁定在一个自足的范围内，以防在意义的河流中溺足。

（2）服饰语言的意义空间

罗兰·巴尔特在《流行体系》中将服饰的意义标示为流行与世事。温迪·利兹·赫维茨（Wendy Leeds Hurwitz）在其著作《符号学与传播：符号、符码与文化》（*Semiotics and Communication：Signs，Codes，Culture*，1992）中指出，服饰语言能够透露穿着者的个人气质（年龄、性别等）和社会属性（职业、社会阶层、社会政治身份等）。

归纳说来，针对社会与个人之间的复杂关系，服装语言在表意行为当中标示多重意义。1）标示审美趣味，如对于服装在色彩、轮廓等形式要素方面出于审美的选择。2）标示生理特征，即身体的美、年龄、性别等。3）标示社会地位，如财富、职业、职权等。4）标示社会群体，如政党、地域、国别等。在国际性体育赛事上，运动员所穿着的运动服上往往有国别、国旗的标志。5）标示时代。比如，张爱玲小说中穿着旗袍的女性，与小说中的民国背景相得益彰。6）标示个性。服饰符号语言是社会性的产物，所谓的

① 俞建章、叶舒宪：《符号：艺术与语言》，上海：上海人民出版社，1988年版，第218页。

标示个性，指的是在一个主流群体中，个体或者少数个体抗拒主流着装规范，而形成的特定风格。比如，张爱玲参加 1950 年第一次文学艺术界代表大会时，在一群身着列宁装的女作家中特立独行地穿着旗袍。① 7）标示功能。功能性服饰，如运动服、滑雪服、泳衣、工装、军装等，其存在的目的，一定是首先满足功能性的需求，在面料做工和款式方面，必须能适应某种穿着环境和实现某种功能，如防寒、减少阻力等。8）标示一种亲密关系。爱情的信物（情侣手绳）、亲子装、情侣装等皆可标示亲密关系。据说苏格兰的格子样式有上千种之多，不同的家族使用的图案式样十分不同，穿着不同格子的苏格兰人来自不同家族。9）标示流行本身，此为罗兰·巴尔特在《流行体系》中列出的流行所指。比如，有一些时尚狂热者（fashion victim）会在第一时间买下某品牌推出的最新产品系列，这种时间性的狂热追求正是出于对流行本身的痴迷。10）标示对某一文化或价值观的认同。比如，20 世纪初追求新思想的青年学子穿洋装，在家中却依然穿中国传统的长衫；一个纯粹的环保主义者也不太可能穿貂皮大衣。

值得说明的是在服饰表意中，这些意义之间往往存在交杂的关系，比如一家三口穿着休闲的亲子泳衣到海边玩耍，既标示了亲密关系和功能性，也标示了审美性。各意指方位之间也存在着一定的转化关系，比如，对于为什么追求美，《漂亮者生存》这本书总结道，美可以转化为人之所欲的其他资产，如财富、社会地位、众多的求爱者等。②

2. 流行的符号话语：消费社会的时尚意识形态生产

不知从何时起，每年两度的时装周，面向不同消费群体的时装杂志，各机构的时装面料与流行色的发布，充斥着品牌赞助的时装影视剧作，已经成为人们日常生活中无法避开的事物。我们对于时尚的认知，多需要它们的规诫，并且我们在无形中接受着它们所表达的某种生活方式和对于服饰的审美取向。

---

① 柯灵在《遥寄张爱玲》中提及："1950 年，上海召开第一次文学艺术界代表大会，张爱玲应邀出席，季节是夏天，会场在一个电影院里，记不清是不是有冷气，她坐在后排，旗袍外面罩了件网眼的白绒线衫，使人想起她引用过的苏东坡词句，'高处不胜寒'。那时全国最时髦的装束，是男女一律的蓝布和灰布中山装，后来因此在西方博得'蓝蚂蚁'的徽号。张爱玲的打扮，尽管由绚烂归于平淡，比较之下，还是显得很突出。"

② 南茜·埃特考夫：《漂亮者生存》，盛海燕等译，北京：中国友谊出版公司，2000 年版，第218 页。

这种规诫是如何达成的呢？下面我们以时装杂志为例进行分析。

"时尚杂志，以时装、家具、健康、美容、旅游、汽车、生活休闲以及泛文化等各方面最新动态为主要内容，涉及范围非常庞杂，通常以精美的图片为主要表现手法，常能通过对服饰等流行趋势的引导而对整个社会的价值观念产生深远影响。"[①] 目前，在全球比较有影响力的以女性为读者对象群体的时尚杂志有 HAPPER'S BAZZAR、VOGUE、ELLE、L'OFFICIEL，中国本土的有《时尚》《瑞丽》等，分别有不同的目标群体，如《瑞丽》注重大众、实用化的时尚，面向较为年轻的女性读者群体，HAPPER'S BAZZAR 则以知识女性为读者对象，《服饰与美容》以中产阶级及以上的都市时尚女性为读者对象。

服装杂志中有如下特点：1）服饰符号语言以文字和图像的形式呈现；2）属于商业杂志，靠广告费作为主要收入来源；3）男性杂志一般以汽车、手表、美女、服装、旅行等为主要内容，女性杂志以服装、美容、星座分析等为主要内容；4）封面人物通常为名人，如著名模特、艺人、商人等。文字书写多注重对于服饰细节的强调与联想，注重感觉的描绘，如："上身模仿秸秆糙纸式背心，下半身金属色的百褶长裙令人不可避免地联想起北风吹的啪嗒作响的百叶窗；铜质的雕花背心兴许是餐桌上的金属器皿；厚实的假皮草外套乍看像是将床边的拼布地毯挂在身上，细看之下才能发现是由无数杂色麦穗细密编制而成"[②]；再如，"午后阳光下/漫步于北京/草场地艺术区/清爽的白衬衫/搭配线条简练的/Celine 珍珠粉色/半裙，清凉淡雅"（《服饰与美容》，2013 年 6 月）；或者，"设计师从森贝尔家族玩具（Sylvanian Families）中汲取灵感，借用毛茸茸的耳朵和尾巴塑造宛如森林动物般的女性形象。'某种程度上森贝尔家族玩具也包括即将成为家庭主妇的女孩'，Lo 这样解释道，'有从汉塞尔和格雷特尔（奇幻森林历险记）中转换而来的女巫，深林中的野兽，还有音乐之声……'他显然是一个童心未泯的大儿童；毛衫的领子像融化的冰淇淋，上面跑满了小小的猪和羊。鹅黄嫩绿的小花朵长开衫，淡紫色的蕾丝连衣裙，配合小动物头饰与妆容，将可爱的丛林世界搬上了 T 台"[③]，等等。

[①]　王雷：《时尚杂志：产生、发展及其消费主义本质》，载《中国出版》，2010 年第 1 期，第 9—14 页。

[②]　李阳：《纽约时装周：回归 90 年代》，载《艺术与设计》，2013 年第 10 期，第 76 页。

[③]　李阳：《纽约时装周：回归 90 年代》，载《艺术与设计》，2013 年第 10 期，第 76 页。

　　读者往往会根据杂志所描述的场景，如巴尔特在《流行体系》中说的赛马比赛，上文说的草场地艺术区等，想象一种穿着其指定风格衣服的、有别于日常生活的别致生活方式。久而久之，似乎在追求某种生活方式时，首先需要改变的，就是着装。这种自然的不易令人察觉的意识建构方式，同时还与其不着痕迹的视觉广告密不可分。在《服饰与美容》2013 年 6 月刊中，有一个"潮流必备"栏目，栏目中手表、彩妆、香水各为一个主题（如金属玩家——金属花与金属牛角包，五零年代——猫女眼罩、老式收音机，红唇美人——红色唇膏，掌中精巧——盒形晚宴包，玩味宝石——宝石腕表等）以不同品牌共列的形式，分别占据一页内容。这些商品配有统一的底色，全部为物体的摄影写真，图片角落标注所陈列商品的品牌信息和标价。当然，更不用提几乎占了杂志一半篇幅的硬性广告了：比如，掀开封面，1~4 页为 Tiffany 珠宝；5~6 页为 Dior 的时装大片，人物戏仿马奈《草地上的午餐》的形式，右边为穿男士西装的女模特，左边是两位穿着 Dior 华服的女模特，坐在雾气迷蒙的小湖边，四周是树和落叶；7~8 页为雅诗兰黛化妆品广告；9~10 页为 TAG Hewer 手表；11~12 页 Lancôme 化妆品；13~14 页 Burberry 风衣；15~16 页 Dior 香水；17~18 页 Fendi 包包；19~20 页莱珀尼精华液；21~22 页 D&G 大片；23~24 页 Giorgio Armani 底妆；25~26 页 Boss 大片；27~28 页 Audi A5 棕色特别版汽车；29~30 页 Dior 防晒乳；31~32 页 Dior Snow 精华露，以穿着白纱、面容精致、皮肤无瑕的女模特呈现。之后，几乎全部采用一页正文一页广告的形式，间有穿插四页的汽车、护肤品、珠宝或眼镜的广告，硬广告的篇幅占了至少一半。

　　当然，这本杂志中的配图印刷精美，纸质优良，以商品化和媚俗化的形式，最大限度地吸引人的享乐主义欲望，不但在图片的视觉效果上极尽华美，语言上也在引诱人，如前文中以诗歌形式排列的语言。

　　但是时装杂志并非一部简单的商品目录，它的最大目的不是卖掉书中所出现的商品，而是告诉你女性的生活品位和消费观念，告诉你要追求一种美丽精致的生活，而这种精致的生活里化妆品、衣服、腕表、名牌包包、汽车是必不可少的。

　　罗兰·巴尔特曾经以巴黎市面上一年的时尚杂志中书写的服饰为研究对象，他认为："对时装杂志来说，服装和世事似乎可以纳入任何一种关系形式……这种关系的内容对杂志来说是无关紧要的事情。关系是恒定的，而其内容则变化无常，由此我们知道，书写服装的结构与关系的持久性有关，而不是与其内容有关。"① 而这种持久性，就是世事与流行意指的持久性，穿着白色、宽松、天然质地的某某品牌连衣裙，沐浴在温和的阳光下，踩着某某艺术区的木质地板，这是一种舒适优雅的生活。而在另外一期杂志上，穿着另一品牌的印花连衣裙，骑着马漫步在欧洲庄园内，则同样是一种舒适优雅的生活。当然优雅舒适的生活还有很多形式的变体。

同样地，每年两度的时装周也是时尚行业用料、用色的风向标。超瘦而高挑的模特，在背景音乐中缓缓地渐次走来，各时尚品牌以一种表演的方式，在封闭的隔离掉生活场景的空间里，做着符合自身形象定位的努力，以此引发各种媒介、媒体的广泛关注。

值得注意的是，当下消费语境下的意识形态生产总是随着这些时尚事件的不断推陈出新而不停变动着，最时尚的流行色和款式，也总是在媒体的不停变迁中随之发生着变化。时尚杂志和时装周则总是书写和传达着关于什么是时尚的信息。

3. 流行消费与服饰的意指悖论

消费主义视野下的服饰总是不可避免地与潮流、时尚紧密关联着，当下社会的服饰，除了制服、工作服以外，都带有显著的商品、时尚的性质。我们生活中的衣服，也是大众媒介时尚意识形态影响的一种表现。

时装语言与宗教服饰符号语言大概是服饰符号语言意指行为的两个极端，一个极度追求意义，一个极度舍弃意义。有意思的是，时装的意义追求一年一年变动，除了标明时尚，内容却空无一物。作为宗教服饰的汉传佛教服饰，其语言具有强烈的不贪恋俗世的超脱色彩，追求最大限度摒弃服饰文本既有的意义空间，并完全与商品社会的属性标准彻底区隔开来。

第一，追求意义之下的意指空洞——作为商品的时装指向时尚本身。

按照词典的解释，时装是当前流行的时髦女装，也包括男装和童装在内，在当前普遍流行，能表征发展趋势，有时尚性。习惯上还包括除衣服以外的佩用物，如鞋、帽、袜、手套、围巾、领带、腰带等；亦含与服装配套的各类饰物，如首饰、伞、包等。② 但实质上，相比于普通成衣，时装拥有更多风格性的因素，也更加重视个体性和新异性的表达，同时它也是消费时

---

① 罗兰·巴尔特：《流行体系》，敖军译，上海：上海人民出版社，2011年版，第21页。
② 夏征农：《辞海》，上海：上海辞书出版社，1999年版，第2059页。

代的产物，是在商品社会与消费观念出现之后才出现的，具有明显的商业性、溢价性与新异性，并且总是与时装秀、时装杂志、时装广告、时尚品牌联系在一起。

一种衣服或装束在特定时期、特定地域流行，并会一代代地变化，是对社会经济状况的反映。19 世纪和 20 世纪，随着世界知名时装公司和时装杂志的崛起，时装行业日益成为一个高利润、国际化产业（《韦伯词典》释义）。从定义上来看，时装，即在特定时期、特定地点被迅速传播并广泛接受的衣着、装饰，其品类不局限于衣服，还包含鞋子、配饰等其他物品。如果按照这种定义追溯下去，人类整个一部服装史，基本上是一部在不同时期、不同地点流行的时装的历史，比如 20 世纪 60 年代流行于美国的迷你裙，就是当时当地的时装集合中的一个因子。当代人衣橱中的所有服装款式，都曾经在某一个历史场域中扮演着时装的角色。

在古代，色彩、图案在服饰运用中有很多禁忌，并不如当下这般自由。范冰冰戛纳电影节的"龙袍装"与"仙鹤装"的图案中，龙是皇帝独用的服饰图案，仙鹤则是一品文官的服饰图案。在当下，这种禁忌被打破了，"为我所用"的符号资源维度触及历史与社会的所有角落，从历史、亚文化群体、音乐及绘画中吸收文化资源。消费者符号消费的需求与设计师们在设计中不断融入各种元素、赋予服装更大的价值这一现象的关系是密不可分的。

"普通大众不仅被生存所迫的劳动之需所控制，而且还被交换符号差异的需要所控制。个体从他者的角度获得自己的身份，其首要来源并不是他们的工作类型，而是他们所展示和消费的符号和意义。"[①] 这种消费语境的变化，使时装的设计者和生产者不断寻找文化资源，生产新的消费符号，以满足符号消费的需求。

一个社会当中，衣服的言说功能原本可以向我们透露穿着者的信息，但是在时尚达人那里，衣服的言说停止了。从他们花样百出的装扮中，我们找不出真正有用的信息，唯一能够获取的就是时尚本身。时尚是他们最大的特点，掩盖了他们的民族、身份、个性和信仰，时尚就是他们的招牌和特色。

第二，摒弃意义的意指建构——商品消费视野之外的汉传佛教服饰。

在佛教看来，僧人应该远离世俗中衣着、身份、富有等众多欲望的诱惑，衣服只要满足最低限度的遮蔽身体的要求就可以了。这在汉传佛教的法

---

① 让·博德里亚：《消费社会》，刘成富等译，南京：南京大学出版社，2000 年版，第 80 页。

服中体现得最为明显。除此以外，它的服饰意指处处显露出对于俗世意义的彻底摒弃。

在印度的传统佛教中，僧人只穿三衣五衣，不穿鞋袜。"三衣"包括僧伽梨、郁多罗僧、安陀会，先把面料割成小正方形或长方形，再缝合而成披挂在身上。在汉传佛教中，这被当作具有最高礼仪的法衣。"五衣"是三衣之外另加僧祇衣（掩腋衣）和厥修罗（筒状下衣）。后两种基本上属于内衣，在汉传佛教中没有被长期采纳和沿袭。由于气候的原因，中国的僧人还穿鞋（麻鞋、草鞋）、袜（长筒布袜），戴帽子（或斗笠）或裹巾，出门时还有褡裢（布包）。在用色上，不用黄、赤、青、黑、白五大正色，而是用"坏色"。所谓"坏色"就是不纯正的颜色，如在黄色中掺杂黑色，使黄色不复之前的亮丽。并且，旧时新衣要"点净"，即在面料的原本色彩上刻意染上别的颜色，以破除人们对新的华丽的衣服的贪求，表示"毁其形好，僧俗有别"（现在已不复如此）。面料上，有衲衣、袈裟、缦衣中的"田象"或者"水田格"。制作方法为：先将布料割成小正方或长方形，再缝合而成，以防止法衣改作他用，避免盗贼偷窃，同时表示舍弃对美服的贪恋之心等。唐朝时有一位僧人觉得将面料割成一块一块是对面料的浪费，于是发明了"衲衣"，也称为"粪扫衣"，面料来源主要是民众丢弃的废弃衣料，被虫蛀过的面料，死去的人的衣服，牛嚼过的或者老鼠咬过的面料，因为面料通常零碎，所以常将其割成小块，结合而成衲衣。[①]

由此看出，佛家服饰色彩采用坏色，不尚纯色，显示出对俗世浮华的摒弃；服装不分性别，男女款式一样；面料上没有图案，不加装饰，不追求面料华美。无论是色彩还是用料，都体现出朴素、清净的特点，只要求满足基本的蔽体和保暖需求，不受俗世因果的牵引，六根清净，由对世界的空，而至内在的性空的境界。

另外，汉传佛教服饰自确立规范以来，一直维持着稳定的符码规范，且完全不受商业社会风尚变迁的影响。

4.　结语

服饰作为一个多媒介联合的弱编码文本，在多变但于一定历史时期具有相对稳定性的服饰符码作用下，指向一个广阔的意义空间，即标示审美满

---

① 白化文：《汉化佛教与传统文化》，北京：商务印书馆，1998年版。

足、生理特征、社会地位、社会群体、时代、个性、功能、亲密关系和标示流行本身。而在消费主义的社会视野下，媒体、时装周等流行话语，深刻塑造着人们的时尚消费意识和审美标准。除却制服、宗教服饰以外的服饰，则与潮流和商品消费始终呈相伴随的状态。

时装语言与宗教服饰符号语言是服饰符号语言意指行为的两个极端，一个极度追求意义，一个极度舍弃意义。可是有意思的是，时装的意义追求，一年一年变动，除了标明时尚，内容却空无一物。作为宗教服饰的汉传佛教服饰，其语言具有强烈的不贪恋俗世的超脱色彩，追求最大限度摒弃服饰的商品意义。

作为商业社会成型时期的服饰类型，时装天然地具有商业性，也在之后的发展中，与时装秀、时装杂志、时装广告、时尚品牌一道，成为构筑时尚行业帝国的重要成员。它的溢价性、新奇性与创新性，每时每刻都在诉说时尚本身，而极少指向宗教信仰、职业、国别等属性。在时尚杂志、时装周、时尚广告等媒介的推动下，人们对于时尚的感知与生活方式被其深刻塑造着。但是，时尚语汇并不与特定的服饰语言要素重合，长的、宽松的、黑色的、天然面料的，都不能指向时尚，时尚也不指向服饰语言意义空间的特定意义，而仅仅是时尚本身。人们对于服饰的消费表现为对于流行和时尚的消费，体现出明显的符号消费特征。而在消费语境之外，作为宗教服饰的汉传佛教服饰，其对于服饰社会属性的摒弃在另一个维度彰显出对超逸与性"空"的追寻。汉传佛教服饰自确立规范以来，一直维持着稳定的符码结构，且完全不受商业社会风尚变迁的影响，这与时尚消费中的符码频繁更迭形成了鲜明的对比。

总的说来，在当下这样一个消费社会，人们的着装日益表现为：为时尚而消费，为符号而消费，而日渐远离服饰原有的实用和单纯标示性别、职业、群体的功能；服饰语言原有的符码规范也在大众媒介时尚消费意识形态的助推之下，表现为潮流性质的"朝令夕改"与频繁更迭，这势必大大激发人们对于时尚的狂热追求，使他们陷入时尚拜物主义的牢狱。

【原载《符号与传媒》，2017 年 14 期】

作者简介：

宋颖，四川大学符号学－传媒学研究所成员，主要从事服饰文化理论、时装符号学与比较文学研究。

六、旅游设计的传播符号学研究

郑　哲

"旅游"（tourism）一词，并不是一个原发词，而是由"环游"（tour）一词演化而来的，所以旅游的定义也是由环游拓展而来的。随着经济社会的发展，现今的旅游已经被认为是"以商务、娱乐、教育等为目的的环游旅行，人们通常访问多个地方并有事先的日程安排"[①]。远离了工业社会物质追求的今天，"意义"成为后现代碎片化生活的中心和重心，人们的生产消费活动无不围绕着"意义"这一要素，旅游当然也不例外。因此，本文探讨的重点，一方面是什么样的符号组合方式才能打造旅游地的金字招牌，也就是旅游地的设计；另一方面是如何才能让旅游者更好地、更多地解读出符号背后的意义，也就是旅游的符号传播。

1. 旅游符号传播系统的文本组合

在建构一个符号系统时，第一步是建立一个组合文本。对于旅游也是一样，要首先找到重要的组合项，分析要想准确而全面地呈现旅游的景观，应该采用怎样的项目环节设计。讨论旅游者的心理活动顺序不难发现，在选择旅游地时，旅游者首先注意到的是吸引物，然后了解其他景观元素，最后，综合前两项考虑旅游地的整体感觉。基于这样的顺序，组合轴上应该至少包括吸引物、自然物和环境气泡三项。

（1）吸引物

每一个地区的发展都伴随和显现着自己的历史、地理、经济、政治等方方面面的因素，这毋庸置疑，但是并非所有的地区都可以成为旅游地。一个地区能够获得旅游者的信任与向往，那它无疑在人文和自然条件上有着深厚

的积淀，同时，也一定拥有一个基数巨大的用以表现这些积淀的素材库。因为旅游者旅游时间的限制、旅游地技术条件等多种因素的牵绊，旅游者没有办法完完全全走进旅游地的每一个角落去细致地欣赏美景，也无法完全地体会风貌。所以，在旅游地建设的时候，就只能用一部分有代表性的传播符号来反映全貌，用这些符号所携带的意义来展示大背景下的人文和自然环境。毋庸置疑，吸引物是旅游地发展的重中之重，是旅游地营销策略的关键性尝试。同时，吸引物的选择也是异常困难的，它意味着旅游地的设计者要从巨大的聚合系统中挑选出经得起市场检验、能够真正吸引旅游者且可以作为旅游地代表的传播符号。旅游者为什么选择一个地区开展旅游活动？多数是因为这一地区存在着一些值得去看、值得去感受和体验的元素，不管这些元素是这一地区在生态、经济、政治、文化发展中自然而然出现的，还是设计者为了吸引旅游者而刻意虚构的，总之要有这样的传播符号。德语中有一个非常贴切的词，可以统称这类符号——"Sehenswürdigkeiten"，译为"值得参观之物"，我们可以将其简化为"吸引物"。这些传播符号对旅游地的建设和发展至关重要，一个旅游地的金字招牌和地标文化通常就来自于吸引物，从而为更多人所知，拓展潜在旅游者的类型和数量。

吸引物的塑造途径有两种，最简单的是结合当地自然、人文环境，旅游者偏好，市场指向等条件，直接从旅游地的吸引物聚合轴上进行挑选。但是有一些地区并不拥有足以成为吸引物的资源，仍想要发展成为一个旅游地，就需要在已有元素的基础上，根据不同地区的实际需要，创造一个吸引物。这种情况下，虽然没有直接的吸引物聚合轴，但是旅游地已有元素同样可以构成一个聚合系统。在旅游设计中，对吸引物的选择或创造都要以聚合轴为依托，要在聚合轴这一庞大系统中根据对目标旅游者的调查和研究挑选出一些合适的元素，然后进行重组或加工。笔者认为，在聚合操作中，应该着重考虑新奇感和体验感。新奇和体验为旅游设计提供了两个视角，一是从熟悉度的层面切入吸引物的旅游设计，一是从参与度的方向完善吸引物的设计要求。

（2）自然物

在旅游中，旅游者有衣、食、住、行等各个方面琐碎的小事，他们大量接触的无疑是旅游地的自然物。这里的自然物并不狭义指向物件，而是包括了所有吸引物之外的可感知的存在物，它们和吸引物一道，组成了旅游地的景观。在数量上和所占面积上，自然物的比例甚至要大于吸引物。所以在旅游设计中，出于符号结合轴的考虑，自然物同样不容小视。

自然物这一组合项拥有一个更加庞大的聚合系统，所以在挑选时就要突出和强调"真实性"这一很重要的因素。"从当代存在主义哲学的人类学观点出发，现代人一直在寻求真实性。现代社会是不真实的，所以那些渴望克服追求真实的自我与社会之间对立的现代寻求者们不得不把眼光投向别处，去寻找真实的生活。"① 在旅游中，旅游者可以接受一些吸引物的呈现方式甚至是安排设置是虚构的，因为这些都是为了吸引游客，让旅游者有更加耳目一新的旅游体验，所以适当脱离真实对于吸引物完全没有问题。但是对自然物的要求和期待，旅游者却有着不同的衡量标准，这当中，真实性是第一要义。所谓自然物，"自然"的要求不需多言，而旅游中的真实感也正是从这里产生的。由旅游过程中的日常所见所闻而聚集成的感觉是向旅游者提供真实感的最好的资源，因为旅游者对自然物的要求就是，它要能够代表旅游地真实的自然景观和实在生活的文化习俗。

而在全球化发展日益红火的今天，伴随着各国、各地区经济的沟通和政治的交流，文化的互融也走进了人们的视野。外来的先进思想在渗入本地文明发展的同时也正潜移默化地侵蚀着当地的传统文化和民风民俗，处于边缘地区的少数民族文化在原本就是濒危文化的险情中遭遇了新的慌乱。为了保护这些文化，旅游者完全可以接受在一些边缘地区建立活博物馆（Living museum）、民族村、主题公园等人为景观，作为真实场景的替代品，旅游者甚至乐于看到这类虚构的景观，后现代语境下的真实性是一场革命，主张摒弃对绝对的、完全的真实性的苛求，为旅游空间的不真实做出了积极的、正面的评价。这不仅是对真实性的颠覆，更为与之相关的市场策略和专业研究提供了新的途径，同时也为旅游设计的符号传播扩宽了思路。

（3）环境气泡

多数旅游者期待的旅游体验是令人愉快的、有安全感的、在各项活动中可控性强的，这时，他们通过自己的环境气泡来做到这一点。"环境气泡"（environmental bubble）是传播学中"拟态环境"理论和心理学"人际气泡"理论相结合的产物。"环境气泡在本质上就是一条社会或文化意义上的幼儿安慰毯（safety blanket），它将已知的和熟悉的东西安置在旅游者的四

---

① 埃里克·科恩：《旅游社会学纵论》，天津：南开大学出版社，2007年版，第125页。

周，使他既能品尝到不熟悉的东西而又不至于被其淹没。"① 换句话说，拟态环境为旅游者提供新鲜感和体验感，人际气泡则让旅游者获得熟悉感和安全感。

不同的旅游者因其性格特点、社会地位等因素的不同，需要不同的环境气泡。有些人追求旅游时的物质极大化，希望可以和居家生活一样享受，因此在出门去陌生地方旅游前，会给自己制造一个巨大的环境气泡。而另一些人，他们的环境气泡很小，于是不按常理出牌，有意寻找选择那些迫使自己离开舒适环境的旅游体验。可以说，旅游中最重要的部分就是环境气泡，不同于单纯的人文或自然风情，环境气泡营造了一个全面的、有整体感的旅游体验，旅游设计的方方面面都要考虑到环境气泡的因素，这是旅游传播中的一个重要问题。"泡"有别于"圈"，气泡是多维度的，具有空间感的，它可以在全方位上为旅游者提供无死角的社交映射。"泡"同时也不同于"社区"，显然气泡具有轻盈、便捷、可移动等特性，于是它伴随旅游者走完全部的旅游行程。总结来说，环境气泡对旅游者的影响是全面且持久的。

旅游者不是移民，他们选择的是旅游而非迁徙，二者之间最重要的权衡就在于他们内心的归属地。也就是说，旅游者心里都存在一条底线，任何形式的旅游都不能触碰自己的地域归属感和安全感，这是进行一切旅游活动的基础。旅游者清楚地知道，自己只是暂时离开居住地，旅游过后仍旧要回到原来地方，回到由每一个熟悉的人的环境气泡所组成的大的本土环境气泡里。所以在旅游时，如果旅游地东道主的环境气泡给旅游者带来压力和侵略性，就会引起旅游者的不适。但如果旅游地的环境气泡过分隐藏，与旅游者的心理距离太远，旅游者也不会对这次旅游感到满意。考虑到这个极端，在旅游设计中可以将这种硬性的、流程化的群体性灌输转变为个人化互动，旅游者可以自主地选择参与与否，因为这样的文化渗透是自然而然发生的，所以也更容易被旅游者接受。

2. 旅游地信息传播的符号过程

"符号过程就是用符号再现、传达、解释意义的过程。"② 完成这个过

① 鲍勃·麦克彻、希拉里·迪克罗：《文化旅游与文化遗产管理》，天津：南开大学出版社，2006年版，第125页。
② 胡易容、赵毅衡：《符号学—传媒学词典》，南京：南京大学出版社，2012年版，第56页。

程，需要三种传播意义的顺次出现和串联，分别是信息发送者发出的意图意义、符号信息自身携带的文本意义，以及接收者给出的解释意义。符号过程的三种意义在传播过程中无法做到完全重叠是一个很正常的现象，也就是说旅游地设计的意图不会完整清晰地传递到旅游者心中。

受到时空跨度和表意过程的限制，这三种意义无法同时在场。第一，这三种意义只能按照表意顺序顺次出现，解释意义不可能出现在意图意义之前。第二，当后一种意义出场时，前一种意义也就自动被取消了，不可能并列同时存在，因为三者本身就是替代关系。符号传播过程只允许在传播中一次出现一种意义，而一种意义也只能是暂时出现，不能长久维持。发送者的意图意义一经符号载体转化，就自动消失、不再出现，留在信息链上的就只有符号信息的文本意义，文本意义到达接收者一方时，只要接收者开始了对符号的解释，那么表意的过程就只能容得下解释意义的在场，上一个意义已经完成它的使命，被取消了在场资格。

首先，一个符号过程会受到诸多方面的干扰，包括时间过长、跨度太大、信息中断等外部环境的噪音，也包括发送者和接收者自身对意义处理能力的不同、传播符号携带的意义过多导致焦点模糊等内部属性的干扰。于是，意图意义、文本意义和解释意义很难做到一致，可以说或多或少的意义偏离是一定存在的。因为意图意义来自于发送者的心像，这种复杂的心理活动是很难揣摩的，不要说其他人，就连信息发送者自己也不一定能够完整地梳理和总结出自己内心的语言，于是意图意义无法追溯。其次，作为信息传播载体的符号文本是否可以明晰地重述意图意义呢？这与发送者的表达能力、传播符号的自身属性、传播的外部环境都有关系，所以文本意义也不能与意图意义完全对应。最后，符号落到接收者一方，此时起初的意图意义早已消失，接收者只能依据符号的文本意义进行翻译，与编码一样，解码的过程也受到众多因素的干扰，解释意义与文本意义自然会出现差别，更不要提解释意义与意图意义之间的距离了。符号表意本身就具有一个悖论："任何解释都是解释。"[1] 但是信息发送者还是希望通过潜移默化的方式影响并感染受众，最终实现其最初的意图意义。

符号过程的第一个环节，就是发送者的意图意义。意图意义的出发点通常来自于发送者对阐释社群的构想，来自于对解释意义意图定点的期待。旅

---

[1]　赵毅衡：《符号学原理与推演》，南京：南京大学出版社，2011年版，第50页。

游地的宣传就遵循着这样的逻辑。通过前期的市场调查，要确定旅游宣传的目标接收者，也就是阐释社群是哪一部分群体。他们有怎样的行为习惯？他们更喜欢哪种类型的生活方式？他们日常生活的休闲娱乐有哪些？他们的性格又是什么样的？掌握了阐释社群的特征之后，甚至可以给这个群体勾画出一个模糊的轮廓。针对他们的独特性，旅游地才能制定宣传计划。比如对于文化旅游者社群，他们关注文化内涵，性格上通常安静、内向，他们热爱思考，喜欢阅读，注重人文风俗的感受，追求意义。所以想要通过宣传让他们对旅游地产生兴趣，重点就要放在文化的整体感上，例如旅游地宣传单的风格要赋有书香气质，旅游地宣传片的镜头要记录历史的发展和民俗的沿袭。同时还要考虑到，要选择文化旅游者接触率高的媒介渠道来进行宣传，以保证信息高准确性和高密度的覆盖。

　　符号过程的第二个环节，则是进入符号信息携带的文本意义。虽然传播符号由发送者发出，到接收者终止，但这并不意味着文本意义完全被动受制于这二者。传播符号自身就携带着各种元素、各种标记，它会推动信息接收者朝着一定的方向进行意义的解释。1958 年，在印第安纳大学的一次重要符号学大会上，雅柯布森（Roman Jakobson）提出了著名的符指过程六因素分析法。他指出一个符号文本自身同时包括了发送者（addresser）、接收者（addressee）、对象（context）、文本（message）、媒介（contact）以及符码（code）六个因素，并且认为，这六个因素在符号中并不是平衡的，符号本身不是中性的，符号在不同的环境下对这六个因素呈现出不同的侧重，以此来突出和强调不同的性质和功能。举一个简单的例子来说明，《父亲的草原母亲的河》这首歌在当时受到了人们的广泛关注，很重要的一个原因是这个表意过程在两岸关系的簇拥下侧重于发送者——词作者席慕蓉，席慕蓉作为一名祖籍在内蒙古的台湾诗人，以这首歌词表达了她对故土的思念，展示了很强的情绪性。再比如，一张伊犁薰衣草海洋的照片让人们对新疆这片广袤的土地产生好奇，一段火辣辣的四川饮食纪录片让人们对巴蜀旅游兴趣大增，一句海子的"面朝大海，春暖花开"促使人们跑到海边感受海风带来的希望……因此当符号的表意过程侧重于接收者的时候，符号文本则显示出强烈的"意动性"（conative），促使信息接收者据此做出某些反应。有一个有趣的现象，在旅游宣传单上经常可以看到"人间仙境"四个字。当我们看到这四个字的时候会有那么强烈的"仙境"憧憬么？显然，"人间仙境"早已不足以用于形容旅游地的婀娜风姿，对于旅游者也基本上失去了原有的吸引力。那么，这四个字是用来干什么的呢？它就是在以传播媒介的身份保持与旅游者的交际，说的内容并不重要，重要的是以这样的符号文本来占领渠道。

符号过程的第三个环节，就是接收者给出解释意义。解释项看似是符号表意的终结，但其实，解释项只是一个符号表意暂时停歇的中间意义，是指向同一个对象的另一种表现形式。它是意义没有错，但是意义仍然需要另一个符号来表达。于是，符号表意过程又重新开始，从符号到对象，再到解释项，之后再到另一个新的符号，这样不断衍义、不断向前，我们永远无法穷尽一个符号的意义。皮尔斯认为，无限衍义揭示了人的思维方式的本质属性，"每个思想必须与其他思想说话"，"思想永远用对话的形式进展——自我的不同阶段之间的对话——这样，对话性（dialogical）本质上就是由符号组成的"①。也就是说，符号的意义正是在无限衍义的过程中逐步显现的。在当代社会，互联网在旅游中发挥的作用已经非常明显。旅游者可以在网络上搜索旅游地的政治、经济、文化等宏观信息，也可以搜索旅游热点、旅游新闻、旅游攻略等实时报道。互联网的广域性极大地扩宽了信息的讨论范围，不同的解释意义会一直以文字、图片、视频等形式存在于网络平台上，为无限衍义创造了一个巨大的发展空间。

3. 媒体叙述（故事）与旅游的互文化

每一个符号文本都不可能是独立存在的，在符号表意的过程中，它一定要依靠文化的规约和其他文本的串联，才能得出适宜的解释意义。任何一个符号文本都处于大文化背景的管辖之下，通过对与其相关的文本的吸收和转化，形成一个新的表意过程，在这一符号文本形成的同时，它也就承担了解释另外的文本的任务。保加利亚裔法国女学者克里斯蒂娃（Julia Kristeva）于 1966 年提出了"互文性"（intertextuality）的概念："我们把产生在同一个文本内部的这种文本互动作用叫做互文性。对于认识主体而言，互文性概念将提示一个文本阅读历史、嵌入历史的方式。在一个确定文本中，互文性的具体实现模式将提供一种文本结构的基本特征（'社会的'、'审美的'特

---

① 皮尔斯的两段阐述出自《皮尔斯手稿》，本文转引自赵毅衡：《符号学原理与推演》，南京：南京大学出版社，2011 年版，第 104 页。

征）。"① 互文性概念的提出打破了文本与作者之间的从属性连接，文本不是单独存在的，它一定与过去、现在、未来的各种文本相互联系、相互参照，形成一个巨大的文化系统。"从横向上看，它将一个文本与其他文本进行对比研究，让文本在一个文本的系统中确定其特征；从纵向上看，它注重前文本的影响研究，从而获得对文学和文化传统的系统认识。"② 如果将旅游体验作为一个符号文本，将旅游宣传中的旅游地故事作为另一个文本，那么二者的互文性影响就会带来一股旅游的热潮。

旅游地故事，在旅游传播过程中占有重要话语权，影响着旅游者的选择和判断。首先，旅游信息接收是旅游地在旅游者面前的第一次曝光，信息的冲击力和感染力直接影响到先入为主的第一印象，也就是说吸引物的选择是出奇一招。旅游地故事作为吸引物为旅游冠以浪漫、神秘的装饰，并注入文化内涵，这是对当前社会文艺化普遍追求的契合。其次，对旅游地的期待实际上就是将故事内化的过程，根据旅游者对纪实型文本和虚构型文本的理解，二者之间以互相影响的方式建构旅游者的内心预设。最后，依托于旅游验证，结合旅游市场的泛故事化叙述，旅游者对故事进行二次叙述化转述。

叙述的两种基本表意方式，一是纪实型叙述（factual narrative），一是虚构型叙述（fictional narrative），两种叙述方式对立而生。

（1）纪实型叙述

纪实型叙述又称事实型叙述，这一叙述类型"不一定说出'事实'，但其期待接受者解读的方式是'事实性'的"③。"事实"指向叙述内容的真实性，而"事实性"则关注文本接收者的阅读和理解方式。接收者在面对纪实型体裁时要求其与事实对应，但这并不意味着纪实型叙述要叙述"事实"，只能要求其叙述"相关事实"。

在旅游故事传播中，纪实型叙述最典型的例子就是真实事件重述。如四川省汶川县映秀镇在地震遗址的设置中不仅保留了漩口中学、百花大桥等地震遗址，还在震中纪念馆中通过空间布局和图片、文字、影像等展示方式重现地震现场的真实场景，以此表达对逝者的祭奠、对同胞的缅怀。这里叙述

---

① 出自于克里斯蒂娃《封闭的文本》，本文转引于秦海鹰：《互文性理论的缘起与流变》，载《外国文学评论》，2004 年第 3 期，第 19 页。

② 胡易容、赵毅衡：《符号学－传媒学词典》，南京：南京大学出版社，2012 年版，第 207 页。

③ 赵毅衡：《"叙述转向"之后：广义叙述学的可能性与必要性》，载《江西社会科学》，2008 第 9 期，第 36 页。

的情节可能穿插了些许的"非事实"，也有可能略去了一些"事实"，但故事整体的"事实性"却毋庸置疑。当然，同一个旅游地故事可以用不同的方式叙述，除去表达方式，故事细节也可能出现细微的变动。可以说，"任何作品都可以假定为是同一故事的无数叙述表现之一"①，因此，涉及叙述学中的一个关键问题——叙述分层。

叙述分层理论最早由俄国形式主义者提出，以俄语将这双层命名为"法布拉/休热特"，前者表示构成故事情节的完整素材库，是所有相关情节的集合，是隐性的，接收者接触不到；后者则是叙述的具体形态，接收者感知故事内容的实际载体。赵毅衡则建议将其称为"底本/述本"。"述本"用来表示呈现在接收者面前的叙述文本，"底本"则为叙述话语提供全部素材，是述本的材料库。在旅游者接触故事文本时，由述本导入底本，再由底本推至实在世界（actual world）。旅游者在接触真实事件重述的故事述本时，不会局限于文本中有限的情节话语，而会很自然地通过局部特写构建一个全景的场面，将底本中没有被选中的细节补充进联想，自觉进入底本视野。

依旧以映秀震中纪念馆为例，旅游者看到展板上"地震造成停水、停电，通讯、交通中断"的文字，便会挑选底本中未入选的如遇难者无助哭喊等场面进行故事填充；看到展示灾难某个瞬间的图片，旅游者则将静态画面动态化，用底本中与之相关的情节扩充故事；看到影像资料再现了救援队到达灾区之后的众志成城，旅游者则会联想到底本中的救援人员选拔与无私奉献，等等。图片、影像资料等媒介形式的内容顺序组合形成故事述本，旅游者逐一接触并串联情节。在这一过程中，从述本走向底本，是阅读故事的必然流程。由于旅游的体验性诉求和验证性期待，旅游者会将目标世界圈定在实在世界或可能世界之中，于是故事与旅游的结合带来了从底本再次出发的下一个步骤向不同世界的推导。

（2）虚构型叙述

虚构型叙述是叙述学研究的一个重要领域，小说、故事片、戏剧、游戏、梦等都是虚构型叙述。虚构型文本的体裁本身不伴有对事实的问责，文本的传播中发送者和接收者都默认这一叙述的虚构性，接收者在接触文本之前就与文化签订了虚构协议，他们不期待文本内容与经验事实有关，也不要

---

① 赵毅衡：《当说者被说的时候：比较叙述学导论》，成都：四川文艺出版社，2013年版，第22页。

求文本的指称性。

旅游中的民间神话传说是旅游地故事虚构型叙述的常见形态，旅游地想要追求其文化性，最简单的方法就是在旅游中注入故事，纪实型故事自然给人以文化厚重感和真实性，但很多旅游地并没有自己原发的事实性文本，于是虚构的神话传说便成为浪漫神秘的故事吸引物。位于海南省三亚市的天涯海角风景区就得益于一个宣传得力的传说故事。相传"天涯"和"海角"两块巨石是一对相爱的男女跳海后化身而成的，二人彼此相爱，但受到家庭和环境的压力，他们没有办法在一起，于是两人以跳海殉情的方式离开世间，于死后化为两块相对而立的巨石。如此，三亚海滩上两块略含艺术性的巨石就成为他们坚贞爱情的纪念，"天涯海角"的字样多年来吸引了无数恋爱中的男女到三亚旅游，这一传说故事给三亚的旅游业发展带来了惊人的助力。

因为虚构型叙述的基础语义域落在可能世界，所以其体裁规定性不要求文本拥有事实性特征。旅游者接触这种类型的故事时，依然由述本扩充入想象进入底本，"想象力是一种能赋予形式的能力，是一种能将分散的事物融成一体的能力"①，换言之，通过想象述本中分散的事物构成底本。"天涯海角"这一虚构的传说以文字形式讲述了一个爱情故事，当述本被讲出来，在旅游者心中成形的便是一个画面、一段活动图像的放映，并且因接收者不同的生活经历、教育背景而异。显然，述本短短几行的文字不足以提供一段完整的、包含各种细节描述的活动文本，旅游者脑海中世仇家族的眼神、恋人的眼泪、海边的浪花都以想象的形式进入底本。"虚构叙述是心灵活动的结果，依从的是'心理可能性'，无须实在化，人的心理完全淹没在可能性之中"②，所以，可能世界提供了虚构型叙述的素材来源。

诚然，在商品多元化的今天，旅游者同样要求叙述的多元化，单一的叙述方式不免显得单薄无力。在纪实型叙述中加入虚构性元素，可以提升故事的戏剧化程度，增强旅游地的吸引力；在虚构型叙述中加入纪实性元素，则可以使叙述逼真化，从而触动旅游者体验。旅游地故事的现状，以一种叙述方式为主，两种故事类型兼顾的形态出现在旅游者的文本内化中。在以纪实型为主的文本故事中加入虚构性元素，或在虚构型文本中注入纪实性符号，

① 弗兰克·克默德：《结尾的意义：虚构理论研究》，沈阳：辽宁教育出版社，2000年版，第136页。

② 赵毅衡：《广义叙述学》，成都：四川大学出版社，2013年版，第182页。

能够使叙述更加立体化。在实际操作中，不同类型元素的融合相比会带来更好的传播效果。

4. 结语——元景观：景观旅游带来的符号增值

法国哲学家居伊·德波（Guy Dobord）认为，"景观"并非是自然环境下产生的自然或人文现象，而是因为某些因素被故意呈现的，符号信息发送者通过这些景观在接收者群体中形成某种信息的广泛接触和传播，从而实现某种目标。"在现代生产条件无所不在的社会，生活本身展现为景观的庞大堆聚。直接存在的一切全都转化为一个表象。"[①] "景观不能被理解为一种由大众传播技术制造的视觉欺骗，事实上，它是已经物化了的世界观"[②]，也就是说，"景观"并不仅仅是指景观的呈现，更是人与人、人与世界之间关系的呈现。

讨论至此，社会关系既然已经被称作景观，那么旅游作为一种寻找和观看景观的活动，它所涉及的是在社会景观的基础之上而形成的另一个层级的景观系统，我们可以称之为"元景观"（meta-spectacle）。"元"（meta）这个字，被认为是在另一个层次和维度上来对其对象作解释。比如"元文本"（meta-text），是由热奈特提出的术语，"指符号文本生成之后，所出现的评价，包括有关此作品及其作者的新闻、评论、八卦、传闻、指责、道德或政治标签等等，这些都可能影响文本的接受和解释"[③]，也就是说，元文本是用来解释文本的文本。再如"元语言"（metalanguage），是符码的集合，在任何一个符号文本、任何一个表意行为中，只要存在意义的传播，就一定要有一套符码作为解释系统。同理，元景观不仅是正常社会景观的上一层级呈现，同时也可以作为正常社会景观的重要解释。

旅游地设计时，挑选某一部分符号作为元景观，这一选择本身就携带着对不同意义重要性的判断和权衡，也佐证了景观符号价值的提升。这个过程可以依序总结为，旅游地营销策略中对不同意义的选择和判断，促成了旅游地最终的符号选择，反映了有针对性和目的性的社会景观，于是产生符号增值。也就是说，一般社会活动的符号价值体现为社会景观到意义系统，而旅

---

① 居伊·德波：《景观社会》，南京：南京大学出版社，2006年版，第3页。
② 居伊·德波：《景观社会》，南京：南京大学出版社，2006年版，第3页。
③ 胡易容、赵毅衡：《符号学-传媒学词典》，南京：南京大学出版社，2012年版，第253页。

游中的符号价值则是元景观到社会景观，再到意义系统。

今天，旅游已然成为大众消费的重要组成部分，"我需要旅游"不可争辩地成为一种现代性表达，旅游产业正迅速地充斥着我们的生活，也正因如此，旅游市场出现了前所未有的混乱。旅游者对旅游的期待和欲望日益增胀，但现实的旅游市场却只簇拥着收益额，无暇顾及旅游的前瞻性发展，面对二者之间的矛盾，适切的旅游理论的指导或许会是一个新起点。

旅游是一种典型的传播符号化过程：旅游者通过旅游行为和旅游过程中的符号体验，让自己卷入一个奇异的环境气泡中。旅游的巨大吸引力很大程度上来自于旅游本身的符号感和旅游行为在传播中承载的意义。符号传播学搭建的旅游理论可以为旅游的文化基础和具体实践带来巨大的突破，包括旅游传播符号的标出性、双轴建构、互文性等多个符号传播学问题。当下，由符号充斥的景观已经被社会完全接受，而旅游，更应该成为符号和景观的摇篮。

作者简介

郑哲，四川大学符号学—传媒学研究所成员，研究方向：旅游符号学。

七、作为商品的旅游：一个符号学的观点

饶广祥　朱昊赟

旅游正成为当代最重要的商品形式，是人类在物质极大丰富之后，寻求精神慰藉的重要途径之一。旅游正在经历着从生活元素向生活要素，甚至生活目标转变。根据我国国家旅游局公布的数据显示，2016 年上半年国内旅游人数达 22.36 亿人次，国内旅游收入 1.88 万亿元，预计解决直接和间接旅游就业人口总和约为 7974 万人。旅游规模的快速扩张，一方面说明旅游对经济发展做出了重要贡献，另一方面则说明旅游已成为现代人生活中不可或缺的重要环节。尤其是在当今符号消费主义盛行的时代大背景下，人们对旅游的期待已不再局限于游山玩水，更多地表现为对现实的反叛与精神的追求。"世界那么大，我想去看看"说明了旅游需求的快速变化，"穷游""以工代宿"等新兴旅游形式的涌现，对于旅游定义又提出了新的挑战。旅游作为当代人阅读与消费的重要文本，在内涵与外延层面正在发生着深刻的变革，对旅游定义的重新思量刻不容缓。

1. 旅游概念界定的三个维度

"旅游"二字并非舶来品，早在中国南朝梁代（502—557）诗人沈约的《悲哉行》中便已有"旅游媚年春，年春媚游人"的记载。只不过，我国早期对旅游的记载于多停留于诗词、文学的创作层面，与现代学界探讨的旅游概念存在一定距离。

学界所研究的"旅游"概念，来源于西方的"tourism"一词。最新版的《牛津词典》对"tourism"的解释，包含了旅行的理论与行为层面，吸引游客和提供场所的商业层面以及快乐体验层面，探讨的范畴多是指现代工业社会大背景之下而发展起来的旅游现象。尤其是 20 世纪 50 年代以来，西方国家和亚洲某些地区旅游活动和旅游产业大规模的发展之后，对于旅游概念的探讨更是呈井喷之态。让·梅特森较早地将旅游目的纳入旅游定义之

中，他认为"旅游是一种休闲活动，它包括旅行或离开定居地点较远的地方逗留，其目的在于消遣、休息或为了丰富他的经历和文化教育"①。但是此定义也只是强调了旅游的目的，并未真正涉及旅游的属性与内容。随着旅游业的持续发展，旅游的定义也在逐步地丰富与完善。笔者通过对学界具有代表性的概念的整理归纳，现将旅游定义的讨论划分为三个方面。

第一种是"旅游人观"，即从旅游者个体出发，将旅游视为旅游者的行为选择。李天元认为"旅游是人们出于非移民及和平的目的，或者出于导致实现经济社会文化及精神等方面的个人发展及促进人与人之间的了解与合作等目的而作的旅行"②。曹诗图等人认为"旅游是为消遣而进行的旅行"③。这些定义用旅行来解释旅游，显然有指代不明、偷换概念的嫌疑。

随着旅游的发展与研究的深入，旅游者的地位在旅游定义中日益凸显，这一研究角度的开拓，得到了国内外学者的广泛认可，并在此基础上得到进一步阐发。张凌云认为"旅游就是人们在非惯常环境（unusual environment）下的体验和在此环境下的一种短暂的生活方式"④。谢彦君认为"旅游是个人以前往异地寻求愉悦为主要目的而度过的一种具有社会、休闲和消费属性的短暂经历"⑤。彭兆荣认为旅游是"以生活中剩余的财政计划为前提，以自愿为原则，以休闲或积累不同经验为主要目标，到异地或'异文化'人群中去体验的行为"⑥。以上定义，统统认可并强调了旅游中"自愿""愉悦""短暂"的个体行为特点。为了与移民相区别，世界旅游组织（The World Tourism Organization，UNWTO）对旅游定义进行修正时，明确指出了旅游的时间跨度问题，认为旅游是"人们离开惯常居住地，到一些地方的旅行和连续停留不超过一年的休闲、商务或其他目的的活动"⑦。以一年为期进行界定或许过于死板，但却便于统计与管理，因此也有其合理

---

① 曹诗图、郑宇飞、孙天胜：《旅游概念新思辨》，载《桂林旅游高等专科学校学报》，2006年第4期，第385页。

② 李天元：《旅游学概论》，天津：南开大学出版社，2002年版，第165-165页。

③ 转引自曹诗图、郑宇飞、孙天胜：《旅游概念新思辨》，载《桂林旅游高等专科学校学报》，2006年第4期，第385页。

④ 张凌云：《非惯常环境：旅游核心概念的再研究——建构旅游学研究框架的一种尝试》，载《旅游学刊》，2009年第7期，第12页。

⑤ 谢彦君：《基础旅游学》，北京：中国旅游出版社，2004年版，第73页。

⑥ 彭兆荣：《旅游人类学》，北京：民族出版社，2011年版，第16页。

⑦ World Tourism Organization：*Recommendations on Tourism Statistics*，Madrid：WTO，1995，p. 2.

性与必要性。

以上定义从旅游人的视角对旅游进行界定，在肯定旅游人的重要作用、强调个人主观选择的重要性方面做出了积极尝试。旅游满足游客休闲消遣的心理需求与外出活动的行为期待，对于这一特征笔者不予否认。然而，一旦我们进行深入思考就会产生这样一个疑问：难道旅游之外的其他的娱乐休闲活动，不是参与人自我选择的结果吗？如何与其他休闲娱乐活动相区分，才是探讨旅游概念的基本出发点和落脚点。但从现有分析来看，从"旅游人"的视角来界定旅游，其实并未触及与其他休闲活动差异的核心，研究深度存在局限。

第二种是"旅游物观"，即从经济角度出发，在旅游定义中增加对旅游设施的强调。比如，Smiths 直接将旅游定义为"是直接为离开家庭环境的人们的商务、娱乐和休闲活动提供产品和服务的企业的组合"①。这一概念直接立足于旅游产品和服务提供者，对旅游者的参与性讨论不足。相较而言，Chris Cooper 的观点则显得较为中立与全面，他在承认旅游是"人们离开通常居住和工作的地方，暂时前往目的地的旅行和在该地停留期间所从事的活动"，并在定义中增加旅游产业的相关思想，认为旅游还应该包括"（旅游目的地）为满足旅游者的需要而创立的各种设施"②，考虑到消费主体与消费客体两个层面。查尔斯·戈尔德耐在其著作《旅游业教程——旅游业原理、方法和实践》中，不仅承认旅游是一系列的活动、服务和提供感受的合成物，同时还观察到旅游与消费的关系，认为旅游"是旅游者在一个国家或地区以及以邻国为中心的经济区内的消费总和"③。如果说 Chris Cooper 的思考是对旅游概念主客体关系的初步描述，那么查尔斯·戈尔德耐的定义则是将二者视为消费统一体的全面概括，具有系统论的表现意识。

从对"人"的关注转向对"物"的探讨，对旅游概念来说是一个巨大的转变。它一方面揭露出旅游规模日益扩大的现实状况，另一方面表明学界开始关注到旅游客体的重要性。在现代旅游业迅猛发展的当下，旅游已经成为

---

① L. J. Smiths："Definition tourism：as up ply-side view"，*Annals of Tourism Research*，1988（15）：179-190.

② J. Fletcher：*Tourism：Principles and Practices*，London：Longman Group Ltd.，1993，p. 188.

③ 查尔斯·R. 戈尔德耐：《旅游业教程——旅游业原理、方法和实践》，贾秀海译，大连：大连理工大学出版社，2003年版，第13-15页。

衣、食、住、行、娱、消的集合体，单纯强调其产业、设施的"物性"功能在一定程度上未免有失偏颇，很大程度上忽略了景点的象征意义，消弭了旅游的乐趣。举个例子来说，国内外游客到北京长城旅游，并非只是因为长城作为建筑所具有的坚固性，更多的是因为它代表着中华文化，具有历史文化的象征意义。

第三种是"关系论"，将旅游视为复杂的社会现象，进行整体性的把握与探究。这一视角也是进行旅游文化学、旅游经济学、旅游社会学等跨学科探究的基础，因此获得学界的普遍认可和接受。格吕克斯曼从人际互动角度切入，认为旅游是人际交流的现象之一。布尔（Adrian Bull）从环境互动角度讨论，认为"旅游既不是现象，也不是简单的一系列企业，它是包括人类行为、资源利用，以及与其他人、经济、环境之间相互关联的人类活动"①。旅游科学专家国际联合会（International Association of Scientific Experts in Tourism，IASET）曾经给旅游下过这样一个定义，认为"旅游是非定居的旅行和停留而产生的现象和关系的总和，不包括永久的居住和赢利活动"②。这一定义不再纠结于具体的结构层面，而是从现象层面予以全面考量，具有一定的突破性。但是，由于概括得过于笼统，因此没有体现出旅游与其他休闲活动的差异，也存在着明显的漏洞与不足。罗伯特·麦金托什则针对这一问题，进行了补充与细化，他认为"旅游是在吸引和接待游客与来访者的过程中，游客、旅游设施、东道主政府和接待团体的相互影响，所产生的现象与关系之和"③。查德威克进行了进一步探究，将关系论上升到系统论层面，他认为旅游要素包括人的移动、某个产业以及一个由人际关系、人的需求和满足人的需求而提供的服务，而旅游则是"这三个方面互相影响而组成的巨大系统"④。

相较前文而言，从"关系论"视角对旅游进行界定，结束了前人有所侧重的思虑视角，是处理旅游过程中人与物关系问题上的重大进步。人类生活

---

① A. Bull：*The Economics of Travel and Tourism*. Melbourne：Longman Cheshire，1995，p. 13.

② A. J. Burkart，S. Medlik：*Tourism：Past，Present and Future*，London：Heinemann.，1981，pp. 39—41.

③ 罗伯特·麦金托什、夏希肯特·格波特：《旅游学——要素·实践·基本原理》，上海：上海文化出版社，1985年版，第33页。

④ 张凌云：《国际上流行的旅游定义和概念综述——兼对旅游本质的再认识》，载《旅游学刊》，2008年第1期，第88页。

的世界是一个充满着符号意义的世界，而不是一个纯粹的物理世界。旅游与其他人类活动一样，它以"桥梁"的形式存在，成为人类认识"非惯常世界"的途径与方式。但是，旅游却不仅限于此，它是旅游资源开发、旅游信息传播、旅游体验、旅游资源保护等多环节协同组合的结果，通过符号的编码与解码不断在其中交织才得以构建。旅游体验过程其实是互动产生的过程，旅游真实性的产生是接受并理解符号意义的结果。因此，旅游不只是众多关系的叠加与集合，而是在人与世界的互动关系中形成，是对人与物相互约定达成结果的再读与释义。不过遗憾的是，现有的定义尚未明确指出这一点。

2. 旅游是人与物互动约定的文化体裁

纵观以上列举的旅游定义，笔者将旅游概念的特征归纳为以下四点。

第一，旅游是一个互动的过程。不论将旅游视为个体的生活体验，还是将旅游视为设施服务的提供，其中都必定涉及旅游主体（游客）与旅游客体（旅游物）的接触与互动。旅游不但是游客的行为活动，更是游客与旅游提供者之间的交换活动。从个人微观层面来说，这种交换通过衣、食、住、行、娱等具体行为实现对旅游目的地的意义解读；从宏观层面而言，这种交换则涉及文化、财富、政治，甚至冲突中的对话与交流。

第二，旅游与常态生活之间有一定的"距离"。这种距离首先一定表现为空间上距离的移动。举个例子：黄金周外出旅游，由于人山人海，到了旅游目的地或许都不能够一睹景点的风采；在家中观看旅游目的地的风光宣传片可以欣赏到美景。但为何前者被认为是旅游，而后者不能作数呢？原因之一就是前者进行了空间上的移动，有了切身的体验。其次，这种与常态生活之间的"距离"还体现在文化上的差异、生活状态的改变等。比如，出差符合了空间上的移动，但为何又不是旅游呢？因为出差只是换了一个工作地点，从事的却还是和日常一样的工作而已。当然，这种"距离"的存在只是暂时性的，最终是"距离"消失，回归常态生活。

以上对"距离"的探讨还只是停留在物理空间层面，而最为关键的一点其实是"距离"的存在，使得旅游目的地的建筑、景点、风光等客观物质实体脱离了"物"的使用价值层面，开始走向意义解释层面。对于生活在旅游目的地附近的居民而言，他们更多感受的是景观的物质层面，因此才会有"熟悉的地方没有风景"的感叹。但对于游客而言，旅游则意味着对旅游目的地"象征意义"的实地追寻。比如到巴黎旅行体现着对浪漫、高雅生活的态度与追求，到埃及旅行则体现着对古代文明的探索与崇敬，到米兰旅行体现着对时尚、艺术的欣赏与赞叹等。对符号意义的追求，是旅游与其他休闲活动的相区别的关键。

第三，旅游带有明确的娱乐、消遣等目的性或期待性。有一个奇怪的现象值得我们思考：一旦将自己的身份划定为游客，心情便会变得愉悦，会满心欢喜地期待着此次出行；甚至连平日里迟钝的眼光在旅途中也会变得敏锐起来，在前往旅游目的地的道路上就开始不断搜寻沿途的美景；到达旅游目的地之后，更是多感官、全方位地体验着当地的风土人情。

第四，旅游目的地能够提供某些满足游客需求的东西，包括基础设施、景观、文化等。旅游目的地之所以能够吸引游客源源不断地来到现场参观，一方面是由于基础设施，如交通、食宿等得到了一定程度的保障；另一方面则是因为它拥有独特的符号意义，只有游客到达现场亲身体验才可以获得。到上海感受现代的魅力，到成都感受生活的悠闲，到大理感受文艺气质，到厦门感受小资情调……不同的城市被赋予了不同的风格，满足着不同游客的心理期待。当然，这种意义一定是通过各种媒介技术在前期进行了塑造，通过宣传册、视频、电影、音乐、小说等方式一再进行着强化。

以上几个特征抓住了旅游的定义的构成要素，确定了旅游的基本特征，但是在区分旅游与其他具体行为活动时，却会遇到解释的困难。举个例子，一位普通的成都居民，周末到四川著名的景点——宽窄巷子去吃饭。这一行为既符合了消费的交换过程，又满足了周末休闲的需要，同时还存在着一定的空间距离，看似符合上述全部的旅游特征，但是将其认定为旅游，为什么会显得那么艰难与不恰当呢？在笔者看来，旅游与其他的休闲娱乐行为同属于休闲的概念，休闲娱乐与旅游在很大程度上存在着时间、空间上的一致性。随着社会的发展，其他休闲娱乐与旅游的界限日益模糊已成必然。但旅游终究与其他休闲娱乐行为不同，其原因就在于，旅游是人与物互动约定而成的休闲体裁，因而有着专属的体裁期待与释码过程。

3. 作为商品的旅游

"距离产生美"，旅游恰恰是一场有关距离的活动。而符号是携带意义的感知，只有意义不在场的时候才需要符号，因此符号与意义也存在着"空间距离"。在这个层面上，旅游与符号存在着"天然的联系"。

"大多数的符号的确有'物源'(物质性源头)……人类社会中每一种实用物,或有实用目的的行为都有可能被赋予符号意义;反过来,每一种可供使用的物,也可以变成符号载体。"① 因此,人类社会出现的任何物都可以被视为"物-符号"双联体,其两端分别是不表达任何意义的纯物与只表达意义的纯符号。一般情况下,任何的物-符号都在这两端之间进行滑动,从而实现着使用功能与意义功能的比例分配。举个例子,游客来到四川旅游,必定会吃一顿四川火锅。不可否认,火锅确实具有填饱肚子的实用性功能(能指层面),但更为重要的是游客将火锅视为四川旅游标识之一,通过吃火锅可以感受到四川的饮食文化(所指层面)。在这里,如果将火锅视为食物,那么它更多展示的是物性层面;如果将其视为四川饮食文化的象征,则更多展示的是其意义层面。在实际的旅游过程之中,游客对在旅游目的地感受到的一切,很难将其物质形态与意义内涵明确地区分开来。对能指的物质感知与对所指的意义理解,才共同构成了所谓的旅游价值。因此,要讨论旅游符号的定义,必须首先承认旅游是以"物-符号"二联体的状态而存在的。

其次,旅游与人类其他的符号消费行为相区别的原因,还在于文本体裁的不同。"体裁是文本与文化之间的'写法与读法契约'"②,告诉接受者应该如何来解释当下的符号文本,则成为体裁最大的功能所在。体裁的形式特征,本身已经是一个指示符号,它提示接受者需要采取某种特定的"阅读方式"来理解当下的文本。根据它所遵循的体裁规定的方式对一个被生产出来的文本进行解释,就是"期待"。符号学研究将"第一要找的特点"视为该体裁借以立足的"接受期待"。由于日常经验的积累与文化教育的培训,人们在对旅游文本进行阅读时,即使旅游过程也包括衣、食、住、行等环节,但在文本层面就其实已经将旅游与日常的生活状态进行了体裁的划分,因此怀抱的"期待"角度也有所不同,会认为这是收集旅游目的地符号、感受当地文化的过程。因此,旅游之所以是旅游,主要是因为它是属于旅游体裁,所以接受者就必须按照旅游体裁的方式来阅读理解它。如果接受者不按照旅游体裁的方式来阅读它,哪怕这个行为文本号称是"旅游",它也不能是旅游体裁所指称的"旅游"。讨论至此,上文遗留的"去宽窄巷子吃饭是不是旅游"这一问题此刻便已经得到了答案。

---

① 赵毅衡:《符号学:原理与推演》,南京:南京大学出版社,2016年版,第27页。
② 赵毅衡:《符号学:原理与推演》,南京:南京大学出版社,2016年版,第135页。

再次，通过交换环节，旅游符号才最终实现意义的让渡。19世纪，旅游曾经被特指为"休闲阶级的生活"，与专门为休闲阶级提供服务的"劳动阶级"的生活明确地区分开来，并且只有通过货币与服务进行交换，两个阶层之间才可以实现各自阶层的专属性符号价值。虽然如今"休闲阶级"与"劳动阶级"的划分已不复存在，但游客与旅游服务提供者的划分却与之类似。旅游资源开发的过程，也是旅游服务提供者规划、策划运用符号，展现和演绎原生文化，并实现与游客的认知互动的过程。就像在旅游过程中，游客自己不会生产旅游产品与提供旅游服务一样，他们必须通过自己时间、金钱、体力等的投入，来换取旅游从业者所提供的商品和服务。在此，旅游符号作为一种中介，促进人类文化与自然环境之间的互动、旅游地居民与游客之间的互动、游客中不同群体之间的互动……以此确定自身在旅游符号系统中的编码者与释码者的身份归属，完成自我符号身份的建构。

在消费主义盛行的当下，物本身的功能属性已经不能够满足消费者的全部需求，消费者此时更看重的是通过人工赋意而在物上面而体现出来的象征意味。正如鲍德里亚所认为的那样，在消费关系中消费者的需求瞄准的"不是物，而是价值。需求的满足首先具有附着这些意义的价值"[1]。换言之，"在消费主义社会，物或商品不仅具有使用价值和交换价值而且还具有第三种价值即符号价值：就是指商品作为一个符号被消费时不是根据该物的成本或劳动价值来计算的，而是按照其所代表的社会、权力和其他因素来计价的"[2]。"现代社会的符号价值系统对旅游进行了全方位的浸透"[3]，旅游也因此成为符号消费的典型代表，成为一种符号。既然旅游是一种符号，那么旅游符号的生产与消费过程就是符号过程。符号过程"是一种活动或一种影响，它包含三个主要构件——符号、符号的对象、符号的解释项——的合作过程"[4]，且三者缺一不可。

随着商品经济的发展，旅游的形态也日益丰富多彩。之前的旅游定义以"消遣、娱乐"为出发点，似乎已经不能够满足当下多样化旅游的要求。"世

---

① 鲍德里亚：《消费社会》，刘承富译，南京：南京大学出版社，2000年版，第59页。

② 孔明安：《从物的消费到符号消费——鲍德里亚的消费文化理论研究》，载《哲学研究》，2002第11期，第72页。

③ 彭兆荣：《现代旅游中的符号经济》，载《江西社会科学》，2005年第10期，第34页。

④ C. S. 皮尔斯：《皮尔斯：论符号》，赵星植译，成都：四川大学出版社，2014年版，第34页。

界那么大，我想去看看"体现的是对外面精彩世界的向往，"重要的不是去哪儿，而是去啊"体现的是对自由、洒脱的生活态度的追求。因此，当今旅游已经更多地从游山玩水的物质性追求转向精神层面的体验追求，游客也更加强调多样化的旅游方式以及追求个人价值的普遍认同。旅游作为被游客心向往之、身体验之的消费符号，它自身包含的被接受者所认同的符号价值越大，它的吸引力就会越大，它就越能够激发潜在消费者的旅游欲望，占领更为广阔的旅游市场。

结合以上对旅游现有概念的评析以及对旅游与符号关系的梳理，笔者认为同时满足以下条件的文本，便是旅游：

（1）旅游对象是偏向意义的"物－符号"二联体；

（2）人与旅游对象之间的有特定期待的互动；

（3）这种互动是以追寻意义为指向的；

（4）必须亲身前往才可实现；

（5）以可支配的时间、精力、金钱等通过交换可获取。

因此，笔者从符号学角度，将旅游的概念界定为：以追寻意义为指向，以可支配的时间、精力、金钱等通过交换可获取，必须亲身体验的人与"物—符号"的短期互动活动。

【原载《符号与传媒》，2017 年 14 期】

作者简介：

饶广祥，四川大学文学与新闻学院副教授，硕士生导师，四川大学符号学－传媒学研究所副研究员，主要研究方向：传播符号学、广告符号学。

朱昊赟，四川大学符号学－传媒学研究所成员，研究方向为旅游符号学。

八、游戏"沉迷"的文化符号学解读

宗　争

1. 游戏与沉迷

西方最早关于游戏的记载出自希罗多德的《历史》，据称，是吕底亚（Lydia）人发明了游戏："在玛涅斯的儿子阿杜斯王当政的时代，吕底亚的全国发生了严重的饥馑。起初的一段时期，吕底亚人十分耐心地忍受这种痛苦，但是当他们看到饥馑持续下去毫无减轻的迹象时，他们便开始筹划对策来对付这种灾难。不同的人想出了不同的方法。骰子、阿斯特拉伽洛斯（羊蹠骨、俗称羊拐子——译者）、球戏以及其他所有各种各样的游戏全都发明出来了……他们便用这些发明来缓和饥馑。他们在一天当中埋头于游戏之中，以致不想吃东西，而第二天则只是吃东西而不游戏。他们就这样过了十八年。"[①] 吕底亚人通过参与及沉迷于游戏之中来忘却饥饿，逃避饥荒。至少在历史的记述中，他们成功了。

"沉迷"（addicted）或曰"上瘾"是一种生理—心理现象，是产生在主体与对象之间的一种持续性吸引的特殊关系。"游戏沉迷"由于涉及人群广，并可能诱发犯罪，已经成为一种社会问题，受到媒体和各个领域研究者的关注。

教育学家们视电子游戏为"精神鸦片"，反复强调其对于青少年的危害，甚至建议应当阻断青少年与电子游戏的关系。这种"因噎废食"的做法固然能够在短期内起效，但却没有真正地面对现实并解决问题。"沉迷游戏"之所以成为"问题"，是因为它可能诱发的不良社会效果，譬如对正常生活时间的攫夺，对青少年专注力的影响，犯罪率的提高等。"游戏"之反常是与

---

　① 希罗多德：《历史》，王以铸译，北京：商务印书馆，1997年版，第49—50页。

日常之"正常"相对应的——这种判断本身就带有一定的价值倾向（譬如对于吕底亚人来说，沉迷游戏绝对有正向的价值），包含着对"正常"生活秩序的预设。一些青少年以"极端"的方式来对抗这种观念，譬如一些青少年将游戏作为"职业"，令游戏成为一种工作。抛开道德和价值判断，"沉迷"已然成为当代游戏文化的一个重要的组成部分，这是无法回避的事实。

何为"沉迷"？"沉迷"实际上是一系列心理反应的综合过程，它始自"吸引"，成型于"依赖"，得自于对时间的霸占。然而，"沉迷游戏"只是个太过笼统的说法，沉迷必然是玩者对游戏的着迷，游戏必然有令人沉迷的因素。事实上，它拥有两个不可或缺的维度：一是"玩者"的主动参与，他/她自愿进入游戏场，并在游戏中保持持续的时间投入。二是游戏框架本身具有足够的时间容量或是可重复性，保证玩者可以持续驻留在游戏世界之中，或是吸引玩者反复进入游戏场。

笔者认为，在游戏活动中，存在着一个"游戏文本的双重互动结构"，可以概括为如下的样态：

游戏设计者—（游戏内文本）—玩者—（游戏文本）—观者

"任何游戏，都是一种作为符号的行为，而其对象则是另一种行为。"① 在一个游戏文本中，具有两重的信息发送者和接收者，分别与不同的符号文本相联系。第一重是"游戏设计者"与"玩者"，玩者接收游戏设计者所提供的"游戏内文本"，对其进行理解和反馈；第二重是"玩者"与"观者"，玩者进入具体的游戏形成，在游戏中，他/她的行为和选择形成不断变化的游戏文本。游戏内文本包含了游戏文本形成的核心机制，游戏文本是游戏内文本的具体衍化。只有棋盘、棋子和游戏规则，无法形成对弈；只有设定好的计算机程序，无人进行操作，也不成其为电子游戏。简言之，必须有玩者的参与，游戏才能成立。"游戏内文本"是游戏设计者对游戏规则和游戏框架的预先设定，它决定了游戏之间的根本性差异，通俗意义上对于游戏的区分也就是游戏内文本的区别，譬如篮球、足球、排球竞赛之间区别，就是因为它们分别拥有不同的规则、场地和竞技要求。

"沉迷游戏"并不仅仅是在游戏中耗费时间，它与玩者、游戏内文本、游戏文本皆有关联，因此，这一现象至少有三种呈现方式，尽管这三种方式都可以通过同一句话来进行表述——"一直玩游戏"。

① 董明来：《游玩与阅读——游戏符号学初探》，载《符号与传媒》，2011年第2期。

（1）一直停留在一个游戏之中，始终根据一个游戏内文本参与书写一个游戏文本；

（2）重复参与一个游戏，不断根据同一个游戏内文本来构建相似但绝不相同的多个游戏文本；

（3）使用大量时间，单次或重复参与多个游戏，形成多个游戏文本。

第一种情况要求游戏内文本必须具有足够的容量。简单说，就是此游戏内文本在游戏时间的设定上趋于无限，一场游戏始终在进行之中，但却无法分出胜负，能一直被"玩"下去。

网络游戏（尤其是那些大型的在线 RPG 游戏）当然是拥有这种"延续"能力的游戏中最好的例证。我们通常认为，电子计算机的"存储"技术是使得游戏在时间上得以绵延的最重要契机，事实上，决定游戏"长短"的并非是技术因素，而是存储媒介本身，"文字""图表"，甚至"记忆""约定"都可以作为游戏的存储媒介而存在，只要游戏中的"玩者"认同，游戏进程就可以通过某种方式暂时封存，在适当的时候继续游戏，这并不是电子游戏的专利。在电子游戏出现之前，就有很多"不会结束的游戏"或"玩不完的游戏"：我们今天仍能看到不少"残局"棋谱（注意：它们并没有完成，胜负仍悬而未决，玩者仍然可以尝试去破解它），即是通过文字和图表对游戏进行存储，等待自己或其他的玩者继续参与，如金庸的武侠小说《天龙八部》中，逍遥派掌门人无崖子创立的"珍珑棋局"，几十年间无人能破，就是没有完结的游戏。再如古典小说中经常有"阵前大战三百回合，胜负未分""易地再战"等说法，无非都是在无法得到结果的情况下将游戏暂时"存储"起来，在"玩者"方便的时候再次进行。

第二种情况则要求游戏内文本具有足够的"弹性"，也就是说，它能够被反复读写，并且每次读写的效果都是不同的，玩者能够不断在游戏中获得新的挑战和刺激。前文已经论证过，所有的游戏内文本都具有能够被重复"阅读"和反复"书写"的特性，这也就是说，"游戏内文本"都是可重复的，而"游戏文本"又都是不可重复的。

内文本虽然具有可重复性，但它的内在稳定性保证了游戏的基本样态不会改变，国际象棋不会因重复而变成跳棋或扑克；而每次玩耍所形成的游戏进程都略有区别，则意味着即便是针对同一款游戏，多次参与也不可能形成完全相同的游戏文本。

第三种情况关乎玩者的心态。玩与不玩，这个选择是由玩者自己做出的。吕底亚人为了忘却饥饿而"游戏"，但倘若游戏中没有那些令他废寝忘食的力量，真实的生理反应会立刻战胜虚拟的心理反应。吕底亚人依靠游戏抵御饥饿长达十八年，游戏一定提供了一些与现实世界与众不同的东西才令玩者沉迷其中，无法自拔。

"人为何会沉迷游戏"与"游戏如何能百玩不厌"是"一个硬币的两面"，但对于不同的人群而言，具有完全不同的意义。教育学家希望玩者能理性对待游戏，不再"沉迷"，明确区分虚拟世界与现实世界，不再因混淆二者而造成扰乱社会秩序，甚至有违人伦的惨剧（近年来许多青少年犯罪都直接或间接地与含有色情、暴力成分的电子游戏有关）。游戏设计者则希望自己的"作品"能被广大的玩者所接收，"百玩不厌"。

2. 游戏中的"身份"

人需要意义，需要符号，需要通过解读符号来认识自己，卡西尔称："所有这些文化形式都是符号形式。因此，我们应当把人定义为符号的动物（animal symbolicum）来取代把人定义为理性的动物。只有这样，我们才能指明人的独特之处，也才能理解对人开放的新路——通向文化之路。"[1]

关于"人"是否是符号的争论由来已久。我们都不能否定："人不再生活在一个单纯的物理宇宙之中，而是生活在一个符号宇宙之中。"[2] 这个世界充满了意义，意义不会自己显现出来，必然需要通过符号，人必须通过理解、熟悉、应用这些符号才能够在世界中生存。"没有符号给予人的世界以意义，我们就无法作为人存在于世。符号就是我们的存在。"[3]

"符号是携带意义的感知：意义必须用符号才能表达，符号的用途是表达意义。"[4] 询问人是否是符号，就是问人是否能够携带意义，能否被感知。苏珊·朗格称："没有符号，人就不能思维，就只能是一个动物，因此符号是人的本质……符号创造了远离感觉的人的世界。"[5] 我们能够感知他人，能够解读他人所携带的意义，对于"我"而言，他人就是符号；但是，"人"却往往不愿意承认自己是个符号（确定的），不愿意成为某个确定意义的载

---

[1] 恩斯特·卡西尔：《人论》，甘阳译，上海：上海译文出版社，1985年版，第34页。

[2] 赵毅衡：《符号学原理与推演》，南京：南京大学出版社，2011年版，第33页。

[3] 苏珊·朗格：《哲学新解》，吴风译，北京：北京广播学院出版社，2002年版，第5页。

[4] 赵毅衡：《符号学原理与推演》，南京：南京大学出版社，2011年版，第1页。

[5] 苏珊·朗格：《哲学新解》，吴风译，北京：北京广播学院出版社，2002年版，第28页。

体，更不愿意自己被曲解。称人的本质是符号或人的存在是符号，并不是指"人"的全部都是符号。如同对"物"的符号判定一样，"人"在生存层面的事实、人的本能行为等，如果不被特别的审视，也很难称其为符号，或只能称为"潜在符号"。但无论如何，人都具有被符号化的潜质，人的身体、人的言语、人的思想都在某些特定的条件下，可以转化为符号。在具体的人类活动中，人要被理解，要理解他人，就需要将自己和他人作为意义的载体来看待，因而，也就必须将自己或至少是部分的自己进行"符号化"，而这种"符号化"，就会形成一种特定的"身份"。

游戏是个符号活动，意欲参与游戏的人只有通过将自己符号化才能够进入这个符号文本。而一旦他进入游戏，那些没有被刻意符号化的行为就会被当作一个符号文本，被人所接收和解读。赵毅衡称："任何符号活动，都有相应身份。身份不是孤立存在的，它必须得到对方的认可，如果无法做到这一点，表意活动就会失败。"① 人们同时指责那些"沉迷游戏的人"和"令人沉迷的游戏"，这种指责拥有它内在的合理性，因为人只有在与游戏的互动中才会"沉迷"。塞伦和泽尔曼称："一个游戏的语境会通过游戏空间、对象、叙事过程，以及各种行为等方式来表现。……玩家就是游戏的参与者。他们借助游戏过程来寄身、开拓和操纵这些语境。……游戏中的'意义'指的是'我们已经开始探索'。在游戏中，有意义的玩乐指的是玩家在游戏过程中的行为结果。"② 游戏中充满了符号，玩者会选择适当的方式来凝聚符号，取得"意义"，在具体的游戏中，玩者与玩者之间，随着游戏参与经验的丰富，通过大量的互动进行符号和意义交换，也会形成符合游戏期待的符号"身份"。

在游戏中，"身份"有两个维度上的意义。一是根据"游戏内文本"，通过游戏规则等，对"可能"参与游戏的人的符号性约束。笔者称其为"游戏者"（Gamer），以与"玩者"（Player）相区别。

"游戏者"是游戏内文本的一部分，是一个可以被度量、设计、规范，甚至更改的符号值，是游戏中的符号预设。"游戏者"并不是现实中的人，这一身份并不是一个有血有肉的组成，大部分游戏对于参与者的体貌特征、

① 赵毅衡：《符号学原理与推演》，南京：南京大学出版社，2011年版，第340页。
② Katie Salen, Eric Zimmerman：*Rules of Play*：*Game Design Fundamentals*，Cambridge and London：The MIT Press，2004，p. 131.

生活习惯没有任何要求，"游戏者"只是游戏框架对参与者的最低要求，不同的游戏对"游戏者"的要求是不一样的。当然，它们大致上有一些相同的特点，如必须理解游戏规则，听从违规惩罚，保证投入游戏的时间等。"游戏者"身份的这种灵活性也决定了"玩者"在游戏中能够具有相对意义上的自由发挥的空间。想玩游戏，首先要符合游戏对"游戏者"的设定，至于之后如何玩，能否形成自己的游戏风格，是玩者自己的事情。

游戏中"身份"的另一维度则是："玩者"根据游戏进程，对游戏内文本和游戏文本的个人理解所形成的行为选择上的相对稳定的趋向。

麦克卢汉曾经列举过这样的例子，他说："游戏可以给人多种多样的满足。我们在此考察的，是游戏在社会中用作传播媒介的总体情况。因此，人们常常以扑克为例，说它表现了竞争性社会中的一切复杂态度和未经说明的价值观念。它要求精明机敏、咄咄逼人、玩弄花招、不奉承人。据说女士们打不好扑克，因为扑克牌激起她们的好奇心，而好奇心又是打好扑克的致命伤。扑克是高度个人主义的东西，容不得丝毫的温情和体贴，只允许最高数字的最大好处——第一名。"① "身份"亦与即时参与游戏的玩者有直接的关系，与玩者之间的互动关系有关，与"争胜"的心态和方式有关。游戏学家里维斯·普斯弗（Lewis Pulsipher）称："通常来说，完全基于信息的游戏都会鼓励长线规划，而当不确定性因素增加时，随机应变就变得比规划更重要了。基于各种原因，随机应变在电子游戏中可能更为常见和常用。"② 在游戏中，玩者的选择与游戏本身的特征有关，为了取得游戏的胜利，玩者可以制定个人策略，选择游戏的方式。媒体经常用"打法硬朗""短平快"等词汇来形容体育竞技中一些选手或团队的表现，这其实是对游戏的参与者一贯的行为风格所作出的归纳，是对"玩者"身份特征的一种描述。

"玩者"符号身份凝聚，最典型的例子就是"职业运动员"。事实上，职业不仅仅代表着游戏已经成为一种"工作"，也表明了玩者要接受更为严苛的规则约定。"身份不仅是表达任何符号意义所必须，也是接收符号文本的基本条件，而接收身份几乎是强加给我们的。"③ 一个职业运动员，必须在

① 马歇尔·麦克卢汉：《理解媒介——论人的延伸》，何道宽译，北京：商务印书馆，2001年版，第298页。

② Lewis Pulsipher: "Why We Play", http://gamecareerguide.com/features/625/why_we_.php.

③ 赵毅衡：《符号学原理与推演》，南京：南京大学出版社，2011年版，第347页。

规定的场地、时间，以相对来说比较固定的方式参与游戏，并且还要遵从一系列维护游戏进程顺利进行的规则；他/她要尽可能地积极投入游戏，消极应战会被视为"违背游戏精神"甚至"缺乏职业素养"；他/她的先天条件和后天努力程度是他/她是否能够被职业游戏体系接纳的最重要条件，简言之，他/她必须是个游戏"高手"，或至少有极大的可能性成长为一个"高手"；一场游戏的胜与负则直接关系到他/她的生计问题，一旦接受这种身份，他/她就基本上失去了在游戏中自由选择的机会。

"职业"身份令游戏，至少是游戏的准备过程，变成了枯燥乏味的工作。越是服从这样一个身份设定，在游戏中所能获得的乐趣就越少，游戏中的目标（取胜）与游戏外的目标（获取高额的报酬）相联系，令游戏"虚拟作假"的因素只存在于最基本的形式中。

普通的"玩者"当然不会像"职业"玩者一样，他/她拥有更多选择的自由。"职业"是游戏中"身份"的最严苛的显现。它至少表明，游戏中的身份可以凝结为一个强有力的、具有约束性形式。

3. 人：为何沉迷？

游戏是虚拟的，但体验本身是真实的。游戏令人沉迷，很大程度上，是依赖于游戏赋予人的这种身份，会令人产生一种"找回自我"的感觉。

自我是身份集合而成的，赵毅衡称："所谓自我，是隐身在身份背后的意识，对他人来说不可捉摸，对自己来说也不一定很自觉。自我是一个人各种变动不居的身份累加而成，却是一个复合整体。"[1] 复合整体意味着自我并不是身份的简单机械累加，而是经由自觉的反思之后逐渐融合而成的。"只有一部分身份，倾向于加强自觉意识，对保持自我有利。其余有不少是无可奈何采取的"[2]。

利奥塔说："'自我'是微不足道的，但它并不孤立，它处在比过去任何时候都更复杂、更多变的关系网中。"[3] 自我并不是一个拥有谜面，等待被破解的谜题，它随着身份的变化、反思的程度等不断变化。自我永远是构建中的自我。"自我必须在与他人，与社会的符号交流中确定自身。自我是一

---

① 赵毅衡：《符号学原理与推演》，南京：南京大学出版社，2011年版，第352页。
② 赵毅衡：《符号学原理与推演》，南京：南京大学出版社，2011年版，第352页。
③ 让·弗朗索瓦·利奥塔尔：《后现代状态：关于知识的报告》，车槿山译，北京：生活·读书·新知三联书店，1997年版，第32页。

个社会构成、人际构成。而确定自我的途径，是通过身份。自我的任何社会活动，不管是作为思索主体的表意与解释，还是作为行为主体的行为与反应，都必须从一个个具体身份出发才能进行。"① 人们在游戏中流连忘返，很大程度上是因为游戏给予了参与者以特殊的体验，并在体验中获得了成就自我的快感。

第一，游戏身份最为稳定。游戏提供了一个稳定的互动环境，为玩者提供了人际交往的空间。游戏需要占据一定的时间，在时间段之内，玩者需要遵循一致的规则。人是在完全无压迫的前提下自愿参与游戏，"游戏者"并没有规定地位、权势等外部条件，只要符合基本的游戏要求，所有人都可以平等地参与游戏，为"玩者"自我身份的塑造提供了一个良好的基础。游戏中的身份是玩者自己确定的，是平等的，无必然的尊卑关系，最能为玩者自己所认同。

第二，游戏身份认同感最强。游戏提供了竞争或目标，但同时也提供了"虚拟作假"的环境。游戏隔绝出"虚拟作假"的环境，允许人们以"虚假"的身份参与到游戏中来，掩盖"真实"，无论是在竞争环境还是合作环境，玩者与玩者之间并无实际的利益冲突，游戏中的胜负结果不会影响到现实生活。故而，游戏中所形成的身份与玩者的其他身份不构成冲突。游戏提供了明确的胜负判定标准，并给予了明确的价值观。在游戏中，取胜是最重要的目标之一，胜者能够获得满足与愉悦，这不仅仅是一种个人的心理感受，它也由游戏框架本身予以确定。藉由游戏经验的累积，玩者可以得到一个相当稳定的身份。

第三，游戏身份容量最大。理论上讲，游戏身份具有无限的容量。游戏所提供的互动环境是极其宽松的，游戏中，玩者之间不仅仅可以通过言语或动作进行竞争性的互动，而且也可以交流游戏外的经验与体悟。玩者可以最大限度地将自己的"个性"带入游戏身份的建构中。四川人酷爱打麻将，不是因为麻将之中包含的"智斗"因素，更多的是，在麻将桌上，玩者们可以倾心交谈，交流生活见闻。

"假作真时真亦假"，"身份"犹如一把双刃剑，在"找回自我""建构自我"的同时，也会"破坏自我"。游戏对身份没有过多的硬性要求，也就意味着：玩者可以选择这一身份的最低标准，甚至彻底沦为一个符号化的"游戏者"。而这种沉沦并不影响他在游戏中取胜后的愉悦和快感。一旦玩者将

---

① 赵毅衡：《符号学原理与推演》，南京：南京大学出版社，2011 年版，第 346 页。

此"身份"视为其"自我"的全部内容，他/她就会舍弃其他身份对于"自我"的构建，忽视社会环境（法律、道德）对他的基本约束。"这取决于游戏设计者和游戏玩者将拟真当作一种娱乐方式，还是将其转变为了对抗这不可改变的人生的颠覆性方式。"①

然而，游戏身份所面临的最大危险就是：它随时可能被破解和拆穿，而"沉迷游戏"的问题就在于玩者拒绝对游戏虚构性的"拆穿"，执意地活在游戏世界中。

詹明信在《晚期资本主义的文化逻辑》一文中描述了一种文化上的"精神分裂"现象："一个意符在移向另一个意符时会产生特殊的效果，而这种活动最后便构成所谓'意义'的诞生了。我们也可以说这是一种'意义的效果'——即由不同意符之间的相互关系所投射及衍生出来的客观化的一种表意幻景。这种意符之间的关系一旦分解了，表意的锁链一旦折断了，呈现在我们眼前的就只能是一堆支离破碎、形式独特而互不相关的意符；这种情形一旦出现，所谓精神分裂的感觉便由此而生。"② 在玩者与游戏的互动中，他/她一方面满足于电子游戏制造的巨大的"表意幻景"；一方面又要清楚地认识到，一旦退出游戏，这一表意的链条就断裂了。他/她不可能通过在现实生活中与（没玩过这款游戏）他人的交往来重构这种意义。一旦这个意义对于玩者过于重要以至于难以割舍，他/她就要承受"精神分裂"的压力。

然而，现代游戏产业的发展似乎给了类似的"玩者"一个延续其表意链条的机会，通过不断的游戏产品生产，这种幻觉得以维系，而后果则是，世界被数字化、虚拟化了，与真实"隔了很多层"。鲍德里亚说："事物本身并不真在。这些事物有其形而无其实，一切都在自己的表象后面退隐，因此从来不与自身一致，这就是世界上具体的幻觉。而此幻觉实际上仍是一大觅，它使我们陷入恐惧之中，而我们则对以实情表象产生的幻觉来避免自己恐惧。"③ 但是，吊诡的是，"影像不再能让人想象现实，因为它就是现实。影像也不再能让人幻想实在的东西，因为它就是虚拟的实在"④。

---

① 贡扎罗·弗拉斯卡：《拟真还是叙述：游戏学导论》，宗争译，载《符号与传媒》，2011年第2期。
② 詹明信：《晚期资本主义的文化逻辑》，陈清侨等译，北京：三联书店，1997年版，第471页。
③ 让·鲍德里亚尔：《完美罪行》，王为民译，北京：商务印书馆，2002年版，第7页。
④ 让·鲍德里亚尔：《完美罪行》，王为民译，北京：商务印书馆，2002年版，第8页。

在消费社会，游戏与现实的界限正在逐渐模糊，因为两者都是幻境，也同时都是"真实"，或者，如鲍德里亚所说："真实是从微观化的装置中产生的，是从铸型、存储体和控制模型中产生的——通过这些，真实可以无限次的被复制出来。它不再必须是合理的，因为它不再被作为反对理想的或否定性事实的尺度。它只不过就是一种操作。实际上，因为它不再被意象包裹着，它根本就不再是真实的。它是超真实。"① 鲍德里亚洞悉到"拟真"的两个层次：第一级的仿象还拥有一个清晰的对象，还能够激起真实与虚构的论争；而第二级仿象则是对符号的再制作，其间，已无真假之辩，有的只是痛恨或狂喜。这之中包含着人们对曾经可以触碰到的真实生活的遗忘，亦包含着对强大符号帝国的屈从。

人们不能允许"无意义"，因此，在投身进入那巨大的符号世界的时候，他总是试图制造另一个"解释项"的世界来使意义得以呈现。人也不能允许意义无限衍生下去，因而，总要在某个"解释项"上停留下来，停留的理由是多种多样的，但总有一个理由与"交往"相关，因为人并非生活在真空中，不能仅仅藉由自己来确定意义。无论是在游戏中还是在现实中，只要存在着互动、对话与交往，真假之争就永远不会停止。"幻象并不单纯处于想象的一边；幻象是一小块想象，只有通过它我们才能接近现实，它是保证我们能够接近现实的框架，是我们获得'现实感'的框架（一旦我们的基本幻象破碎了，我们就会体验到'丧失现实'）。"② 正因为如此，游戏"身份"也许可以帮助你认清"自我"，在游戏中可以获得具有"现实感"的体验，但只要现实与虚拟这两个表意层面无法合一，游戏就永远无法替代现实。因此，只要参与游戏仍然出于自愿，退出游戏仍然具有自由，就大可不必"杞人忧天"。

【原载《湘潭大学学报（哲学社会科学版）》，2015年03期】

作者简介：

宗争，成都体育学院讲师，四川大学符号学－传媒学研究所成员。主要研究方向：游戏符号学、体育人文社会学、游戏文化研究。

---

① 鲍德里亚：《生产之镜》，仰海峰译，北京：中央编译出版社，第2005页版，第186-187页。

② 斯拉沃热·齐泽克：《实在界的面庞——齐泽克自选集》，季广茂译，北京：中央编译出版社，2004年版，第298页。

第三部分

商品的符号化销售

一、广告的符号学定义

饶广祥

中文"广告"对应的英文词有"advertising"和"advertisement"两个词。学界从传播活动角度定义广告,将广告视为有偿的商品或服务信息传播活动,定义的是"advertising",并未定义后者。但此界定未能有效区分广告和其他传播方式,以这个定义为基础的广告学研究也局限于"操作过程",不太重视广告文本。"advertisement"是广告实践的对象,也是广告研究的对象,是整个广告学研究的基点。本文先梳理广告的定义,揭示从传播方式界定广告的局限性,进而借用符号学方法,抽象文本形式特征,确立广告的文本定义。本文最后提出,广告研究必须回归到文本,才能摆脱"有术无学"的尴尬处境。

1. 广告的"活动论"定义

广告定义问题一直是广告研究者和从业者关心的问题。经过长期的讨论,许多人认为这个问题已经讨论清楚了。事实上,当前为多数人接受的广告定义是从"传播方式"出发确立的,主要是明确广告作为传播活动的特征,并没有界定广告文本自身。这将研究局限在"过程研究",极大地限制了广告学的发展。

现代学界使用的广告定义源自西方。1905 年,J. E. 肯尼迪给广告下了一个定义:"广告是作为印刷工具的推销手段。"这是最早的广告定义之一,是广告定义的雏形,但此定义只是指出了广告的目标,并未确定广告的属性。随着广告不断发展,广告定义也逐步完善。1948 年,美国市场营销协会(American Marketing Association,AMA)定义委员会给广告下了这样的定义:广告是"由明示的广告主针对观念、商品或者服务进行的一种使用付费形式、非人际传播的提示或促进活动"①。此定义影响巨大，西方学者对广告的界定大多与此相似。美国的威廉·威尔斯、约翰·伯奈特、桑德拉·莫里亚三位学者在《广告学：原理与实务》一书中下的定义是："广告是一种由特定的出资人发起的，通过大众传媒进行的非人员推销的有偿沟通方式，其目的是说服或影响某类受众。"②

另一位著名美国广告学者阿伦斯也给出了相似的定义："广告是由已确定的出资人通过各种媒介进行的有关产品（商品、服务和观点）的，通常是有偿的、有组织的、综合的、劝服性的非人员的信息传播活动。"③ 这些定义和美国市场营销协会的定义区别甚微。

中国学者对广告的理解和西方学者接近。陈培爱认为："广告是把广告主付出某种代价的信息，经过艺术加工通过不同媒介向大众传播，达到改变或强化人们观念和行为的目的。"④ 陈谦、刘芳专门讨论"广告概念的界定"，并在梳理其历史之后，提出了新的界定："广告是广告主为了推销其商品、劳务，在付费的基础上，通过媒介面向社会公众进行的信息传播活动。"⑤ 类似的定义并不少见。开卷必谈"广告定义"的"广告学"著作已经出了几百本，但所提出的界定大同小异，大多都和美国市场营销协会半个世纪前提出的定义相差无几。

上述诸种定义从传播学的角度讨论广告，把广告当作信息传播的活动之一，因此类概念是广告定义的"活动论"⑥。

与广告定义长期保持不变形成强大反差的是，近几十年来，广告实践发生了翻天覆地的变化。现代经济的加速度发展的要求，推动了符号消费量的不断增加，这又得依赖"消费欲望"的增长，而欲望的激发，需要依赖广

---

① "Report of Definition Committee", *Journal of Marketing* XII, No. 2, 1948, p. 202. 本文转引自清水公一《广告理论与战略》，胡晓云、朱磊、张姮译，2005 年版，第 3 页。

② 威廉·威尔斯、约翰·伯奈特、桑德拉·莫里亚：《广告学原理与实务》，张红霞主译，北京：北京大学出版社，2007 年版，第 10 页。

③ 威廉·阿伦斯：《当代广告学》，丁俊杰等译，北京：人民邮电出版社，2006 年版，第 8 页。

④ 陈培爱：《广告学原理》，上海：复旦大学出版社，2003 年版，第 5 页。

⑤ 陈谦、刘芳：《广告新论——若干问题的学术探讨》，北京：中国社会科学出版社，2010 年版，第 9 页。

⑥ 陈谦和刘芳将广告概念归结为两大倾向：（1）将广告视为广告作品或者广告物；（2）指广告活动。参见陈谦、刘芳：《广告新论——若干问题的学术探讨》，北京：中国社会科学出版社，2010 年版。

告，广告成为当代经济和文化发展的核心动力。

更为重要的是，伴随着上述的异化符号消费过程，广告的功能从"广而告知"逐步转变成为商品添加"符号附加值"。在此演变过程中，广告在形态和模式上都发生了巨大转变。软新闻广告、植入广告、"微电影"广告、MTV广告等新广告形态的涌现，全面而深刻地改变了广告的外延和内涵，现在的广告定义已经无法囊括和应对快速蜕变的广告现实了。因此，重谈"广告定义"，恐怕是不得不为之的事情。

2. 广告"活动论"定义的特征与局限

更须警惕的是，西方对于广告的传统定义本身就含混不清，不仅没能抓住广告的本质，而且还将研究引向"过程研究"，这极大地限制了广告的研究范畴。

上文已经陈述了美国市场营销协会对广告的定义，美国广告协会给广告的定义也极为类似："广告是付费的大众传播，其最终目的为传递情报，改变人们对广告商品之态度，诱发其行动而使广告主得到利益。"

纵观本文陈列的诸种定义，虽然各有异同，但都强调了以下各种共同特征：

第一，强调广告是一种传播活动。阿伦斯也强调了这一个特征。他解释道："它确实是一种非常有组织的应用传播形式，由文字和非文字元素构成，以填充由出资人所指定的特定空间和时间。"[1]

第二，"非人际"，强调广告是借助大众媒介进行的非人际传播活动。广告需借助大众媒介来传播信息，以影响特定的大众。而人际传播则不包含在内。"口传虽然也是一种传播手段，但并不是一种广告媒介。"[2]

第三，广告是付费的。几乎所有的广告定义都强调广告是特定出资人所进行的有偿的信息传播活动。付费也被当作广告和其他传播形式的最重要的区分标准。

第四，广告的目的是影响消费者有关"商品"或"服务"的观念，使其产生理解、好感乃至购买行为。

---

[1] 威廉·阿伦斯：《当代广告学》，丁俊杰等译，北京：人民邮电出版社，2006年版，第8页。

[2] 威廉·阿伦斯：《当代广告学》，丁俊杰等译，北京：人民邮电出版社，2006年版，第8页。

广告的"活动论"的目的在于区分广告和其他类型的传播活动。传播是传播者通过媒介传递信息给接收者,引起相应变化的过程。学界认为,上面总结的广告活动的四个特征,是广告和其他传播形式的区别所在:传播者需付费,信息是有关商品的,媒介是大众媒介,目标是促进广大接受者购买。

上述四个特征抓住了广告的传播属性,确定了广告的基本特征。但在具体区分广告和其他传播活动时,会遇到不小的困难。比如,根据上述标准,很难有效区分广告和新闻。胡晓云和张健康认为,新闻和广告的第一个区别,是在信息的特性方面,广告"传播的主要是商务信息,可以在真实的基础上进行创意表现",新闻则"传播的是新近发生或者正在发生的事实信息,要求真实、准确,注重时效,不允许有艺术的夸张和修饰"①。他们强调新闻和广告的最主要的区别在于信息里是否包含了商品或者服务(商务信息)。

确实,不包含商品或者服务信息的新闻和广告可以通过上述方式区别开来。难以分清的是,在报纸中存在大量详细描述商品的报道。它们也是面对大众的传播,并发挥着传播商品的功效,这种新闻既可能是普通的报道,比如苹果公司发布新品的时候,不少媒体会做详细报道,也可能是以新闻的方式出现的广告,即我们通常说的"软广告"。当前的广告定义把广告和新闻的区分放在"付费"上:广告需付费,新闻不需付费。这也是胡晓云和张健康指出的新闻和广告的第二个区别:"广告是媒介经营的重要组成部分;媒介是广告得以发布的载体。大众禁止有偿新闻。"②

付费是卖方和买方的支付关系。信息所有者(广告主)在媒体上发布广告,支付给媒体一定的费用。但媒体给自身做宣传,比如报纸为促进自身销售而发布在自身刊物上的征订信息或者招聘信息,也不存在付费的问题。如果因为不付费,就否定它们是广告,恐怕不太合理。

付费是一个外在于广告的标准,能否把它当作区分广告和其他传播方式的标准值得商榷。付费作为广告生产程序的环节之一,是隐藏在广告文本之后的前提条件。是否付费,受众看不出、不关心,也不是区分广告的必要条件。广告诞生之初,就是以新闻的形式出现的,为了避免受众把广告当作新闻,"大多数刊物仍然把广告限制在发行物的卷首或封面特定的版面上,以

---

① 胡晓云、张健康:《现代广告学》,杭州:浙江大学出版社,2007年版,第11页。
② 胡晓云、张健康:《现代广告学》,杭州:浙江大学出版社,2007年版,第11页。

免读者把广告和编辑的内容搞混"①。这说明付费不能让受众区分某一则信息是新闻还是广告。广告发展到今天，即使没有"额外注明广告"，接收者一样能清晰区分广告和新闻，也说明广告有自己的形式特征，只是学界没有充分重视此特征。

从广告"活动论"区分广告和公共关系（public relationship）也存在着一定的困难。胡晓云和张健康在《现代广告学》中指出："公共关系研究的是组织内部机构之间以及内部人际之间、外部与其他组织间的协作、树立良好形象和声誉的现代传播方式，公共关系的任务是对内协调关系，对外树立形象。"② 阿伦斯也认为："公共关系的主要职能是经营企业的声誉并帮助公众形成对企业的一致认同。"③ 从此定义看，公共关系是一种沟通活动，作为企业内部，企业与环境的协调手段存在。

胡晓云从"对象和任务""传播原则""信息传播方式""与传播媒介的关系""效果与地位"五个维度对比了公共关系和广告的区别。④ 这五个维度中，有三个属于广告的基本特征：对象、传播方式、付费。然而，广告和公共关系在这三个维度上的区别极小。同为大众传播的方式，公共关系和广告在接收对象上近乎重合。公共关系确定的对象——公众，往往也是广告的对象，至少其中大部分和广告对象重叠。公共关系的根本目的还是在于促进商品销售，帮助公司盈利。在是否付费的问题上，两位作者也承认，公关活动往往也是要付费的。确实如此，大部分企业策划的公共关系活动都需付费，只是不像广告那样主要用于购买媒介空间或时段。阿伦斯准确指出了公共关系在付费上的区别："广告和公共关系的一个基本区别就在于许多公关活动（如宣传活动）并不公开提及出资人。"⑤

综合上述分析可以看出，广告"活动论"定义未能界定广告的本质。"站在传播活动的角度界定广告，区分广告和其他传播形式"的出发点决定其无法完成此区分任务。各类传播活动共享媒介，区别只是在于信息及信息

① 西沃卡：《肥皂剧、性、香烟——美国广告200年经典范例》，周向民、田力男译，北京：光明日报出版社，2001年版，第51页。
② 胡晓云、张健康：《现代广告学》，杭州：浙江大学出版社，2007年版，第9页。
③ 威廉·阿伦斯：《当代广告学》，丁俊杰等译，北京：人民邮电出版社，2006年版，第447页。
④ 胡晓云、张健康：《现代广告学》，杭州：浙江大学出版社，2007年版，第9页。
⑤ 威廉·阿伦斯：《当代广告学》，丁俊杰等译，北京：人民邮电出版社，2006年版，第9页。

的表现方式。因此，只有从文本出发，才能区分各类新闻、广告等各类传播活动。现有定义似乎已意识到这点，并指出了广告信息必须包含商品或者服务的信息，但上文已经指出，公共活动和不少新闻报道也包含了商品或服务信息。广告与其他传播方式的不同之处在于：同样是商品信息，广告以独有的方式表达出来。抽象出此文本形式，才能准确界定广告。

"活动论"聚焦于广告传播过程，对广告文本关注较少，这也就决定了现行的广告研究更注重"操作过程"研究，而对广告文本未给予足够的重视。广告操作研究直面的命题是：如何创作出效果更好的广告。其根本的研究逻辑是：在受众需求和商品属性之间找到"共感点"（广告概念），并将之"表现"为有说服力的文本，进而系统地通过媒介传播出去。

活动论视野下，广告学研究被分为几大块：广告概念确定、表现成文本、系统传播、效果评估。与此相对应，产生了相关研究领域：消费者研究、行业和产品研究、文案、设计、策划（对整个过程进行把控）、媒介策略研究、广告效果研究等。仔细审查，广告概念的寻找与确定和品牌及产品定位相关，由市场营销来完成。将"概念表现成文本"才是广告研究的核心，这一过程中所隐藏的表意规律才是广告研究的真正对象。但由于广告"活动论"太过侧重广告传播活动过程，不够重视此根本性的问题，导致广告研究对象的缺场。从这个角度来看，要改变这一研究现状，首先得回归到文本，并从文本角度重新讨论广告定义。笔者认为也只有从文本形式的角度，才能把广告界定清晰。

3. 广告的文本定义

广告与其他传播方式的根本区别在于文本，从广告文本形式特征角度讨论广告，有助于我们把握广告的本质。为了与"活动论"相区别，将此路径称为广告的"文本观"。陈谦和刘芳认为，把"广告视为广告作品或者广告"是广告概念的另一种认识倾向。他们在由二人合著的《广告新论——若干问题的学术探讨》中指出：

> 关于广告概念，目前存在两种基本的倾向：一是将广告视为广告作品或者广告物——即各类媒体如报刊、广播电视、路牌、招贴等已经刊播的广告成品。大凡提及广告，视野所及多止于此，研究的对象多限于此，这在不少已经发表的成果中表现得较为明显；二是不少成果（包括教材）一方面为广告学中的广告概念做出了比较详密、充分的界定，区

分了广告概念中的"广告运（活）动"与"广告作品"之别，但在研究、讨论的展开过程中，往往不是混淆"广告运（活）动"与"广告作品"的差异，就是只局限于"广告作品"。[①]

由此看来，不少人都已经意识到广告文本（advertisement）是广告定义的重要组成部分，但关键的问题是，广告文本具有什么样的形式特征。这才是区分广告和其他传播的根本所在，也只有理清此区别，才能有效地展开广告学的研究。

上文提到，广告刚开始出现时，和新闻并没有明显的区别。为了防止误读，将广告发布在固定版面上。后来不再以"特定版面"方式来区分广告，说明广告已进展至依靠其形式就能够和新闻区分开来。现有定义已经指出，广告和其他表意体裁的区别在于广告必须包含商品信息。

与其他体裁不同的是，广告中的商品信息以独特方式展现。影视广告、广播广告中，最后一刻总会出现包含商品（服务）图像、标志、品牌广告语等符号。在平面广告中，在画面的某一个相对固定的位置（通常在四个角落），也会出现商品（服务）图像、标志或者广告语，以标示所传播的商品（服务）。本文把此类出现在文本最后（影视广告、广播广告等）或者某一个相对固定角落（平面广告）的包含商品（服务）标志、商品（服务或者机构）图像的符号称为"尾题"（end title）。

尾题具有独特的属性。尾题的第一个功能是指明广告所传播的商品（服务或机构）信息，以引导接收者正确解读。为完成这一任务，它必须包含能够让接收者轻易识别出商品的符号。常用的符号有商品图像、商品名、商品标志、品牌广告语等，或者它们的组合。为了提高识记率，强化印象，同一个品牌（商品或服务）的尾题是相对统一的。比如"益达"口香糖广告中，都有"Extra 益达"，如图1、图2所示。又如汽车公司别克的尾题，也是一个完整的组合，如图3所示。

---

① 陈谦、刘芳：《广告新论》，北京：中国社会科学出版社，2010年版，第2页。

图1　益达"酸甜苦辣"广告的最后画面

图2　益达口香糖广告

图3　别克的标志

　　尾题的第二个特征是出现在文本相对固定的位置。在具有时间长度的文本中，影像广告、广播广告中，尾题出现在文本最后一刻。比如格力空调广告中，在最后的画面上出现了尾题：标志（红蓝相间饼图、字母"GREE"）和商品名"格力"。在平面广告中，尾题一般出现在图像的四周角落，西方广告习惯把商品放在右下角。出场位置是接收者判别尾题的重要标准。商品的图像和标志在其他体裁的文本中都可看到，但接收者并不会认为这些文本是广告，主要是因为这些符号没有出现在上述的常见位置。

　　不少广告就是借用尾题的位置进行体裁创新。一旦尾题改变，最明显的体裁标示也就消失，广告就可能被误读，或者需借助伴随文本来促进解读。比如雀巢咖啡的广告：在一面浅绿色的墙上，有一个小窗户，窗台上放着一个冒着热气的红色杯子——上面有雀巢咖啡的标志。一簇绿藤蔓延到窗户上。窗台下面有一行字"欢迎光临"，如图4所示。该作品画面精美，经常被当作电脑桌面背景。因为画面四周没有明显的商品的标志，接受者无法确定尾题，也许接收者可以读出广告意味，但其被当作广告阅读的概率大大降低。因此，它往往得发布在相对固定的广告版面，以避免因弱化尾题或者取消尾题所导致的体裁混淆。

图4　雀巢咖啡广告

　　尾题是相对独立的一个符号或者符号组合。首先，尾题是一个相对完整的整体，并作为商品识别的主要符号。格力空调的尾题符号是"红色相间的饼状图"和"格力"的组合。"相对独立"是指尾题与其他内容连结不紧密，具有特立的物理位置。在影像广告中，尾题通常出现在独立的画面，而且是静止的画面，并停留相对较长时间。平面广告的尾题更独立，通常固定地出现在图像四周的某一角，并且风格也很明晰：商品图像或者商品标志。"相对独立"的特征提高了尾题的显著度。尾题和标版不一样。标版是指在广告创作，特别是影视广告创作中，包含商品信息的画面，是物理层面的概念。而尾题则是从内容角度说的，指标示商品的符号系统。不过，"标版"此概念从另一个角度说明：广告中必须包含尾题。

至此，广告文本的特征已经很清晰：具有尾题的文本。根据此特征，可以有效区分广告和其他体裁文本。结合广告"活动论"的界定，本文认为，只要符合下面三个条件的文本，便是广告：

（1）此文本必须包含商品或服务信息，且商品或服务信息以不可忽视的"尾题"方式出现；

（2）此文本是旨在说服受众购买商品（服务）或者接受某种观点的意动性文本；

（3）文本以"非人对人"的方式传播。

这个定义可以帮助我们清晰区分广告和其他体裁。第一个区分标准是"文本是否有商品信息"。比如，广告和新闻的区别就在于，广告必须包含商品信息，而新闻一般不包含商品信息。

上文提到了，新闻往往被"软化"，呈现为"有关商品的报道"，成为"软广告"。要区分软广告和广告，就得参考商品信息出现的形式，这就涉及第二个标准：商品信息以尾题的方式出现。在新闻中，为了照顾新闻体裁所要求的"客观公正"，必须把"传播商品"的意图适度隐藏起来，以免过于张扬，露出马脚。因此，软广告在介绍商品时一笔带过，没有非常明确的提示。广告则不一样，商品信息以尾题的方式出现，强调了文本的广告体裁。由此，也与其他文本类型区分开来。

反过来说，"微电影广告"之所以是广告而不是"微电影"，也在于其最后必然有尾题。比如卡迪拉克微电影广告《66号公路》，邀请莫文蔚主演。讲述了一位明星莫小姐，为了追求自由，一个人外出旅游，在66公路上搭乘一位英俊摄影师的车，一起享受绚丽风光，摄影，自由。在广告的最后一刻，出现了卡迪拉克的标志。另外一个经典的案例是七喜的系列微电影广告，几个广告都围绕着"七喜中奖率高"展开叙述，说的故事都不一样，但在最后都会出现七喜的标志。

文本要成为广告的另外一个标准是以大众为传播目标，因此必须通过非人对人的渠道来传播。"广告主并不是直接在视听众前讲述，而是通过媒体来传达信息，这是为了区别于人为销售及狭义的销售促进中的公开演示等。"① 这个标准是外在于文本的，是对文本传播方式的要求。此基本标准在现有的定义里面已经指明，在此不再展开叙述。但需要强调的是，既然广告必须是非人际的传播，根据此标准，长期以来被认作"广告"的形式，比如实物广告、叫卖广告和声响广告等，都并不是我们现在讨论的广告，至多算是广告的雏形。比如古埃及、古巴比伦市场上的专业口头宣传员：穿街走巷大声叫喊，传递商品信息，虽然承担着沟通供需双方的功能，并扩大了广告的传播范围，使广告朝"跨距离"发展，但这只是口碑传播的变形，并不是严格意义上的广告。

　　"非个人对个人"的传播方式也表明，广告并不等同于广告"作品"。创作"包含商品或服务信息"和"商品或服务信息以尾题的形式出现"的文本，若不用于大众传播，则只能算是半成品，不是严格意义上的广告。因此，上述定义其实规定了广告文本的形式及其传播方式。

　　有学者可能并不赞成上述的广告定义。主要理由是，广告文本只是广告活动的一个环节，而不是广告活动的全部，上述定义缩小了广告的范围。类似的观点恐怕混淆了广告、广告活动与广告学这三者的区别。广告活动是运用广告来传播商品信息，影响受众的过程。广告学是研究广告活动的学科。而广告是广告活动的载体，是广告学研究的核心对象。只有弄清楚广告，才能讨论广告活动，广告学研究才有基点。而广告"活动论"企图站在传播过程来区分广告活动和其他活动，在起点上就是偏离方向的。正如前文所分析的那样，这种区分不可能实现，而且可能带来上述广告学研究"对象缺场"的风险。让广告定义回归到文本，是定义本身的需要，也是克服现有研究局限，推进广告学研究与实践的必然要求。

　　根据本文确立的广告基础定义，广告学研究至少需要囊括两大论域：广告文本的创作和广告文本的传播。台湾学者杨朝阳似乎很早就意识到了广告学的这两块领域。他在广告理论著作《广告战略》中，把广告分为"说服力"和"传达力"两块来讨论："所谓说服力的广告，即是以消费者的需求

---

① 〔日〕清水公一：《广告理论与战略》，胡晓云、朱磊、张姬译，北京：北京大学出版社，2005年版，第3页。

为基础，有条不紊地对消费者提供极易整理的资讯。"①

杨朝阳把广告当作系统的资讯。在书中把传达力分为概念和创意两部分来讨论："广告表现是由概念（concept）和点子（idea）组合而成的。也就是说，概念为表现的骨架，而点子则为其血肉。或者说表现概念为讯息，而点子为说服手段。"② 但说服力只是广告的一部分，"即使广告十分有魅力，且接受者也不会拒绝传达，但是讯息却没有到达受训者，也不能产生传播的效果。这是'信息传达'的另一个问题。也就是说如何有效地利用媒体的问题"③。其实也就是"传达力"问题。

杨朝阳把广告划分为"文本讯息整理"和"文本讯息传达"的问题。虽然他提出此观点的出发点是更好地进行广告策划，但其背靠的广告概念却和本文的观点极为一致：广告是特殊文本及文本的传递。

由此看来，"广告文本表意和传播的规律"的研究是广告学研究的不可或缺的组成部分。从这个角度区分，广告学研究可以分为三大方向：广告操作研究、广告文化研究、广告表意机制研究。广告操作研究关注广告的操作技巧；广告文化研究主要分析广告和社会文化，特别是与意识形态、身份、性别等问题的关系，考察广告如何影响社会文化的构建。广告表意机制研究则研究广告文本的表意原则和规律。

仔细审视，我们会发现，广告操作研究的核心目标也在广告文本，如何创作有效的广告文本是重中之重。广告文化研究要分析广告如何与文化互动，也需要分析广告文本如何吸收文化，又如何释放力量影响文化。广告形式研究则是集中分析文本的表意规律，是前两个研究方向的基础，也是广告研究的本质。为此，文本呼吁：让广告定义回归文本，如此才可能从"广告无学"的尴尬处境中解脱出来。

【原载《甘肃社会科学》，2012 年 06 期】

作者简介：

饶广祥，四川大学文学与新闻学院副教授，硕士生导师，四川大学符号学－传媒学研究所副研究员，主要研究方向：传播符号学、广告符号学。

---

① 杨朝阳：《广告战略》，北京：中国商业出版社，2007 年版，第 97 页。
② 杨朝阳：《广告战略》，北京：中国商业出版社，2007 年版，第 107 页。
③ 杨朝阳：《广告战略》，北京：中国商业出版社，2007 年版，第 155 页。

二、品牌神话：符号意义的否定性生成

蒋诗萍　饶广祥

商品是现代社会市场经济的细胞，这点为人们所熟知；品牌化的商品是后现代社会市场经济的细胞，这点每个人也都清楚。但是，很多理论家对品牌建设持批判态度，认为品牌意义作为符号消费的对象，为社会与文化带来负面甚至是败坏的影响。然而，品牌作为一种社会存在，有其合理性及积极作用：品牌的出现，让产品获得了原本不具有的意义，促进了商品的销售，使商家获利，还促进了生产的发展；同时也催生了营销、广告、公关等行业，带动了就业，繁荣了经济。

因此，对品牌进行文本分析，抽象出规律以指导实践，显得比意识形态批判更为急迫。尤其是对于我国当前的社会发展现状来说，落后的品牌发展已成为中国经济腾飞的巨大短板，不把品牌意义的生成机制弄清楚，中国经济在世界上的被动地位就不可能得到改善。

财富品质研究院调研显示，中国人 2013 年奢侈品消费总额达 1020 亿美元（约 6000 亿人民币），占全球奢侈品消费总额的 47％。在感慨中国人强大购买力的同时，不禁喟然长叹：中国人购买了世界上近半的奢侈品，中国却没有一个奢侈品品牌。在这种情况下，一再重复西方的符号经济批判，不再能解决中国面临的迫切问题，研究者必须改变方向，设法从学理上解剖商品品牌化的最基本机制。

品牌是作为符号被生产出来的人工制品，是一个纯符号，根本任务是表意，核心在于取得消费者的认同。唯有厘清品牌意义的生成机制，方能实现品牌理论的新发展，更好地指导品牌实践。因此，将品牌的构建过程纳入审视范畴，勾勒出品牌发展的一般路径，便成为本文的题中之意。

1. 品牌意义生成机制研究的偏颇

品牌意义生成机制是品牌的最重要论题，也是当今文化的重大命题。国内外各个领域的学者都对此问题展开了探索，提出了不少理论解释。早在1967年，枯拉布（Grubb）和格拉思韦尔（Grathwohl）从社会互动的视角提出了"互动模型"。此模型认为品牌的意义在个体、受众和符号品牌三者通过"内在互动"（intra-action process）和"外在互动"（interaction process）两个过程完成品牌意义的生成。消费者通过使用品牌，将品牌意义过渡到自身；同时也通过其观众的评价和认可，进一步提升自己的形象。①利加斯（Ligas）和科特（Cotte）也提出了类似的观点，他们认为品牌意义的形成是个体环境、社会环境和营销环境共同谈判的结果。②麦克拉肯（McCracken）从文化与品牌两者之间的关系讨论品牌的意义：通过广告、时尚等行为，商品先从文化中汲取意义，消费者通过各种仪式，把品牌中的文化意义过渡到消费者身上。③

埃利奥特（Elliot）和瓦达那苏万（Wattanasuwan）从消费者体验的角度讨论品牌意义的形成，消费者通过广告等形成品牌的间接体验，通过购买和使用形成直接体验，在这体验过程中，形成对品牌的个人理解。个人理解通过各种场合的谈论（discursive elaboration）达成共识，形成品牌的象征意义。④上述的讨论大多都指出了品牌意义是在文化意义、个人意义、社会互动三者的共同作用下形成的。但未涉及具体的机制。市场实践领域也对品牌意义生成问题进行了探索。美国知名品牌专家大卫·爱格认为一位品牌负责人如果想要让旗下的品牌认同具有广度和深度，必须将品牌当作产品、企业、人、符号，从这四个层面促进品牌理解，从而让品牌认同显得更加清晰、完整。⑤

文化研究者也关注品牌意义的问题。鲍德里亚在论述符号消费时，强调象征交换，其中很大部分是品牌的象征意义。"橱窗、广告、生产的商品和

---

① L. Grubb Edward, L. Grathwohl Harrison, "Consumer self-Concept, symbolism and market behavior: A Theoretical Approach", *Journal of Marketing*, 31 (10): 22 −27.

② Mart Ligasand June Cotte, "The process of negotiating brand meaning: A symbolic interactionist perspectives", *Advances in Consumer Research*, 26 (5): 609−614.

③ G. McCracken, "Culture and Consumption: A theoretical account of the structure and the movement of the cultural meaning ofconsumer goods", *Journal of Consumer Research*, 13 (1): 71−84.

④ R. Elliot, K. Wattanasuwan, "Brands as symbolic resources for the construction of identity",. *International Journal of Advertising*, 17 (2): 131 −144.

⑤ 大卫·爱格：《品牌经营法则：如何建立强势品牌》，沈云骢、汤宗勋译，呼和浩特：内蒙古人民出版社，1999年版。

商标在这里起着主要作用，并强加着一种一致的集体观念，好似一条链子、一个几乎无法分离的整体，它们不再是一串简单的商品，而是一串意义，因为它们相互暗示着更复杂的高档商品，并使消费者产生一系列更为复杂的动机。"① 但文化研究者往往并不探究品牌意义的生成机制，也不对文本进行细读。"在那些重要的后现代理论家中，很少有人对大众媒体文化的实际文本和实践做出系统而持久的审视。例如，鲍德里亚难得有几次提及媒体文化的实际产物，而且极其轻描淡写，支离破碎，而德勒兹和瓜塔里也是如此。"②

罗兰·巴尔特应用符号学方法研究各种消费文化，提出了影响巨大的神话理论。③ 神话理论被广泛应用到品牌意义形成分析中。他认为神话是一种言说方式，是由两个系统转换生成的。第一系统符号即索绪尔所说的"能指＋所指＝符号"，表示符号明显的常识性意义，巴尔特称其为外延（denotation），第二系统符号即内涵（connotation），巴尔特称之为"神话"。用他的话来说，"神话是个奇特的系统，因为它是根据在它之前就已经存在的符号学链而建立的：它是个次生的符号学系统"。"神话言说方式的材料（狭义的语言、照片、绘画、广告、仪式、物品等），它们一开始不管多么千差万别，一旦被神话利用了，都归结为纯粹的意指功能：神话在它们身上只看到了同样的原材料，它们的同一性在于它们都简化为单一的语言状态……只是一个完整性的符号，它是初生符号学链的最后一项。"④ 巴尔特这种两级递进的意义结构理论被品研究者广泛地运用到品牌分析之中，品牌意义被认定是外延意义。

上述的种种研究，不管是枯拉布、格拉思韦尔、利加斯，还是鲍德里亚、巴尔特，在涉及品牌意义生成逻辑时，虽然各有差异，但他们都忽略了品牌与品牌之间的区别，匀质化地处理商品的符号化。同时，品牌意义也并非一成不变，它是一个不断变动的动态过程。因此，不同品牌在构筑"拟真"世界的贡献机制时也不像鲍德里亚所宣传的那样均等划一。更为重要的是，品牌意义的生成并不像巴尔特等人所理解的那样，通过"换挡、加速"

---

①　鲍德里亚：《消费社会》，刘成富、全志钢译，南京：南京大学出版社，2001年版。

②　道格拉斯·凯尔纳：《媒体文化：介于现代与后现代之间的文化研究、认同性与政治》，丁宁译，北京：商务印书馆，2013年版。

③　罗兰·巴尔特：《神话修辞术》，屠友祥、温晋仪译，上海：上海人民出版社，2009年版。

④　罗兰·巴尔特：《神话修辞术》，屠友祥、温晋仪译，上海：上海人民出版社，2009年版。

两步就能完成，如此将神话的进展过程处理得过于简单化。后文分析将会指出，任何一个品牌符号的表意，需要经历的阶段远远超出这两步。

2. 格雷马斯方阵模式下的品牌意义生成模型

正如科特勒所说，品牌是对商品的标示，是商品所携带的意义。品牌一直作为物品（物）的对立面而存在。但品牌本身是名称、标示、认同等的集合体。品牌的起点在于命名。名和物品是品牌表意的起点和模型。这个和格雷马斯对意义轴的理解不谋而合。格雷马斯（Algirdas Julien Greimas）认为，意义在意义轴的两个对立项之间运作，即正项（为便于表达，用 S_1 表示）与负项（S_2）（参见图1），同时再衍生出相应的反项，即否项（$-S_1$）和否负项（$-S_2$）。在这四项之外，有六个连接，即正项和负项之间的正对拒连接（5）；$-S_1$ 和 $-S_2$ 负对拒连接（6）；S_1-S_2 否正连接（7）；S_2-S_1 否负连接（8）；S_2-S_2 负否负连接（9）；S_1-S_1 Z 正否连接（10）。这四项及其连接构成符号方阵（Semiotic Square）图式。这个图示也被称为格雷马斯矩阵（Greimasian Rectangle）。格雷马斯在 1966 年出版的《结构语义学》中首次提出此方阵图式，又在 1970 年的名著《论意义》中改造了这个矩阵图式。[①] 这个矩阵被广泛应用到小说、文化研究等领域，成为重要的分析工具。

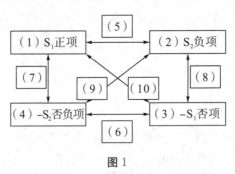

图1

格雷马斯的符号方阵提供了一个静态的多重否定方式，赵毅衡曾在《叙述在否定中展开》将其应用于小说叙述研究并对其进一步修正，他认为："这个方阵可显示一个不断藉否定进行构造的、无法封闭的过程：只要叙述向前推进，就必须保持开放的势态。这样理解，结构封闭的格雷马斯方阵，

---

① 格雷马斯：《论意义（上册）》，冯学俊译，天津：百花文艺出版社，2005 年版。

就成为'全否定'性的符号方阵。"[1] 如此，方阵中不仅这四项之间都是否定，甚至所有连接也都是否定连接。它不仅取消了简单二元对立之间妥协的可能，而且通过在一个正项上的累加否定而延续递进变化。由于正项（S_1）到否负项（$-S_2$），每一项都被否定连接所包围，任何运动下一步必然是否定，事物就能在运动中走向新的环节。

品牌符号的指称意义演变，便是在这种连续否定式的因果级差中展开。任何一个品牌符号的表意，都是以从车间生产出来的没有名字的物品作为发端，而物品（实）与牌子（名）可以作为将品牌表意向前推进的第一对立面；根据格雷马斯方阵结构，实和名对应两项，即非实和非名。笔者认为，从品牌意义生成逻辑对这两项进行赋值的话，非实对应的是名牌，非名则对应奢侈品牌。品牌意义生成路径一般包括了以下四步：从正项（物品）到负项（牌子）的指示化过程（5）；从负项（牌子）演进为否项（品牌）的精神化过程（8）；从否项（名牌）演进至否负项（奢侈品）的象征化过程（6）；最后，从否负项（奢侈品牌）通过神话化回到正项（商品神话），自此，物品演变成为供社会追逐的商品神话。如此，后者不断否定前者，四大阶段逐次替代，品牌表意逐步复杂化，关于商品表意的符号方阵得以建立，见以下商品变异四阶段图式，如图 2 所示。

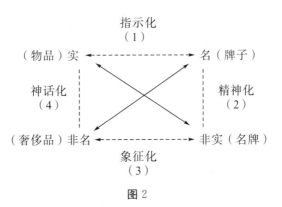

图 2

实：物品；名（牌子）：指称实物，因此非实物；非实（名牌）：具有独立价值的非物品；奢侈品：不再是（指称实物的）之名，而具有自我指称的"诗性"；回到物品：物品经过三重否定，成为商品神话。

---

① 赵毅衡：《叙述在否定中展开——四句破，符号方阵，〈黄金时代〉》，载《中国比较文学》，2008 年第 1 期，第 54—64 页。

3. 指示化：形成指称实物的牌子

中国传统思想里就有名与实相对的观点。先秦公孙龙提出，"天地与其所产焉，物也。物以物其所物而不过焉，实也"，"夫名，实谓也"（《庄子》中说"夫名，实之宾也"）。物是实的最主要形态。物品是整个品牌表意的起点，而名则是品牌表意的第一个步骤，这就产生了正项和负项，即物品和牌子，这两项之间的关系（1）是指示化的关系。

品牌是人类创造的"纯符号"，但大多数符号都是有物质性源头的，品牌符号的"物源"是为其提供实物载体的"产品"。产品是相对于携带意义的物而言的。布拉格学派的穆卡洛夫斯基认为，符号学应当有两个阶段，即"前符号实践"以及"符号功能"①。言下之意就是人的"纯实践"活动并不具有符号意义。产品从某种程度上说是"前符号实践活动"，是存在于现实世界的，先于品牌表意活动的"裸物"。

当然，人类是不可能不追求意义的，人类面对的世界有可能有一个"非符号化"的"前符号阶段"。但是文化的人不可能理解一个无意义之物，因为他必须在世界中找出意义。巴尔特认为"绝对非表意的物"只有一种，即"绝对随兴制作完全不类似于现存模式的用品"②。且不论巴尔特的此观点是否正确，以商品生产活动来说，任何一种产品的出现，绝非随兴制作，它们都是生产商某种意识对客观存在的反映。生产商抱有一定的目的和动机，在制造产品之前需要找准市场。因此，"实"跟"名"在现实世界中并不是绝然分开的。

但就学理上的讨论而言，实跟名是相对立的两面，必须区隔开来。"物品"作为品牌表意要经历的第一阶段，是从车间生产出来的产品，它还没有被赋予品牌名，只具有通名，如衣服、食品、工具等。这一时期的"物品"，只具有使用价值，不携带意义，无品牌附加值，只为满足人类基本的生理需求，其存在的理由就是等待下一步的符号加工。这些产品所具备的某些特征，如材质、形状、颜色等，将为产品的命名以及视觉系统的设计提供部分甚至全部的依据，从而将"物"从"物的世界"拉入"人的世界"。

---

① Jan Mukarovsky, *Structure*, *Sign*, *and Function*, New Haven: Yale University Press, 1978, p. 56.

② 赵毅衡：《符号学文学论文集》，天津：百花文艺出版社，2004 年版，第 295 页。

　　为产品取名，是一个指示化的过程：用特定的符号指出此物品，从而将其与别的商品区分开来，由此，产品也就变成有牌子的商品。牌子是指称物的名，并非实物。产品的销售者为了增强产品的识别性，往往采用产品名和标识共同使用的方式，这也是通常所说的品牌识别系统（Visual Identity System）。作为品牌的第一张名片，名称与 VI 是品牌存在的前提和条件，是第一时间向受众传达自己的信息、形成品牌第一印象的载体。同时，品牌名称与 VI 组成了品牌符号的文本形式，是品牌符号表意的基础。汉代刘熙《释名》说："名，明也，名实是分明也。"是名让实变"明"，命名就是符号化。同理，为产品取名以及设计 VI 开启了"物（裸物）"转化为"名（牌子）"之路。名字与 VI 是指示符号，在众多的物中"指出"所指之物，是对物作为物的某种层次的否定。我们将这一否定过程称为"指示"。

　　"名"对"实"进行替换，不仅是否定，更是继承，品牌的命名总是跟"产品"保持着一定的关系。当品牌名与 VI 的创意来源于构成品牌的实体产品的表现与特征，具有一种"透明感"时，产品与品牌名称、VI 之间的距离近。"指示"过程依赖于产品，产品成为指示符号形成的依据。指示符号在一定程度上等同于所指对象，并尽可能多地提供产品信息。一般而言，"指示"的产品信息包括以下三类：一是产品生产商的姓氏和名字，如卡尔文·克莱恩、雅诗兰黛、普拉达、周仰杰、羽西、张小泉等；二是产品所具备的效用、成分、品质标准、产地、目标消费群，如佳洁士、田七、茅台、十月妈咪等；三是产品所属的年代，如千禧之年等。

　　有的品牌名与 VI 的文本生成不直接来源于产品，品牌与产品之间并无像似或因果联系，而是由决策集团任意制定，体现其主观意图的结果。此时，产品与其指示符号的距离远。品牌符号文本所指的对象重心不是作为对象的产品，而是意义。"名"侧重于信息本身，形成一种独立于产品的价值，与产品形成间接的指示关系。如 Yahoo、Google、Exxon 等。正是在这种替代中，"名"完成了对"物"的否定，"名"成为"实"的指示符号，而"实"在表意中被再现而退出在场。"实"的初步符号化过程得以完成，落入人的体验之中，成为一种社会文化符号。

4. 精神化：名牌成为具有独立价值的非实物

　　当裸物被命名成为"牌子"之后，品牌的意图意义反映在文本之上，内在理据性得以建立，"实"与"名"形成固定的指示关系，品牌符号文本便完成了第一大功能。内涵层面功能的完成，是指将"名"成功上升到"非实"，即是说品牌的意义得以强化，使"牌子"成为众所周知的"名牌"。

品牌名与视觉识别系统（Visual Identity System）具有两大功能："一是外延性功能，使消费者对商品有所区分，以确定哪种商品想买或不想买。二是内涵层面的功能，产生某种超出简单识别功能的意义，使商品成为一种带有意义差别的'物化'象征。"① "名牌"否定"牌子"之后，成为具有独立价值的非实物，"实"获得"非实"的性质，名字与视觉系统不再只是指示产品，品牌意义亦成为其所指对象。

牌子进阶至名牌，是一个精神化的过程，是让牌子获得独立的内涵意义，成为非实物的过程。这一过程是长期且艰难的，尤其是对于跟"实"距离较远的"名"来说，其内在理据性虽已建立，但相当微弱。若要将"牌子"上升为"名牌"，使其具有较大的符号附加值，必然需要使品牌符号文本组合被有效地用于符号交流行为。因为社会性的使用，对于无论哪种符号，有意义累加的作用。于品牌意义而言，其理据性的上升发生在长期不断的品牌符号传播活动中。品牌符号的传播活动，是借用文化中原有的符号，通过长期捆绑式的传播与呈现，将意义转移到品牌身上。这种捆绑式的传播活动，主要是指广告。广告在定义"物的世界"，是对物性的否定，也是将"实"进一步精神化的过程。

以"凡客诚品"为例，从最初成立到快速发展，再到后来的调整期，其广告带有鲜明的品牌精神烙印。成立之初的"凡客体"是对"凡客"品牌的定义，将明星拉下"神坛"，还原成平凡之人——"我是凡客"；快速发展时期，"凡客"开始关注"品牌与人的心灵"，有了黄晓明的"挺住体"、韩寒的"无所畏"，这是一场柔软的、触及心灵的自我对话；后来，"凡客"将品牌意义与社会联系在一起，高举"正能量"旗帜；再后来，"凡客"借用文学作品的前文本力量，推出"生于1984"广告——"1984"是个特殊的数字，意味着变革、颠覆。这一系列广告就是一场精神与文化的饕餮盛宴，"凡客"不再仅是29元T恤的代名词，还展现出一个自我、清新、草根、奋斗的平民形象。

① Marcel Danesi, *Why it Sells*: *Decoding the Meanings of Brand Names*, *Logos*, *Ads*, *and Other Marketing and Advertising Ploys*, London: Rowman & Littlefield Publishers, 2008, p. 57.

5. 象征化：具有自我指称的"诗性"非名

奢侈品牌因价值高而成为商家追求的对象，但真正能实现这个转化的是极少数商品。商家的努力推动"名牌"向"奢侈品"转变，实现表意模式的升级，从而获得最大的符号溢价。由于奢侈品牌是携带某种精神意义的象征，我们将这一否定过程称为"象征化"。奢侈品牌不再是指称实物之名，而是具有自我指称的"诗性"非名。雅各布森在著名的"符指过程六因素分析法"中提出了"诗性"的解释。雅各布森认为，当符号表意侧重于信息本身时，就出现了"诗性"，也就是文本本身的品质成为整个表意的主导因素。

这是名牌和奢侈品牌的根本区别所在。名牌获得了某种特定的内涵意义，成为具有独立价值的非实物，其表意的主导模式在于特定的内涵意义，比如上文提到的凡客具有"平凡但自我"的精神意义。这个意义和凡客这个词本身的含义较为接近，品牌操作者取名时或许就是根据这一精神意义来取的。但奢侈品牌不再是指称实物之名，也尽量跳离了名牌所具有的内涵意义，回到了文本本身，并依据此因素成为整个品牌的依托。例如，英国奢侈品牌博柏利（Burberry）的标志本是骑士提矛骑马向前冲的形象，但在长期的传播过程中，这个原初的意义已经被忽略。同时，在受众心目中，博柏利这个标识本身所带来的消费感受往往超越于产品自身。

奢侈品牌的"象征化"的实现尤为不易，"三代才能出一个贵族"，这句话用在奢侈品领域恰如其分。细数各大著名奢侈品牌，大都拥有百年历史，爱马仕（Hermes）创始于 1837 年，万宝龙（Mont Blanc）创立时间是 1906 年，罗特斯（Lotos）创始于 1872，劳力士（Rolex）在 1908 年成立。在这百年之中，品牌意义的积累不仅依靠大众传媒的力量，还需依托各种要素合力完成，是各种伴随文本联合表意形成的结果。

"奢侈品牌"与"名牌"在管理方式上存在差异，"名牌"追求的是大众的热捧，"奢侈品"则追求的是少数人的拥有，因此，奢侈品管理几乎与大众消费品和高档品市场繁荣模式截然相反。这种管理方式的变革预示了对品牌表意的别样理解。如果说在前三个阶段中，品牌名与 VI 系统、产品、品牌意义三者密不可分，品牌的对象与解释项都必须依靠品牌符号文本组合指示出来。那么在已经成为某种精神象征的"非名（奢侈品）"这一时期，品牌符号再现体却意图与所指意义相分离，从所指意义那里游离出来。

赵毅衡曾为测试品牌价值，假设了一个实验：拿两个奢侈品牌包，一真一假，然后调换它们的牌子。"一个成了真货假牌子，另一个成了假货真牌子，两个提包我开出同样价钱，而且我把作假情况全部告诉顾客，任凭他们挑选。绝大部分人会选择'假货提包真牌子'。"① 在本文看来，这个测试不仅说明了品牌的符号价值对使用价值的挤压，更说明了奢侈品的品牌意义和产品之间的关联已变得极其脆弱。奢侈品表意方式有异于一般"名牌"，开启了品牌表意的新方式。

非名项是品牌表意的最后一项，形成了奢侈品牌。非名项是双否定项（$-S_2$），格雷马斯称此项为"爆破项"（Explosive Term）②，它既不承认正项S_1，又不承认否项$-S_1$以及负项S_2，它提供一种超越二元对立的可能。$-S_2$在对S_1、S_2、$-S_1$的彻底否定之后，就开始跃向新的符号表意形式，这也是任何一种表意方式必然出现的成熟化过程。这对于品牌符号表意的理解非常关键，只有理解了符号方阵中的这个双否定项，才能理解为何对于"奢侈品"的管理，迥然异于甚至相悖于大众消费品和高档品市场繁荣模式。杰姆逊则称这个双否定项"经常很神秘，开启了跃向新意义系统的可能"。

品牌符号的表意形式依次否定、依次成熟。名（牌子）项"否定"了实（物品）项的非符号性质，非实（名牌）项"否定"了名（牌子）项只具有指示性的品牌功能，赋予品牌内涵，而非名（奢侈品）项则在成为精神化象征之后，意图将品牌符号文本与对象、解释项剥离开来，进而从三个方面即前品牌阶段的纯物性、品牌符号的指示功能、品牌符号的意义表达彻底颠覆了品牌表意活动。在这意义的否定性演进过程中，一旦"名牌"被神话化，成为某种象征，其奢侈品的形式得以确立，产品就不再是缺乏意义的物品，而是充盈着表意能力的商品。

从这个意义上说，商品是当代的神话。品牌表意再也回不到其原初的各种状态，这宣告奢侈品作为一个"神话"后的符号载体，其表意方式已是对品牌的原初状态的否定，与纯粹的物品更不在一个层次上，它整个由符号意义组成，在符号构成上，它已经有点类似艺术品，物作为符号载体依然存在，但作为意义的承载物已经作用很小。

商品的符号消费因为鲍德里亚的强调而闻名于世。但鲍德里亚的观点已

---

① 赵毅衡：《符号学原理与推演》，南京：南京大学出版社，2013年版。
② Noth Winnifried, *Handbook of semiotics*, Bloomington：Indiana University press, 1990, p. 39.

经不能在品牌操作界获得广泛认为。康科迪亚大学的金·索查克从市场营销学角度，回应了鲍德里亚从符号学提出的观点，提出了类似的观点。她认为"（鲍德里亚所提出）意义的消失也许可以被证明是对处在'媒介喧哗'时代中市场营销者的一种挑战，但是这种符号学不和谐的声音的滋长和因此出现的意义与信息的精确性的'消失'并没有打乱办公室中的任何权力结构，也没有打乱我们正忙于监控的各种市场中的或者说资本流通中的任何权力结构。"①

本文借用格雷马斯方阵，重新建构了品牌神话的形成逻辑，在回应鲍德里亚、巴尔特等人的同时，也为市场营销实践提供更具操作性的模型。当然，并不是所有的品牌表意都会走完这四个流程，有些品牌因为外在强力的影响，可能从非物阶段直接跳过非名形成神话，比如某些高档餐馆因为知名领导人或者明星的消费而借机成为奢侈品牌。或者奢侈品牌因为市场操作失误，从非名项退回到牌子也是可能的，这将是市场操作的具体问题，本模型的优点也在于具有更大的包容性，为各类品牌表意路径运作提供解释。

【原载《国际新闻界》，2015 年 03 期】

作者简介：

蒋诗萍，上海财经大学人文学院讲师，四川大学符号学－传媒学研究所研究员，研究方向：品牌传播符号学。

饶广祥，四川大学文学与新闻学院副教授，硕士生导师，四川大学符号学－传媒学研究所副研究员，主要研究方向：传播符号学、广告符号学。

---

① 道格拉斯·凯尔纳：《波德里亚：一个批判性读本》，陈维振、陈明、王峰译，南京：江苏人民出版社，2005 年版。

三、品牌话语："你的目标是外星人吗？"

［美］劳拉·奥斯瓦尔德　著

邓胜月　译

　　1972 年，美国国家航空和宇宙航行局（美国宇航局）发射了"先驱者10号"卫星，这是第一个飞往木星、土星、银河系和恒星的宇宙飞船（美国宇航局，2007）。

　　一块 8×10 英寸的金色铝板被连接到卫星的外表面，上面镌刻着发射时间和发射地点，还有卫星的草图以及两个地球人类：一个是男性，一个是女性，如图1所示。

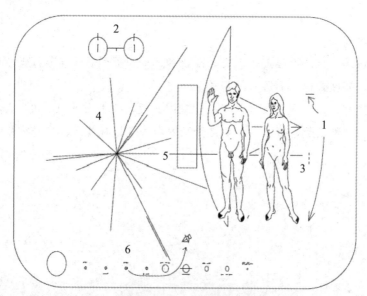

图1　"先驱者10号"卫星上的金色铝板

　　"先驱者"项目管理人员拉里·拉舍把这个铝板安装上飞船是为了传达官方使命和地球人对外星人的信息。这些外星人在太空的航行中可能会遇见先驱者卫星。"先驱者10号"由外星生物研究所密切追踪，由美国宇航局资助，希望能够得到"先驱者"遇到过外星生物的记号。早在 1999 年，拉舍就燃起了希望：对外太空生物可能在某些地方，以某种方式收到这个通讯的希望。

甚至即使"先驱者 10 号"确实和地球失去了联系，它的用处可能也不会终止。它的探测器携带的镀金铝板，在遥远未来为可能存在的外星人留下信息。包括画着人类男性和女性的图纸，和显示着当今地球的时间地点的图表。如果这个铝板被发现了——也许是在科幻小说中——它会告诉找到它的任何东西，我们身处何方，我们身处何时，我们是谁（拉舍，引用自西尔伯，1999）。

粗略分析"先驱者 10 号"铝板上人类形象的再现，或许可以得知，拉舍的星际通讯项目是徒劳的。第一个问题是，从空间符码到性别符码的符号语言，外星人大概没有和西方文化共享同样的构建形象意义的文化类别。而且，即使外星人一开始就拥有形象解读的必要的概念工具，他们仍然不能获得关于"我们是谁"的本真描述。因为铝板本身就没有表达出对人类的客观再现，它接近千年之交的西方世界对男人和女人的文化编码的解释。

这个案例对市场营销人员有着重要的启示，因为它强调了当品牌传播含有文化的或意识形态的潜文本时会发生误解，从而导致与消费者的沟通无法获得预期效果。如果市场营销人员忽视构建品牌话语的形式符码和文化符码之间的相互依存的关系，他们的目标可能就是火星人了。

尤其有趣的是，拉舍认为铝板上的人类形象显示了在地球上的"我们是谁"。这铝板显示了女性形象和男性形象，没有借助通常与个人身份识别有关的服饰，如服装，身体上的标记，或肤色。这种想法大概是为了表现人类的自然状态，于是向我们的外太空邻居发送关于地球人的"普遍"信息，甚至当卫星与地球失去联系后。虽然这些形象可能代表"我们是什么"，但从生物学上来说，这些形象不能代表作为人类的"我们是谁"，因为它们描绘的是有限文化观中的男性和女性：两人都是白种人，他们的发型来自于欧洲的文化，他们的姿势反映了西方的性别刻板印象。

这个例子对图像是对现实不经中介的"自然的"再现这一假设提出了挑战。"先驱者 10 号"上的图像不是人类的镜像，它是一种话语，是一种对世界的陈述：世界是由形式符码和语义符码之间的辩证内涵构成。形式符码用来建立信息的结构，语义符码用来建立信息的内容。在分析先驱者 10 号上的形象内涵及其对广告研究的意义之前，我将回顾广告传播的现状，介绍话语理论，并将其作为一种方式来深化理解构建文本和广告潜文本的符码。

在下面的章节中，随着话语分析难度的增加，我提出一个话语理论的概述框架。这个框架涵盖一切，包括从单个图像或标志中建构意义的微观话语以及在多个活动、时间框架和市场上沟通定位的宏观话语。

话语理论

话语理论是自索绪尔理论之后，符号学研究最最重要的进步。因为它将传播过程中符号系统的结构和构建符号过程的社会符码，或意义生产，有一个传播代理人（包含但不限于说者）和一个接收者（包含但不限于一个单独的接收者）参与的过程纳入思考之中。因为它考虑到符号系统的结构和符号过程社会符码之间的辩证关系。或者是传播活动中意义的生产，参与传播中介的过程（包括但不限于讲话者）和接收者（包括但不限于接收者）之间的辩证关系。为了理解话语理论怎样运用到广告上，首先我将追溯其语言学理论的起源，特别是法国语言学家艾米丽·本维尼斯特的著作。随后我将讨论哲学家扩大话语理论，到文本分析层面的文化潜文本的解读。

超越符号

简要地定义，话语是传播的站点，包括传播事件的信息的说者和接收者，并且参照特定的语境。话语分析将符号学的焦点从符码构建意义的抽象系统转移到将符码运用到建构命题、判断和主张的方式。

话语理论是从结构语言学和索绪尔的著作发展起来的。结构语言学强调意义的辩证结构。

索绪尔的符号二元分析不仅仅是纸上谈兵。它挑战了对现实的传统形而上的解释：现实是"给定的"（given）或要求符号表现的起源。通过从所指中分离能指，索绪尔强调意义是被规约和符码控制的，而不是事物的内在本质。索绪尔的发现强调符号系统不仅仅是表达先验"真实"的载体，它还影响着我们解读现实的方式。正如迪利指出的那样："符号学的中心是对整个人类经验的认知，无一例外，这是由符号调和与维持的解释结构。"（1990：5）

索绪尔的符号二元分析不仅仅是纸上谈兵。虽然索绪尔写下了关于语言符号中的语音能指和一个概念或所指的含义，符号的二元结构为诗性符号提供基本模型，如品牌标志（图 2）。

$$\frac{意义}{标志} = \frac{地位和财富}{LV 的标志}$$

图 2　符号的双重结构

话语的二元结构

自索绪尔以来，语言理论已经超越对符号本身的研究，扩展到解释符号被组织进入社会和文化建构的话语的方式。20 世纪 60 年代，本维尼斯特将结构语言学的焦点从符号作为最小的分析单元转变为句子。为了解释非语言的话语，如图像，本维尼斯特用 "enunciation"（大致翻译为 "陈述"）取代句子的形式，其中包括符号结构的辩证内涵——本维尼斯特所谓的 "符号层" 和意义结构，或是 "语义层"。通过将符号学研究从符号拓展到陈述，本维尼斯特指出语境之于符号的确切含义，之于创作者和信息接收者间主体意义交换的影响。

意义和指称

话语涉及陈述中的单个符号链接到其他符号的论断行为（利科，1976），并且参考语境确定意义。话语的引用可能为陈述添加细微的差别和潜文本，正所谓 "意义中的意义"。这些可能包含说话人的意图和语境暗示的内涵。例如，根据英语的语义规约，词语 "树木"，唤起一棵树木的概念。然而，即使是简单的陈述，如 "这棵树正在倒塌！" 都会嵌入词语 "树木" 在两个或多个对话者共享的传播语境中。此外，如果陈述的意义和指称是冲突的，那么该陈述要么暴露了谎言，要么就是说话人的反讽。如果有人在说："多么美好的一天！" 其实指称的是一个寒冷的，狂暴风雨的日子。他们通过说反语来表达自己对恶劣天气的反感，如图 3 所示。

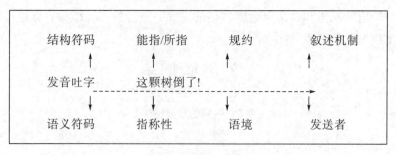

图3　话语的结构

声　音

　　本维尼斯特扩展了发送者的概念，使其超出"我"和"你"的语言符码，并且包含了陈述结构的每个操作。这些结构引起镌刻在话语中的组合机构和"声音"的注意。例如在文学中，隐喻、反讽、形容词和副词，流露出叙事者的观点和视角。一个比喻句"她的脸上有一个花园"，这不是描述女性脸庞的固有含义，而是叙述者的主观看法。

视觉话语

　　尽管本维尼斯特是一个语言学家，但是他的话语理论也应用在图像和大众媒体等非语言传播中。非言语话语包含视角观点的题词和任何形式的物质符号的指称。话语理论解释了一个事实，即视觉再现不是本真的或"自然的"，而是烙刻着特定意识形态的观点，总之是对现实的解释。视觉再现的话语结构一般包含了视觉领域任何形式的操纵——无论是电影、绘画、摄影、互联网或零售空间。这种操纵的例子是，一个特写镜头或者货架上的商品陈列。视觉话语还能在信息中吸引接收者（即读者、讲话者、观众，或购物者）的兴趣。因为这些形式操作构建了观众或购物者在信息中的交流。此外，也可以分析叙述者或商家在视觉话语中的组织手法，因为它们符合在表达中构建意义的符号学和文化符码。

先驱者 10 号

为了说明视觉话语的分析，回到"先驱者 10 号"上的图像，我特别注意到铝板上的人类形象，如图 4 所示。

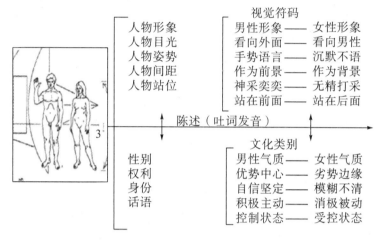

图 4　话语分析：形式＞信息＞文化

两个裸体的形象代表男性和女性，正如呈现出来的生殖器和肌肉组织，这些是与男性、女性特征相关的。生物学上的差异与形象上的性别角色通过姿态、手势和外表，是纵聚合的关联。男性被放置在前面，女性站在他身后；男性站得笔直，女性耷拉着身体。更重要的是，男性的形象拥有"言语"，正如一种符号语言所表达的那样。男性人物朝着假想的对话者的方向，举起手来表示欢迎，用目光和他们沟通。女性的双手被动地悬垂在她的两侧，她的眼睛注视着男性的方向——好像他在为她说话。民族服装或其他身体标记（如头发和肤色）的缺失，意味着占主导地位的民族理想的在场，即白种人和在视野之外的少数民族之间的同样的对立关系。

意识形态的形成

图像的形式构成是被意识形态的观念所扭曲的，这种意识形态观念深深根植于文化的信息语境中。"先驱者 10 号"铝板上的人物姿势和外表，在视觉领域的位置，以及他们的生理特征都传达了性别潜文本。20 世纪中叶是西方历史中的一个特殊时刻，男性形象占据强有力的位置并看着外面的观众，牵动着他们的目光。女性形象占据相对弱势的地位，并且她的目光朝着男性的方向。男性主导的"看"是与男子气概和主导地位相关的纵聚合联系。而带有女性气质顺从地位的"看向"则是构建了自 17 世纪摩登时代出现以来的性别表现。这可以追溯到在视觉领域的第一幅绘画，然后是电影和广告（见穆尔维，1975；奥斯瓦尔德，2012a）。换言之，在视觉空间中组织人物形象的形式符码都卷入了构建性别与权力的文化符码。

品牌话语

品牌与消费者有着许多形式的沟通：产品设计、包装、零售空间，到布卢明代尔百货公司的化妆品陈列，或是麦当劳的菜单。比如化妆品陈列在过于神圣的区域，从而限制了消费者。而 20 世纪的市场营销变得更加以消费者为中心，零售环境的结构变化反映出更自主、更自我的消费者形象。化妆品零售商效仿服装陈列，他们把产品移动到更加自助的陈列区，在没有导购的情况下，消费者也可以自主选取和体验产品。化妆品的展示台上摆满了朝向消费者的样品和化妆工具，就好像在说："选我，选我！"因此，零售品牌通过设计符码，比如产品形状、陈列位置和观看视角，与消费者"对话"。

话语分析是特别有用的，它可以评估一个与众不同的、始终如一的品牌定位是如何通过媒体和时间，在市场沟通中进行传播的。话语分析揭露了市场沟通中的字面含义和文化潜文本的关系。文化潜文本不可避免地要参照构建价值观、信仰和消费者文化假设的符码。

麦当劳：一个典型案例

这个典型案例要追溯到麦当劳公司 1997 年年度报告中对女性对象的表述。一家公司的年度报告是窥探其财务地位、整体愿景、品牌灵魂的窗口。事实上，报告中的广告图像暴露出 20 世纪 90 年代末麦当劳公司形成的更深层的战略问题（eiboghdady，2002；Martin，2009）。这一系列图像的品牌话语结构分析，揭示出麦当劳广告中的意识形态潜文本，当有孩子的母亲是重要的目标市场时，就会削弱女性的地位。至少可以说，性别的潜文本表明管理者的确已经忽视了消费者基础。

图 5　1997 年麦当劳年度报告的一张广告图片

话语分析

　　我开始在单一的广告中分析性别立场，然后展示整个广告报告中重复这种模式的方法。虽然上述广告的表面意义与"先驱者 10 号"截然不同，但是麦当劳广告上的人物架构和外观构建的性别刻板印象，与"先驱者 10 号"上的没什么两样。两位男性是图像的前景，正在握手。而女性坐在图像的背景中，望着男性，如图 5 所示。

　　在这则广告中，男性显然拥有占主导地位的"声音"，这反映在他们的手势、目光和身体上。他们坚定而牢固地站在图像的前方，参与一种男性的关系仪式——握手，他们直接看着对方的眼睛，似乎是在互相对话。而女人静静地坐在后面，在低于男性的位置。她的目光集中在男性身上，她在听，而不是在说。这则广告的意识形态潜文本与美国宇航局的十分相似，因为这些女性形象之于男性形象，都是服从的角色。

　　离开了对单一形象的评价，批评学者可能会说，这些形象只是一个坏广告中的案例，而不是当时广告定位的反映。显然，这则广告是针对西班牙裔的观众，因为它反映在广告尾题上："un momento asi en mcdonalds"——"麦当劳的时刻"（从字面上看，"只有在麦当劳才有这样的时刻"）。拥护该广告的人会说，这些形象恰到好处地反映了女性在西班牙裔家庭中的角色定位。然而，当我仔细思考了这则广告所在的年度报告中该系列的所有广告，我发现了促成消极的，如果不是故意为之的，关于女性的潜文本的意义模式。1997 年年度报告的所有广告都从这个角度展示女性形象，这就形成一致的潜文本：把女性从公司的年度自我呈现中剔除出去。另一个广告展现了两个男性，纳斯卡赛车手，以及第三个广告中只表现了母亲的后脑勺，面向镜头的是她的孩子。

在这些图片中，女性是被隐藏的，不存在的，或被边缘化的。这种消极的潜文本，不仅表明品牌与 20 世纪 90 年代的后女权主义文化严重脱节，而且基于 20 世纪 90 年代后期麦当劳的品牌基础，它在文化整体定位、身份和收入层面，与有孩子的女性的角色相背离。

虽然在给股东的年度报告中，管理层可能不打算让女性移动到背景去，但这种传播的潜文本更深刻地揭示了公司的战略挣扎。这一系列图像的形式结构表明，该公司的视线已经从目标市场移开了，与外部文化的变迁失去了联系。这就导致了该公司在世纪末的急剧下滑。

管理文化的潜文本

品牌通过市场传播与消费者对话，从广告和包装到陈列（retail）设计，在对话中说者都以同样的方式加入另外的说者。正如讲话者的犹豫或前后不一就会导致对他的信用的怀疑。所以品牌传播中如果有歧义、无关紧要的信息，或是前后矛盾，就会威胁消费者的信任和品牌的长期价值。符号学符码构建品牌传播中的文本和潜文本，为了纠正歧义，管理者首先必须对符号学符码有清醒的认识。比如说麦当劳广告中的目光方向、身体姿态和手势。有了这些知识，管理者才可以根据消费者的文化重新调整信息形式。这正是麦当劳更正的方法。

重新定位

该公司在 2003 年重新进行品牌定位时，把品牌形象与全球的业务举措结合起来，针对一个多元化的市场：包括积极的女性、孩子和单身男女。新的定位在全球范围内被加强巩固，"我爱它"活动标志着管理者对文化环境的改变做出的战略反应。用"看"图的方式来宣传消费者权益，从而精准地实现新的定位。例如，2003 年年度报告的封面和书页就重点介绍直视着镜头的女性（如图 6 所示）以及新的"我爱它"活动广告强调的回望着镜头的女性。

图 6　2003 年麦当劳年度报告的封面图片

不断变化的文化范式

总之，1997 年年度报告的广告意象是将女性安放在背景中、边缘地带或者是视线之外的位置。它反映了过时的女性刻板印象，即在男性主导的世界里的沉默、被动的形象。在图 7 中，为了说明管理者如何在重新定位的过程中解构文化刻板印象，我提出了这个文化刻板印象的符号方阵。文化刻板印象居于方阵的顶端，就像是男性的主导地位和女性的服从地位之间的二元对立。这些术语及其相反的术语之间有一条连结线，比如没有男子气概和没有女人味；在方阵的底部，代表了这种性别刻板印象的解构，给男子气概和女人味这种观念打上问号。这一系列的对立面——不再男性化/不占主导地位、不再女性化/不再顺从，定义了一个新的文化空间。这正是麦当劳新的形象定位，也是赋予男性和女性消费者的空间。

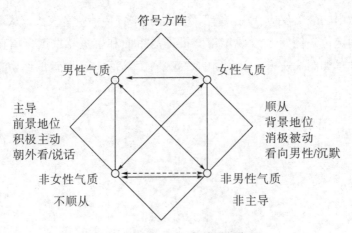

图 7　麦当劳 2003 年的重新定位

　　显而易见，新的定位在视觉上解构了男性和女性形象的严格对立，因为出现了充满力量的女性形象。性别刻板印象的解构是一个更普遍的品牌走向，对于在全球化和多元文化背景下的消费者来说，这只是冰山一角。这种文化定位塑造了"我爱它"运动的创意策略，2003 年麦当劳的全球广告就向消费者展示了一个年轻的亚洲女性的微笑。

　　虽然对一小组广告图像的分析可能无法提供公司的财务策略或品牌策略在可能的时间点的成功的详尽证据，但它仍然提供了对文化变革的敏感度证据，未满足的消费者需求以及品牌的完整性 ——它保持传播中传播内容的一致性。在这种情况下，我们发现，随着管理层面对市场变化，品牌传播中的紧张关系使公司产生更深层次的紧张局势。此外，通过关注性别刻板印象，这一例子揭示了麦当劳在这一时期的定位策略的一个狭窄方面。这种分析的目的是以简单的术语，来说明图像的正式结构，如广告中的身体组织和外观的组织如何能传达破坏品牌定位的文化潜文本（男性/权力、女性/顺从），而非支持品牌定位。

品牌话语管理

　　话语理论不仅有助于我们理解广告意义，而且有助于对品牌随着时间的推移而保持定位的方式的理解，在竞争环境中保持独特性，与消费者文化相关联，吸引消费者进入品牌世界。

品牌话语分析

前面的例子揭示了区分单个图像中微观话语和整体品牌定位的宏观话语，以及与变化的消费者文化相联系的品牌话语的重要性。

分析层次

在下面的扩展的例子中，我将带领读者对苹果品牌的通信进行三个阶段的分析：

（1）象征品牌的共时性分析；

（2）品牌的历史和背景的历时性分析；

（3）品牌的文化背景，以及品牌关系的战略分析。

共时性分析。共时分析侧重于品牌含义的基本结构，从标志的包装，到保持消费者和品牌接触的一致性。以标志为例，苹果标识是一个标志，将品牌信息凝聚为抽象的符号或图标（像似符号）。标志不仅仅是品牌的隐喻，而且是参考品牌定位和目标市场文化的微观语篇。

历时分析。正如结构中嵌入在单个符号里的口头陈述，以及话语指称，营销传播也将个体符号嵌入潜在的品牌话语和消费文化中，如标志。虽然消费者从个体的角度回应品牌信息，但是品牌传播的有效性依赖于共享的而非个人的消费者感知，基于品牌符号和品牌定位的结合。从这个意义上说，品牌定位形成了一种"宏观话语"，是跨媒体、市场和时间的创新战略的基础。

文化语境。品牌嵌入在广泛的文化话语中，用来构建竞争差异，比如在个人电脑领域，人和机器之间存在的关系。为了说明这些文化中的典型结构，符号学家不依靠记忆和直觉，而是用二手资料研究来确定大众文化、企业传播和广告中品牌符号的再现。

剖析苹果标志

标志通过抽象和凝缩的途径，将自然符号转化为象征话语。例如，苹果的品牌标志不仅仅代表苹果公司，也是品牌的表现。首先，平面设计将一般意义上的"苹果"（树上生长的红色果实）转化成为一种符号，来传达"苹果的本质"。平面设计用图像来表现超越苹果本身的意义，并与品牌定位相关联。在苹果标志中，苹果内接着"咬痕"，表示着嗜好、品尝，甚至就是这个"咬痕"，或者是把什么东西戳进牙齿里的绳子。

该公司网站声称，苹果的标志引用了夏娃对伊甸园中的苹果决定性的一咬。① 这标志结束了咬过的苹果与人类的堕落的关联，重新把"咬"定义为知识的大胆探索。对原本夏娃的故事的重新解读，在标志中探索品牌"声音"。同样地，在小说中，隐喻探索了叙述者的"声音"；在电影中，剪辑追溯了故事的存在（Barthes，1977b）。

同样地，"我"暗示着一个接收者或者"你"。在交谈中，这种包含在视觉话语中的"声音"的例子暗示着品牌故事里的消费者/读者。图8说明了标志作为符号系统的复杂性。这个符号系统将品牌定位和苹果的文化指称凝缩在设计里，用品牌的反讽"声音"向消费者讲述。

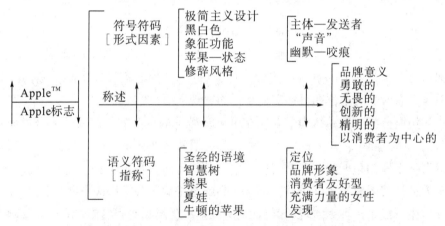

图 8 苹果品牌话语：共时性视角

对苹果象征意义粗略的数据测试揭示了文化意义编码的模式，这种模式在西方文化中演变进化了数百年。即使消费者看到标志时没有立即想到夏娃，从落在艾萨克·牛顿头上的苹果，到"大苹果"——纽约，苹果符号的二级联想连同这些知识、发现以及准则也早就在传说和流行文化中被预先决定了。因为夏娃从树上摘下象征智慧的苹果，"被咬了一口的苹果"也许就

---

① 关于苹果标志的说明，详见：http：//www. Edibleapple. com/the－evolution－and－history－of－the apple－logo 。

传达了冒险或挑战权威的精神，这也是对学问的探求。从一开始，麦金托什机①就看准了学校和学生，并选择了苹果，因为它与知识和学校有着习惯性联想。因此苹果的标志凝聚了文化内涵和品牌资产，包括教育、创新和打破规则。

创始人乔布斯和韦恩设计了原来的标志，一幅表现艾萨克·牛顿坐在苹果树下读书的绘画。故事是这样的，一个苹果悬挂在牛顿的头上，大概是准备落下来，于是他发现了万有引力。这个视觉设计类似于维多利亚时代的蚀刻，镶着一面刻有公司名称的旗帜——"苹果电脑公司"。几年后，公司把绘画更换为时尚的形状——由詹诺夫设计的彩虹色的被咬一口的苹果。程式化的苹果设计已成为技术创新、现代主义和时尚风格的全球图标。目标消费者已经从学校和学生演变为所有的具有前瞻性思维、有风格意识的消费者。

品牌战略的意义

品牌传播的话语分析表明，单一的传播载体，如标志或广告，与一个更广泛的意义系统密切相关，这个系统又连接着品牌的历史定位和文化语境，我称之为宏观品牌话语的意义。在本节中，我扩展了分析的范围，并仔细研究了在产品种类上构建意义的文化范式。

个人电脑的意义

在 20 世纪 80 和 90 年代，苹果和 IBM 公司根据界定人类和机器关系的广泛文化话语，来定义个人电脑（PC）分类的战略参数。苹果是用户友好的，IBM 是超然的和专业的。竞争对手，如康柏，面临的挑战是在这个竞争激烈的舞台上找到一个独特的位置。下面的案例将探讨康柏品牌如何在品类中寻找独特定位苦苦挣扎，最终导致品牌的消亡。

20 世纪 90 年代初，康柏是 PC 市场的后起之秀，定位为低成本、高品质的 IBM 替代品。在 20 世纪 90 年代末，该公司迅速失去市场份额，其品

---

① 1980 年代，苹果电脑公司将一种新电脑开发计划命为 Macintosh，开发成功后，索性将这款产品就叫 Macintosh。麦金托什电脑（Macintosh，简称 Mac，香港俗称 Mac 机，大陆亦有人称作苹果机或麦金托什机），是苹果电脑其中一个系列的个人电脑。Macintosh 是由 Macintosh 计划发起人 Jef Raskin 根据他最爱的苹果品种 Macintosh 命名的。

牌越来越等同于低成本的商品。2003 年，该公司由休利特帕卡德收购。从
1992 到 1997 之间在 PC 市场的竞争性广告分析表明，康柏的失败是因为它
没有在品类中清楚界定一个独特连贯的定位，告诉消费者如何与机器交互。

IBM 和苹果品牌界定了人机交互的情感维度。从品牌名称开始，IBM
和苹果在品牌定位上的差异就形成了二元对立的范例。美国国际商用机器公
司（IBM）的名称简单明了，它和产品有关并强调技术。苹果公司的名称具
有诗意，它象征着创造力，强调用户。在公司传播中，这些差异延伸到标志
设计、配色方案、视觉角度、字体和视觉风格。

第三种替代品是戴尔，它定位为低价驱动的商品，针对有经验的用户。
这些用户都有足够的信心，按照个人的具体要求从品类中订购个人电脑，如
图 9 所示。

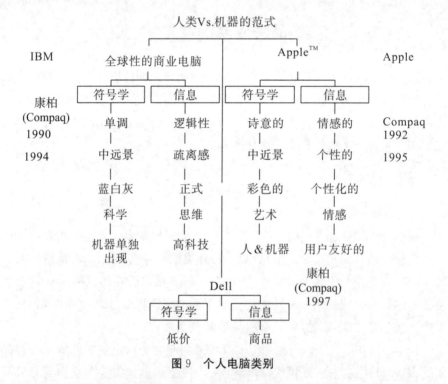

图 9　个人电脑类别

该网格显示了各种描述人机二元对立的范式，并突破了广告符号学形式
特性，变成品牌信息的传播。IBM 的标志由公司名称首字母组成，字母是
蓝白条纹的。苹果的标志是被咬了一口的彩色条纹苹果。在广告中，IBM
在电脑主机品类里扩展声誉，强调机器而不是用户。针对有经验的商业人

士，广告采用极简主义风格。计算机技术似乎本身就代表了它自己，利用中景在白色背景下凸显出来。蓝白色的标志给严肃的视觉效果添加了唯一的色彩。电视广告重申了简约的风格，采用蓝色、灰色、米色这些有限的颜色。镜头的运动也保持在最低限度，使用中景、长远景，从客观角度而不是主观角度吸引商务人士。

但是，苹果的广告以色彩和细节，向普通消费者说明品牌的差别和情感诉求。广告利用特写来描绘人机关系，重申更加亲密和友好的用户和技术之间的关系。电视广告构建的中景角度和利用快速蒙太奇表达主观观点，以此吸引消费者，显示消费者与品牌之间的亲密关系。

总之，IBM广告的散文风格强化了品牌联想与整合、理性超过情感，显得疏远，它建立了与消费者的专业关系和使用个人电脑的科学方法。相比之下，苹果的诗意风格加强了创新和创造力的品牌联想，人性因素超过理性，具有个性，与建立了消费者可亲近的关系，表达一种更生活化的使用个人电脑的方式。

定位康柏

在20世纪90年代参与该品类的竞争，康柏需要在计算机技术与用户的关系之间确立一个清晰一致的信息。1990年到1997年历时性的品牌广告分析表明，这些年，康柏不断在苹果的用户友好型定位和IBM的专业定位之间转换摇摆，未能形成有竞争力的品牌形象，康柏被认为是低廉的，最终被低价技术的代表戴尔挤出了市场。

20世纪80年代，康柏被定位成针对商务人士的平价IBM。从20世纪90年代初的广告起，就强调技术的消费者利益，刻画使用康柏技术在商业上竞争的专业人士形象。它的口号是："康柏做得更好。"与此同时，约翰·克里斯的广告在英国发行，约翰·克里斯是蒙提·派森的创建者，他扮演的是一个混淆口语和技术意义上的"芯片"和"公共汽车"的业余爱好者。随着康柏家用电脑的推出，康柏的目标消费者是家庭和学生，并且康柏正面对着苹果的一场宣传电脑"丰富我们生活"的活动。这项活动强调康柏品牌的温暖和可亲近性。虽然单独地看，这些活动有吸引力和娱乐价值，但是在历时性和战略背景下，他们却始终都暴露出品牌的不稳定性。

印刷广告更显著地反映了康柏品牌每年定位的变化。例如，1995年的一场活动，在白色背景上突出灰色的电脑，像极了那个时期的 IBM 广告。这样年复一年的定位转变激发出如此问题："真正的康柏人请站起来？"到了 20 世纪 90 年代末，康柏失去竞争优势，不得不在价格上竞争。

品牌传播话语分析在历史和竞争活动的研究方面阐释了广告为品牌战略的一致性和独特性提供了窗口，而不是仅仅局限在品牌的寿命。通常情况下，当管理层询问一场活动是否足以支撑当前而非长时间的视觉表现和定位时，他们侧重于考查单个活动以及消费者。这种方法不仅保证了一致的品牌信息，更促使管理层系统地监控品牌的内部连贯性和竞争差异。

叙述话语

前面的例子说明市场迹象、品牌定位以及消费者文化之间相互依存的关系，也阐释了品牌标志的话语功能，品牌的含义和品牌话语的主体——发送者，以及在构建产品品类的品牌文化范式中表明品牌的含义，比如人机的对立。下面的实例里，我将分析扩展到叙述符码——构建电视广告中视觉元素的连续性和吸引品牌故事的消费者的符码。

卡夫起司的案例

始于 1985 年，长达 18 年的广告期间，卡夫起司的广告越来越强调情感的好处，如快乐、幽默和幻想，最终在一个名为"牛奶精灵"的成功活动中达到顶点。这是品牌史上第一次，创意团队不仅将小说和幻想融入品牌信息中，而且还有效利用了叙事连贯性的符码和观点，将产品效益融入以动画角色为主的品牌憧憬中。剪辑增加了广告的情感诉求，增加了品牌与年轻消费者的相关性。这些视觉战略也吸引消费者进入一个连贯的叙事幻觉中，其中的主角是产品。

背　景

卡夫食品在 1947 年推出卡夫切片加工起司，品牌定位是一种为儿童设计的健康、美味的产品。2003 年的分析中，品牌广告经过多次迭代和扩展，这开始于 20 世纪 80 年代的一场活动，视觉叙事表现出孩子正在吃奶酪三明治，通过父母的画外音"每一片里有 5 盎司的牛奶"，指明品牌产品对健康的益处。该广告在超过 20 年的时间里不断变化发展，尤其是"牛奶精灵"（1996—1998）的活动，在消费者的反应和记忆中获得了极高的夸赞。因为客户寻求开发新的广告，同时又要保留现有广告的基本经验，那么对构建广告的符码进行符号学分析就显得至关重要。为了说明以下的分析，我确定构建观众身份或行动的符码等同于广告中镜头衔接组合的观念。

　　关于卡夫切片奶酪广告的严密的形式分析，自 1985 年开始，已经超过了 20 年。分析显示视觉风格随着时间的推移逐渐演变发展。这些风格上的转变与儿童作为消费者在文化上的转变一致。分析还表明，一个具体的构建连续性的符码排列和"牛奶精灵"活动中的观念是如何促成关于品牌的积极的情感联想，同时在品牌世界中强调消费者的参与度。为了表明这个数据是如何演变的，我从贯穿整个活动经过的故事的结构分析开始。

共时视角下的品牌叙事

　　广告原本针对的是父母，但近年来越来越多地直接针对孩子，反映了年轻消费者在决策过程中的重要性。叙述事件的连贯顺序通过数据集合，从一个活动到另一个活动再现，包括 1985 年到 2003 年制作的 29 秒、30 秒的广告。基本顺序包括六个叙事部分：

　　开场的问题：一位家长在画外音中提出一个问题："是什么让卡夫切片奶酪味道这么好？"

　　儿童场景 1，午餐：屏幕上有一个孩子或几个孩子吃着他们的奶酪三明治。三明治旁边有一杯牛奶。

　　产品益处：一位家长在画外音解释说，切片起司味道不错，因为"每一片起司的四分之三是由 5 盎司的牛奶制成的"，1998 年后，牛奶有益的诉求改变为钙的好处。

　　产品演示：画面切换到牛奶被倒进杯中，然后切换到"用油和水组成"的"仿制"品牌，以及油倒入玻璃杯的镜头。1998 年以后，这个镜头被替换成关于钙的诉求。

　　儿童场景 2，玩耍：一个开心的镜头，积极见证产品益处。在 20 世纪 90 年代，该部分包括一个动画幻想场景。

　　结束：画外音读出品牌标语：如"体验牛奶的魔法"或一个小孩拼写

K–R–A–F–T（卡夫）。结尾伴随着五个音符的广告歌，这五个音符对应品牌名称的五个字母。

历时视角下的品牌叙事

这些事件再次出现在历史广告中，但他们并没有讲述整个故事，因为叙事话语不仅仅是对行动的总结。与其他话语一样，叙事话语由叙事者对事件的解释，通过结构元素的视觉再现，包括修辞联想、视角、连续性编辑。叙事话语也意味着一个对象——消费者，消费者通过与图像中的人物形象进行身份认同的方式参与到叙述中。

超过十八年的时间里，虽然卡夫切片奶酪（起司＝奶酪）广告的基本方案并没有太大的变化，但是基调、视觉风格、品牌信息都与目标市场的变化有关。到了 20 世纪 90 年代，家庭变得越来越以孩子为中心，孩子们比以往任何时候都更大程度地参与购买决策过程。因此，广告针对的是孩子本身，而不仅仅是他们的父母。

早期的广告是由父母的画外音进行叙述。20 世纪 90 年代，广告中的孩子们开始对着屏幕上的旁白谈论品牌，他们充满信心地面对镜头。最近的一场活动中，两个孩子进行了对话，对话的声音很小。随着广告情感基调的"升温"，烤奶酪取代了冷奶酪三明治。从 20 世纪 90 年代开始，加入令人垂涎的"手撕奶酪"镜头，展示融化的美国干酪的乳脂精华。90 年代广告中，越来越多的以儿童为中心的品牌集中体现孩子的权威。图 10 反映了演变的阶段，这期间从作为像似符号的儿童——作为父母的故事中的人物，演变成为代言人，成为被赋予权力的孩子。

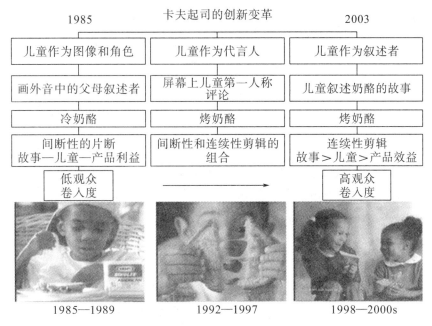

图10　卡夫起司的历时性分析

20世纪80年代：儿童作为像似符号

在20世纪80年代初的广告中，儿童是沉默的，他们是父母话语的被动对象（如1985年的蓝眼睛，1986年的大联盟）。一组广告让吃着切片奶酪三明治的孩子与吃"仿制"产品的孩子相竞争（乔伊1987—1988，墨西伊斯1988，真正的爱1989）。画外音清楚地向父母说话，而不是孩子，并呼吁家长为孩子买最好的礼物。独自或与玩伴吃着冷奶酪三明治的孩子，只是被提及的第三者。作为叙述者的父母代替孩子发言："他不知道卡夫代表着什么。很高兴我这样做了。"（大联盟1986）

早期的活动特点是固定的，情感风格比较疏远。儿童的镜头与实验室里的产品镜头拼接在一起，没有说明这些语境之间的任何连续性。镜头转换只是通过前后两个画面的淡入淡出和溶解重叠。这些叙述的出发点用画外音叙述吸引观众，但是却把他们排斥在图像中的故事之外。

20 世纪 90 年代：儿童作为代言人

到了 20 世纪 90 年代，父母的声音与孩子们说话的声音混在了一起。尽管仍然是画外音表述了产品的信息，如"每一片里有 5 盎司牛奶"，孩子们不再是那无所不知的叙述者故事里的被动对象，他们在镜头里用第一人称叙述对如何制作奶酪的憧憬。他们与画外音进行对话，解答疑惑和表述憧憬，卡夫每个切片里有 5 盎司牛奶（例如火箭 1993，牛奶博士和玉米陷阱 1994、月光 1995）。这些变化意味着现在的目标受众包括孩子和家长 。

虽然编辑风格仍然是固定静态的，但是镜头的视角直接与消费者接触，传统的产品展示只是将卡夫中的牛奶和廉价仿制品中的油脂进行对比，而孩子的幻想给传统的产品展示增添了生命力。

1996—2000 年期间：被赋予权力的儿童

在"牛奶精灵"活动中（1996—1998），父母的画外音叙述被降到最低限度，两个孩子在屏幕里互相交谈的形式取代了画外音叙述。一个稍大的孩子解释着卡夫切片奶酪。这个图像在镜头之间切入：两个孩子谈话的镜头，动画场景和牛奶精灵的镜头，以及解释产品的镜头。

文化潜文本

切片起司广告的演变背离了消费社会中的儿童角色的文化潜文本的演变过程。20 世纪 80 年代，那无所不知的叙述者用画外音讲述着故事；屏幕上的孩子们在玩耍或吃着三明治，根本没有意识到镜头。随着时间的推移，儿童作为广告代言人和叙述者的重要性日益体现出一种父母/孩子之间二元对立的解构。这并不像前面章节讨论的男性/女性之间二元对立的解构。孩子们最终取代了父母的画外音，为品牌承担着权威的声音。

被谈论的观看主体

主体—发送者的结构分析——屏幕上人物形象和观众形象的形式映

射——在"牛奶精灵"活动中组织消费者参与，为新的活动提供蓝图。总之，"看"的人物形象为叙述部分构建了连续性，暗示了品牌叙述中的消费者。叙事视角、修辞联想，以及视觉话语中的主体地位都传播了品牌的可亲近性、情感诉求，针对消费者的整体定位，因为它们都说明了建立连续性的电影符码是怎样的。

连续性编辑

"牛奶精灵"活动在消费者测试中获得高分。很大程度上，从清晰的产品利益整合以及儿童奇幻故事的角度，"牛奶精灵"活动的有效性值得这样的高分。叙事手法有对齐视平线，在主角展示产品的不同场景之间剪切接合，并有产品利益的画外音描述、配乐，以及品牌图像。在每一次品牌与儿童故事的触点上，广告都要建立起消费者认同和品牌的联系。

场景从一个反问句开始，画外音："5 盎司的牛奶占了每一片起司的四分之三（每一片起司的四分之三都含有 5 盎司的牛奶）。他们是怎么做到的?"

下一个镜头，女孩回答了这个问题，但并没有直接回应叙述者，而是对着另一个小女孩（女孩 B）。女孩 A 开始讲述一位在厨房里施展魔法的精灵女王。

画面剪切到一个动画片段，牛奶精灵正在厨房里。

下一个画面，镜头 2 里女孩 A 的视线沿着从左到右的轨迹看去，它与镜头 4 衔接，这时牛奶精灵也从左向右飞进厨房。这个建立画面连续性的符码，在女孩"真实"的对话以及她讲述的动画故事之间创造了连续性的错觉。

镜头 6 里，牛奶精灵把牛奶倒入切片奶酪里。这时切换到卡夫实验室，画外音开始解释牛奶是倒入了卡夫的切片奶酪里。这些平行的动作串联成为牛奶精灵的故事和产品利益点，加强了品牌的情感利益。镜头 11 更强调了切片奶酪的奇幻故事和品牌之间相似之处。牛奶精灵从镜头 6 飞到真实的时空，叠加在卡夫切片奶酪的包装上。

镜头反打

　　连续剪辑（一种剪辑方式）不仅创造了电影时空中画面的连贯流畅，还构建了画面中人物的主观联系。比如电影、录像等动态图像，利用镜头反向拍摄的方式（三镜法），将叙事空间中人物的关系进行组织。镜头反向拍摄由两个人在故事中互相讨论的镜头组成，这种方法在 20 世纪 40 年代和 50 年代的经典好莱坞电影中发展突出。它包括 2 个角色的远景镜头和一系列表现每个角色的主观镜头，视线之外的人物镜头和从这个人物视角出发的镜头相互交替（波德维尔和汤普森，[1979] 2006）。

　　视平线对齐和 180°轴线法则加强了人物镜头和他们视角下的物体之间的连续性。其中规定，物体形象的"反打"镜头的角度必须立即调整到人物视线的对面（波德维尔和汤普森，[1979] 2006）。"牛奶精灵"片段中，"反打"镜头的视角已超出 180°，直接面向消费者。

　　在图 11 给出的示例中，我选取了"牛奶精灵"广告中的镜头反打的片段，以说明这种手法的基本结构。它由一系列交替镜头组成：视线外的人物画面和该人物视线中的物体画面。

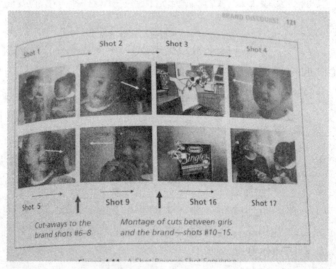

镜头 5—9 剪去了 6—8 的品牌镜头

镜头 9—16、镜头 10—15，是女孩和品牌镜头的蒙太奇剪辑

图 11　一系列反打镜头

该片段从一个表现两个小女孩的全景镜头展开，女孩 A 在左边，女孩 B 在右边，他们坐在一个空间里，互相交谈。然后画面切换到从女孩 B 的视觉方向拍摄的女孩 A 的特写镜头（镜头 2），这就是视线的反打。接着观众从女孩 A 的视觉方向看到了女孩 B（镜头 4）。女孩 A 和女孩 B 的画面交替在镜头 5 和 9 里重复，最后以两个女孩在一个空间里互相交谈的镜头结束（镜头 12）。这种技术比同一个画面单独拍摄两个人物更具有优势，能够将广告里静态的、无所不知的、冰冷的拍摄角度变得更加主观、充满变化。

此外，拍摄的主观角度更能吸引观众对故事的认同。正如梅兹（[1977]1981）发现，观众通过拍摄视角和镜头的自我认同来体会拍摄的全知视角。最初观众通过镜头视角的自我认同，能够体会屏幕中的人物形象。"牛奶精灵"的广告把消费者吸引到品牌叙述中，因为创作团队将产品和品牌故事的画面插入镜头反打的结构中。比如在女孩 A（镜头 2）和女孩 B 的画面（镜头 4）之间。在反打镜头的片段中插入品牌画面，创造了品牌、故事和消费者想象之间的无缝连贯性。

品牌资产的含义

观众认同的问题已在电影符号学中得到了仔细的讨论，尤其是文献中涉及符号学和精神分析的交集——思想和意义（《健康》，1982；梅兹，[1977]1981；西尔弗曼，1983）。虽然篇幅不允许对这些理论做一个全面验证，但是可以说打开了屏幕外的想象空间。人物形象的镜头邀请观众在视觉领域来完成这个开始。通过个人的想象力创造这些人物形象。这样的反打镜头将观众吸引到品牌中，增加广告的情感影响和品牌记忆。因此，如"牛奶精灵"的广告活动，遵循这种剪辑结构，就比遵循其他剪辑风格的活动更加积极地吸引消费者。

对活动的话语分析表明，我在本章前面讨论的"人物视线"，对"牛奶精灵"活动的成功起到了不可替代的作用，并为管理者提供了开发成功创意策略的工具。

观众反应测试

虽然有些读者可能会嘲笑精神分析学说的科学性，消费者的独立测试证明了反打镜头中的主体形象和广告中消费者的回应有着强有力的积极的关联。

管理者运行一个独立的链路测试，明略行公司［Millward Brown］作为全球领先的市场咨询机构一直致力于为客户提供拥有广阔视角的解决方案，以及专业咨询建议，在 44 个国家拥有 76 家分公司，并服务于全球 TOP 100 企业中的 90%，测试结果的依据来自符号学分析。镜头反打片段中画面交叉的情感反应是最强烈的。当品牌插入话语中，视线外的人物形象打开了想象的空间，想象将由消费者来填满（汤普森，2003）。实验发现突出了视觉话语中特定的结构元素，尤其是连接人物和品牌的镜头反打片段，可以在未来许多形式的广告中使用。

结　论

在本文中，我介绍了话语的基本要素及其对广告和其他形式的品牌传播的影响。我论述了符号学分析的不同层面，从形成个性化的文本的微观话语，如品牌标志或单个的形象，到构建品牌定位，连接品牌和广义神话以及消费文化的宏观话语。我向读者介绍了的叙事话语和构建叙事连贯性的符码的作用，以及电视广告中观众认同的基本原理。此外，案例表明，符号学为管理者阐释品牌含义提供了可操作的战略工具，根据消费者的需求来调整品牌含义，并且将消费者吸引到品牌话语中。

这些发现对多元文化品牌战略和广告研究有重要意义，不仅能避免文化偏见，还能在消费亚文化和国际市场里扩大原本的品牌定位。如果营销人员不了解构建广告文化解读的二级符码，那么他们就是在和火星人交流。他们会意识到活动的有效性，以此支持品牌定位，并与目标市场联系起来。例如 *Vogue* 和 *Elle* 的国际版，巴黎和纽约制作的未经修改的时尚广告，反映出奢侈品品牌超越了文化差异，同时吸引着东方和西方的女性。

误读消费文化的解释框架可能导致歧义、无意识，甚至政治审查。例如，中国政府禁止了耐克的广告，该广告表现的是勒布朗·詹姆斯与中国武术家的争斗，公司没有考虑到广告中文化潜台词的沟通，这似乎贬低了中国传统和吹嘘了美国霸权（福勒，2004）。

文化特定的符码形成意义生产的解释框架，特别是大众媒体。因此，从一个消费市场到另一个时，无论是地球或拉舍的外星世界，广告对不同的消

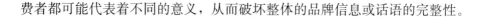

费者都可能代表着不同的意义，从而破坏整体的品牌信息或话语的完整性。

作者简介：

劳拉·奥斯瓦尔德（Laura Oswald），美国人，纽约大学博士，营销符号学公司的创始人与领导者。主要从事文化标志和意义框架下的品牌战略、消费者和符号学研究。她曾通过焦点小组、深入访谈等方式对北美、欧洲、新加坡和中国的消费者进行相关调查研究，涉及的行业包括奢侈品、汽车、医疗保健等领域。

译者简介

邓胜月，四川成都人，四川大学文学与新闻学院在读硕士，四川大学符号学－传媒学研究所成员，研究方向：传播符号学。

四、名人产业的伴随文本

闫文君

目前，名人已成为一种产业。名人产业是以名人的名字为核心而建立起来的。是以名人名字为完整的品牌资产核心的联想网络。当下的名人产业主要指娱乐业。包括名人经纪机构——负责名人制造与包装的专门机构，影视业——将准名人推至大众视野的渠道，名人广告——名人符号价值的主要体现方式之一，名人杂志——致力于发掘名人私生活、聚焦名人八卦的杂志，等等。

将名人视作产品，则其制造商、经销商、广告商、顾客一应俱全，与其他产业并无本质不同。只不过其他产业生产的是物质，而名人产业打造的却是符号。美国学者尼莫（Nimmer）认为，由洛克的劳动成果理论也可推断出，名人形象具有重大的商业价值，因为名人们的形象是由他们在成名过程中付出劳动甚至金钱辛苦培养起来的。他在《论形象权》中曾说，名人的肖像用于商品广告，具有巨大的经济价值。① 不过，要使大众愿意为这些符号价值埋单，就必须将名人符号的内涵巧妙地呈现出来。在这一过程中，名人符号伴随文本喧宾夺主，粉饰着名人符号的内涵，也左右着名人符号接收者的解释。

人们在远古时期，对物品用藤条捆扎，用树叶、兽皮、贝壳等进行包裹，这就是包装的起源了。相信他们在取材时，不会考虑用于包装的树叶形状美丽与否，或贝壳是否有多彩的花纹。这个很自然，因为远古人类对物品进行包装，仅仅是为方便贮运而已。但时至今日，一提起包装，更多的却是取其引申义了："还不是卖个包装"，"××这两年星途坦荡，还是其经纪公司包装得好啊"，等等。其实"包装"偏离本义已经有相当长的历史了。

1985 年 10 月，考古人员在湖南沅陵县双桥发掘出一座元代夫妇合

---

① Melville B. Nimmer：*The Right of Publicity*，Law & Contemp Probs，1954，p. 19.

葬墓，在女棺的随葬品中发现了两张商品包装纸……将包装、广告、商标融为一体，已经具备了现代包装广告的某些主要特征……可能是世界上最早的纸质包装广告……据对墓文的考证，这座元墓的主人死于1305年……纸内有板刻文字和朱色印记，说明了店铺的详细地址，所售商品的品种、质量和特性；文中还有"请认红字门首高牌为记"这样典型的广告用语。①

据此看来，将包装用作促销手段的历史至少已达 700 年，可谓源远流长。经过数个世纪的发展，这一行业越发繁荣昌盛，以至于达到了现在的企业"不包装，不成活"、商品"不包装，不成功"的地步。当然，包装的原始功能也就日渐隐退，而现代功能——美化、促销作用——日益彰显。这也是本文探讨的主题：从伴随文本理论视角出发，希望能揭示出名人包装背后的符号学内涵。因为名人既已成为一种产业，就离不开产业化的包装与宣传。况且当代社会娱乐化、商品化的触角无所不及，一向以严肃著称的政治与以严谨著称的学术皆不能幸免。在这样的社会语境下，名人符号的伴随文本在名人符号的意义呈现方面不可忽视。

1. 关于伴随文本

符号学主要关注"文本"。那什么是文本？"符号很少会单独出现，一般总是与其他符号形成组合，如果这样的符号组成一个'合一的表意单元'，就可以称为'文本'。"符号学中的文本有宽窄之分。最窄的意义，指文字文本；较窄的意义，指任何文化产品；而在当代符号学研究中，文本的意义极为宽泛，"任何携带意义等待解释的都是文本：人的身体是文本，整个宇宙可以是一个文本，甚至任何思想概念，只要携带意义，都是文本"②。

针对文本的这一特性，20 世纪 60 年代末，克里斯蒂娃（Julia Kristeva）在其《符号学》（Sèméiotikè：Recherches Pour une Sémanalyse）一书中正式提出"文本间性"（intertextuality）概念，极大地影响了符号学、解释学、文学批评等理论建构。但是，"文本间性"概念范畴延伸到文本的所有文化联系，概念覆盖面过宽泛；而且，"文本间性"概念基本只涉及各种文化因素对生产过程的影响，对文本的解读环节考虑欠缺。所以，这

---

① 湘宁：《世界上最早的纸质包装广告出在中国》，载《广东印刷》，2002 年第 3 期。
② 赵毅衡：《符号学原理与推演》，南京：南京大学出版社，2011 年版，第 41—43 页。

个符号学领域极其重要的拓荒性理论，尽管值得我们的万千赞美，却依然有其模糊与不足之处。

在"文本间性"理论的基础上，热奈特（Gérard Genette）提出了"跨文本性"（transtextuality）概念。所谓"跨文本性"，指的是使某文本与其他文本发生或显或隐关系的一切要素。在这里，热奈特缩小了文本间性的适用范畴，仅仅将文本视作单纯的文学作品，将文本间性概念视作文学批评理论，视域明显太过狭隘。结合前人的理论，赵毅衡提出"伴随文本"概念，修正了不足，也发展了自己的一些创见。

符号文本接收者"在接收时看到某些记号，这些记号有时候在文本内，有时候却在文本外，是伴随着一个符号文本，一道发送给接收者的附加因素"，赵毅衡称作"伴随文本"。"所有的符号文本，都是文本与伴随文本的结合体，这种结合，使文本不仅是符号组合，而是一个浸透了社会文化因素的复杂构造"，"在相当程度上，伴随文本决定了文本的解释方式。"① 这一理论不难理解：人是社会的人，文学根源于生活。阅读一篇小说，总要结合其产生的时代背景与社会背景；参观一个地方，尤其是遥远而陌生的地方，避不开的功课是先了解当地的风俗习惯；了解一个人，从他的朋友身上往往更能洞悉真相……

在"伴随文本"理论范畴下，则衍生了"表层伴随文本"与"深层伴随文本"两组概念。深层伴随文本关注的是文本未表达出的，甚至意图遮蔽的文化机制与意识形态层面的真相，与我们今天要探讨的"包装"相去甚远。因为，说起包装，总是从形式入手，即便意图是要凸显其内涵丰富、品位高雅，但归根结底还是要借助于能给人看到的外在因素。故而，本文主要考虑文本的表层伴随文本，即我们能够看到的，与文本有着直接或间接联系的各种因素。

关于表层伴随文本的分类，赵毅衡认为："文本携带的各种文化因素，至少应当按符号表意的阶段分成两大类，第一类是文本产生之前已经加入的'生产伴随文本'，包括前文本，以及与文本同时产生的'显性伴随文本'，即副文本和型文本；第二类是文本被接收解释时加入的'解释性伴随文本'（元文本、链文本）。只有先/后文本可以是'生产性'的，也可以是'解释

---

① 赵毅衡：《符号学原理与推演》，南京：南京大学出版社，2011年版，第141页。

性'的。"

这个分类当然有道理，可由于当代媒介技术的发达，以及传媒手段的多样化，这几种伴随文本其实常常交叉，并不仅限于先/后文本。关于这一点，在后文对几种文本与商品包装的关系分别论述时会加以说明。下面，我们就对与名人包装联系较紧密的几个伴随文本进行解析，依次为副文本、型文本、元文本。

2. 副文本的引导作用

完全显露在文本表现层上的伴随因素，叫作"副文本"。如一幅画的裱装、印鉴，盛鱼的瓷盘是细是粗，饭店的装潢是雅是俗等。其实说白了，就是为更好地表现文本本身的意义，而有意添加的为文本服务的附加文本。为更好地厘清伴随文本与名人包装的关系，我们先对名人符号的副文本进行归纳。

一个名人符号由以下三部分构成：名字、形象、意义。名字与名字所对应的对象的肉体本身是先在的、较难更改的，可看作纯文本；而其衣着、发型、妆容，乃至说话的腔调与举手投足的风格，却往往是通过包装设计后展现出来的，是为名人符号的意义服务的副文本。

热奈特认为，副文本在"实用方面、作品影响读者方面"[②] 有很大作用。副文本的任务就是要指引读者沿着作者以及编辑者、出版者提示的路径，最大限度地还原"作者的意图"（author's purpose）。[③] 这是就文字文本而言，在热奈特观点的基础上将思维扩散至更大领域，将名人产业领域的元素一一代入，我们会发现很有趣的对应关系：比如在娱乐圈，名人符号的副文本的任务就是要指引观众沿着经纪人以及导演、化妆师等提示的路径，最大限度地还原"经纪公司的意图"。如果将背景由娱乐圈转换至政治圈，那么我们也只要替换几个关键词就可以了。由以上这个数学公式般的游戏可以看出，副文本的确具有引导作用，引导受众在心目中强化对名人符号意义的认识，使名人符号在象征化的道路上更进一步。

一个名人的亮相，总会引来无数的评头论足，衣着是否得体，妆容是否

---

①　赵毅衡：《符号学原理与推演》，南京：南京大学出版社，2011 年版，第 153 页。

②　热拉尔·热奈特：《热奈特论文集》，史忠义译，天津：百花文艺出版社，2001 年版，第 71 页。

③　邓军：《热奈特互文性理论研究》，厦门大学硕士学位论文，2007 年。

用心，言谈举止是否合宜等。归根结底，评论所围绕的中心是这一名人符号表现在外的副文本是否契合文本身份，与名人所标榜的社会文化内涵相吻合还是相背离。名人符号的副文本的主要功能在于意义定位与强化。在打造一个名人之初，这一准名人背后的推手（包括经纪公司、网络推手等市场经济运作者，也包括体现主流意识形态意图的媒体）要先对其进行意义定位，如道德标兵、成功典范、思想先驱等。意义的定位当然要建立在一定的基础之上，比如道德标兵肯定是做了某些好事，成功典范也肯定是在某一领域取得了较卓著的成就。不过，在这一基础之上，副文本能够起到相得益彰的补充说明作用，也就是说，副文本要有助于修饰经意义定位的文本，道德标兵通常表情淳朴热情、装扮朴素大方，成功典范则往往举止稳重、目光犀利。如果副文本给人的感觉与文本不一致，道德标兵表情狡诈、装扮奢华，成功典范举止浮夸、目光闪烁，则会让人心生疑惑，对文本意义产生不信任的情绪。所以说，表露在外的副文本能直接影响对内在意义的解读。中国有很多俗话，如"人靠衣裳马靠鞍""先敬罗衣后敬人"等，都充分说明了副文本的重要性，以至于在很多时候副文本会喧宾夺主，比正文本着墨更多。

中国文化一向体现出副文本偏重倾向。汉乐府《羽林郎》描写胡姬所用的诗句为："长裾连理带，广袖合欢襦。头上蓝田玉，耳后大秦珠。两鬟何窈窕，一世良所无。一鬟五百万，两鬟千万余。"本来是要形容胡姬的美貌，但眉眼体态却一无所涉，反而从服装、首饰、发鬟等副文本方面着力铺陈、烘托胡姬的美貌程度。当然，副文本不管外表看起来如何风光，还是为呈现文本意义而存在的。清沈德潜《古诗源》评论《羽林郎》描述胡姬两鬟的诗句时说："须知不是论鬟。"诚然，这里是以鬟的价值衬托胡姬的美貌与人品罢了。同理，苏轼《念奴娇·赤壁怀古》中对周瑜的描述不及相貌，仅用"羽扇纶巾"四字就勾勒出其少年英雄的潇洒英姿。

人们对副文本的津津乐道，不应被诟病为浅薄，因为毕竟对名人产业来讲，在面向公众的有限时间内尽可能由内而外全方位地展现出自身内涵才是最经济的原则；而对受众而言，在当下这个消费社会，对名人的消费与对普通商品的消费并无本质不同，后者是为满足生活需求，前者则为寻找精神娱乐。如此一来，作为花絮与花边出现的副文本比正文本更能吸引媒体与受众也就不足为怪了。

3. 型文本的品牌效应

型文本，即文本"归类"方式，指明文本所从属的集群。如，"我喜欢严歌苓的书"——将同一个作者的一批文本看作一个型文本；"电视有什么好看的"——将同一种媒介传播的文本看作一个型文本；"巴黎欧莱雅，你值得拥有"——将同一个品牌的产品看作一个型文本，等等。

品牌的内在含义为：品牌是区分的标志，这种标志能提供独特品质的象征和持续一致的保证。营销市场中有一个著名的"二八法则"，指 20% 的品牌往往占据 80% 的市场份额，而且现在"二八法则"正逐渐被改写为"一九定律"，可见顾客对品牌的迷恋。

将人群划分为名人与非名人，毫无疑问是一种文本归类方式，而名人因其自身的个性很容易就在人群中凸显出来，所以名人是一种品牌，因其能作为区分的标志，且能通过转喻等符号修辞手法将自身的象征性邻接于产品之上。买东西时，有无名人代言给人的感觉是不同的，名不见经传又没有名人代言的商品总是给人一种忐忑的感觉，而有名人代言就能为顾客提供一种产品质量得以保障的心理安慰：能请得起名人做代言，这家公司的实力最起码不会太弱；名人都爱惜羽毛，肯为这一产品代言，说明至少不会是小作坊出产的三无产品。美国前第一夫人米歇尔·奥巴马可谓名人品牌效应的最佳范例。米歇尔·奥巴马以衣着品位高雅时尚且个人风格鲜明著称。据统计，截至 2013 年 3 月底，她在公开场合亮相时共穿过 29 个品牌的服装，查询这 29 个服装品牌的公司股价，会发现这 29 个品牌全火了，米歇尔仅在服饰领域就创造了 30 亿美元的经济价值。[①] 米歇尔并没有为某个品牌公开代言过，但以她的身份，穿着这一品牌的服装亮相，本身就是最有力的无声代言方式。

在名人这一较大类别的型文本内部，我们还可以依据不同的标准将其细分（分类标准及等级在"绪论"中已经较详细论及，此不赘述）。不同的名人类别也对应着不同的品牌打造方式。

先看产品代言。一个地方品牌通常只会请地方名人做代言，而不会去请国内名人，一则不同等级的名人对广告代言开出的价码相差巨大，二则对目标受众的效果，说不定后者还不如前者。但如果一个产品想要成为国内知名

---

① 侯隽：《"第一夫人"的服饰效应》，载《中国经济周刊》，2013 年第 4 期，第 3 页。

或国际知名品牌，它所用于代言的名人则必须有相应范围的知名度。

对于名人经纪机构来说也同样如此。对麾下的名人首先会有一个定位，要占领国内市场还是进军国际市场，走亲民路线还是高端路线等。比如国内在相当长一段时间内风头无两的一线女星章子怡，因张艺谋执导的电影《我的父亲母亲》成名之后，就只拍电影，从不接电视剧，因为电影向来被认为是比电视剧更高层次的艺术形式，进军国际市场也远较电视剧容易。同理，这样的明星在接广告代言时也较谨慎，通常只接大品牌，以与身份定位相匹配。

这也就可以解释为什么大品牌总是和最当红的名人强强联合推出产品，还有大导演大制作为何总能请到大明星助阵：比如在好莱坞，吕克·贝松与让·雷诺的相互成全，蒂姆·伯顿与约翰尼·德普的数度合作；在中国，冯小刚总能请到葛优拍贺岁片，李安与张艺谋的影片中常常同时出现几位大腕……因为，这实在是一个双赢的举措。

4. 元文本的造势功能

人们常把元文本性叫作"评论"关系，联结一部文本与它谈论的另一部文本。[①] 元文本，是"关于文本的文本"，是此文本生成后被接收之前，所出现的评价，包括有关此作品及其作者的新闻、评论、八卦、传闻、指责、道德或政治标签等。[②]

名人的元文本主要是指，在即将推出某一准名人之前，或某一名人将有新的活动之前或活动期间，针对相关人所发布的新闻、散布的传闻、发起的讨论等。名人元文本或多或少地影响着受众对名人符号的解读以及对名人的接受度。尤其在这个信息庞杂、人心浮躁的时代，受众处于过多的噪音中难免无所适从，元文本主要起到两个作用：一是占领媒介渠道，以免名人淹没在信息大潮中迅速被人们遗忘；二是对受众的判断选择起到一个心理诱导作用：人都有从众心理，很容易受到社会意见的左右，一个私生活混乱的名人被连篇累牍的虚假报道塑造成"白莲花"，那他在受众的心目中就是纯洁的代表。因此，经纪公司对名人元文本的炒作一直不遗余力。

---

① 热拉尔·热奈特：《热奈特论文集》，史忠义译，天津：百花文艺出版社，2001年版，第79页。

② 赵毅衡：《符号学原理与推演》，南京：南京大学出版社，2011年版，第146页。

（1）占领媒介渠道是名人元文本的主要功能

名人离不开宣传，宣传离不开媒介。由此可见媒介是名人符号得以存在的物质基础。麦克卢汉说过，媒介即讯息。历次媒介渠道的演变所引起的社会变革已经一次又一次验证了这一预言的准确性，网络传媒的出现更引发了信息传受方式翻天覆地的变革。比起网络传媒，广播、电视、报纸、杂志等传统媒介渠道要狭窄太多，媒介资源因而显得较为珍贵，过去可以说，谁占领了媒介渠道，谁就能成名，因为受众的选择面实在过于狭窄。

不过自媒体的出现打破了政党对媒介资源的垄断。自媒体（We Media），顾名思义，我们即媒体。简单地说，即每个人都可以采集、制作并发布信息，传播自己的观点或发生在身边的新闻。传播信息的自媒体平台则大致包括博客、BBS、微博等可以自主发布个人信息的网络空间。我国著名新闻传播学者喻国明将自媒体的特征概括为"全民 DIY"，DIY 是"Do It Yourself"的缩写，就是自己动手制作，想做就做，每个人都可以做出表达自我的"产品"来。[①] 既然媒介资源掌握在自己手中，那就有了成名的平台。艺术家安迪·沃霍尔（Andy Warhol）的预言正逐步变为现实："未来，每个人都会当 15 分钟的名人"，"15 分钟内，每个人都会成为名人"[②]。

成名变得容易，名声的保持相对就变得困难。在媒介渠道只有口耳笔简的古代，"江山代有才人出，各领风骚数百年"；在电子传播时代，名声的寿命大大缩短，即便曾红极一时，数十年后也再鲜有人提起；而到了网络传播时代，能维持十年不过气的名人简直屈指可数，昙花一现的流星式名人则数不胜数。海量的信息后浪推前浪，新鲜的面孔层出不穷，新奇的事件此起彼伏，无不在分散着受众的注意力。绝大多数人没有时间也没有精力去追踪与发掘被沉埋的名人信息，除非将信息主动推送到他们面前。因而，要保持名声就必须占领媒介渠道，而在媒介渠道开放的今日，占领渠道的办法只能是不断挑起新话题、炮制新看点，以刺激受众麻木的视神经。所以，明星们假造绯闻、自曝情史甚至艳照，采用的炒作手段无所不用其极。信息内容是真是假并不重要，因为能否取信于受众并非炒作要考虑的内容，追求曝光率，与大众保持接触才是炒作的目的。影视明星范冰冰极擅此道，戛纳电影节、

---

① 宫富：《一半是海水一半是火焰——谈"草根文化"的悖论》，载《理论与创作》，2007 年第 5 期。

② 参见中国网：http：//www. china. com. cn/culture/renwu/2010 − 04/04/content _ 19744758. htm.

巴黎时装周，总能看到她的身影；她有专门的工作室进行媒体公关，甚至连一向被视为非主流的各大网络论坛都有进驻。有关她的各种花边新闻长年占据各大媒体的娱乐版首页，不管有多少人说自己不喜欢她，也不管有多少人批评她没有拿得出手的影视作品，她一线花旦的位置是越坐越稳。诚如杰西卡·伊万斯所言，今天的名人文化不再反映英雄品格或稀有成就，戏不红人红，在这个年代本来就是很正常的一件事，只要能在媒介渠道中长期占据显眼的位置。

（2）名人元文本对受众评价与接受名人起心理诱导作用

按照其影响目的，名人元文本可分为两种，一种作用于与名人相关的人和事，一种作用于名人自身。

先说元文本之于名人相关的人和事。名人的影响力与号召力前面已经作过阐述，而且对于这点大众在生活中也常有切身感触。名人住过的地方访客不绝，导致无数的名人故居成为旅游热点。比如 2012 年 10 月，中国作家莫言喜获诺贝尔奖，消息传来，举国同庆，莫言在山东高密的故居也马上成了一个吸引无数游客的热门景点，甚至连院内的小树和门前的青菜都被人摘光了叶子，因为每人都想沾沾"文气"。名人穿过的款式就被奉为经典，崛起了一个又一个服装品牌，像前面所说的美国前"第一夫人"米歇尔·奥巴马对服装品牌的贡献就是明证。名人赞美过的食物人人都想亲口品尝下滋味，留下了一则又一则民间传闻，正因如此，美国总统奥巴马于雷氏汉堡店为白宫员工排队买汉堡（2009 年 5 月 5 日）和中国国家主席习近平于庆丰包子铺午餐（2013 年 12 月 28 日）之后，"雷氏汉堡"与"庆丰包子"名声大噪。当下广告业举足轻重的名人代言就是名人元文本这一作用的最佳印证。

再看元文本之于名人自身。名人对受众来说是熟悉的陌生人，我们熟悉他们的音容笑貌，但对隐藏在这亲切的外表背后的真实自我却缺乏实际认知，一个名人的公众形象与真实自我之间到底有无差距，我们所能参考的只能是新闻、八卦等元文本。经纪机构所释放的元文本当然是本着对名人形象有利的原则。这等于从一开始就定下一个基调，引导着后来的评论，因为传播过程中"沉默的螺旋"效应，赞美声会越来越大，而质疑声与反对声却会越来越小乃至被淹没。不过反过来，竞争对手也可以利用这一现象来制造有关某名人的负面新闻。像 2001 年赵薇"日本军旗装"事件，就使这位当年红遍全国的超级明星瞬间成为千夫所指的"民族罪人"，几乎从此陨落。尽管后来曝出这是精心策划的一起构陷事件，但对赵薇的负面影响延续多年仍未彻底消除。当然，围绕着名人元文本运作还有以善后的危机公关将负面影响消弭于无形甚至反过来将负面新闻为我所用，关于这门艺术赵薇的经纪人显然不够精通，远不如很多经纪团队。可见在名人产业链中，真相如何往往并不重要，关键要看对元文本的运作。鲁迅说历史是任人打扮的小姑娘，这个比喻形容名人元文本也同样适用。

作者简介：

闫文君，洛阳师范学院新闻与传播学院讲师，主要研究方向为传媒符号学。

五、组合与聚合：新媒介社会名人生成的符号学研究

梁成英

随着大众文化对社会政治和日常生活的渗透，商品化和流行化正成为当代社会文化变迁的重要特征。名人作为一种新兴商品和流行现象，在当代社会扮演着日益重要的社会角色。名人既是生活方式、思想观念的引导者，也是社会文化的风向标之一。随着名人产业的发展壮大，追星逐梦正在变成更多人的梦想。成名也日益成为一种符号化的仪式行为和符号操作过程。无论是天生的品质帮助名人成名，还是依靠异项风格标出成名，新媒介社会名人的生成正在从对意义的追逐到对意义的集体或自我操作转变，从符号学视角审视这一文化现象既是对文化转向的关注，也是对名人现象的高度把握。

1. 传统社会的理据性成名

大众传媒时代到来之前，"天赋明星论"一直是名人文化研究中的主要论调。名人天生的品质是其成名的基础性条件。"使明星与众不同的特质是天生的，是个人与生俱来的天然特性，这些特质通常很难定义，明星就是有某种'感觉'。"① 传统社会成名是一条艰难的道路，从普通人到众人皆知的大名人，成名道路上名声的养成与积攒充满了艰辛，渴望成名是潜藏于内心的自我实现需求，这种自我实现要求自我符号的表意能够媲美同领域、同年龄以及同时代的他者，比较与选择是传统社会成名的必要阶段，此阶段名人成名主要依靠大众在批评与质疑性的评估中进行比较筛选。名人是文化主体在符号文本的聚合轴上进行选择的结果。

符号文本有两个展开向度，即组合轴与聚合轴。② 任何符号文本在表意

---

① 保罗·麦克唐纳：《好莱坞明星制》，北京：世界图书出版公司，2015年版，第6页。
② 赵毅衡：《符号学原理与推演》，南京：南京大学出版社，2015年版，第160页。

过程中都离不开组合轴与聚合轴的双重操作。"组合/聚合"是索绪尔理论的四个核心二元对立概念之一,聚合即选择,是符号文本每个成分背后所有可比较、可能代替被选中成分的各种成分,作为文本建构的方式,一旦文本形成,聚合便退入幕后隐藏。①组合即结合,是聚合的投影,是符号文本为了同一表意需要而组合成一个有意义的"文本"的方式,通常显露于文本之外。双轴操作存在于任何符号表意活动中,两者没有时间先后顺序,只有逻辑前后顺序,但两者的操作比重却经常不一,造成某一种操作偏重的现象。传统社会是聚合轴操作多于组合轴操作,由于统治阶级意识形态霸权的软性渗透和硬性强加,传统社会的聚合段背后可供选择的成分和范围较少,窄幅文化的出现使得传统社会人们面临的选择匮乏。在此种窄幅文化下,传统社会名人想要出名,就必须在聚合轴上充分展现自身的出众品质,以此超越同行竞争者,而大众也必须在对名人聚合轴进行充分且详细的比较选择之后才能确定名人粉丝的站位。

不少研究者在讨论名人尤其是传统名人的时候都曾提到名人出名需要有聚合操作的过程。埃德加·莫兰(Edgar Morin)从电影研究的角度指出明星是从其所参演电影的新主角中孕育出来的,当明星演员从其所扮演的角色中凸显出来,主宰人物,明星就形成了。②莫兰认为明星出名的过程中蕴含着明星与演员、角色的博弈过程,也是大众在明星、演员和角色的认知过程中比较选择的结果。大卫·马绍尔(David P. Marshall)认为,当代文化环境下名人文化发生的主要变化在于媒介拥有再现的权利,这种再现的权利要求有详细的挑选过滤机制,最终只有少数人能够享有再现的机会。③马绍尔提出的挑选过滤机制是从媒介出发对再现名人的聚合选择操作过程。杰弗里·亚历山大(Jeffrey C. Alexander)在论述名人作为像似符号时指出名人并不是一个集体定义和超个人的角色,而是有才艺的个人为其名声所赢得的结果。④名声建立在个人出众的才艺品质之上,品质的凸显离不开比较与选择。

在传统社会,出名是比较与选择的结果,是对名人符号文本聚合操作的过程。窄幅文化下成名的道路和名声的扩散渠道被限制,成名通常只有一条

---

① 赵毅衡:《符号学原理与推演》,南京:南京大学出版社,2015年版,第162页。

② 埃德加·莫兰:《明星的诞生与蜕变》,长春:吉林出版集团有限公司,2014年版,第4页。

③ David. P. Marshall, *Celebrity and power: fame in contemporary culture*, Minnesota: The University of Minnesota, 2014, p. 11.

④ Jeffrey C. Alexander: "The celebrity-icon", *Cultural sociology*, 4 (3): 323−336.

渠道，即依靠内理据性连接名人属性出名，这是一种凸显自身出众品质，扩大自身被选择可能性的做法。由于传统社会电子传媒的不发达，名人符号表意的时空距离较长，名声的扩散只能依靠人与人之间的口耳相传或广播、印刷杂志、电视等传统媒体。表意时空距离的延长以及窄幅文化下聚合选择的单一性造成了传统社会名人成名只能依靠自身的名人内理据性来给予大众的粉丝站位以指导。

理据是指理由、根据，是一个流通于日常语言生活领域里的词语。① 理据性是指符号与意义之间具有某种联系，它包含内理据性和外理据性，内理据是符号再现体与对象之间某种属性的联系，是对象与解释项之间的链接纽带。② 依靠内理据性连接成名的名人要求其具有某种名人属性，表现为某种出众的品质，正是这种品质使得他们具有成为名人的资本，也使得名人与其成名的象征意义建立某种联系。通常这种品质表现为才识学问、歌唱技巧、外貌形体、超能力等。演员必须有出色的演技才能进入导演选角的考虑范围，歌手必须有出色的音质或娴熟的歌唱技巧才能获得唱片发行商和听众的青睐，学者必须有渊博的知识和儒雅的学术风范才能被认可。无论是演技、音质还是知识，每个行业里作为标杆的名人的诞生都离不开比较和选择。出名就好比走"独木桥"，只有挤下同行的大多数人才能被识别和认可，识别名人便是大众对名人某种品质的比较和选择。

但内理据性带有偶发性，并非普遍意义上存在，拥有内理据性的人始终是社会上的少数人。不是所有的人都唱功了得，也不是所有的人都具有专业过硬的主持能力或超强记忆力。即便是媒体造星运动可以批量生产名人，但也面临着海选、初赛、决赛等淘汰机制，在一系列选择淘汰机制中胜出的总是少数人。聚合操作的结果便是大多数被比较者隐藏于符号文本之后，只有少数被选择的符号文本显露于外，只有那些有兴趣窥探聚合轴背后操作的"职业"观者才能挖掘符号文本后被抛弃的诸多"待选择"成分。传统社会名人聚合轴背后的操作过程是隐匿的，只有名人八卦杂志、记者和小道消息去探寻聚合轴背后成名者之间的博弈竞争过程。内理据性的偶然性造成了传统社会普通人成名机会小、时间长、失败率高等现象，这也是窄幅文化下名

---

① 李二占、王艾录：《"理据"作为语言学术语的几种涵义》，载《当代外语研究》，2011年第4期，第20页。

② 赵毅衡：《符号学原理与推演》，南京：南京大学出版社，2015年版，第246页。

人成名面临的最大困难，即聚合轴背后的竞争压力大。

随着新媒介社会的到来，社交媒体、自媒体以及视频直播等传媒技术的发展，名人符号表意的时空距离正在被不断压缩，名人符号文本的生产语境和消费语境逐渐从传统社会的幕后操作走入大众视线进行前台展演。时间与空间距离的扭曲变形在现代社会造成了虚拟时空的出现，但依旧阻断不了粉丝对名人的兴趣。随着消费社会的到来，文化意识形态的多元化使得当代名人符号的表意更加开放，选择的剩余是宽幅文化的典型特征。但符号泛滥的消费社会，社会解释元语言的多样化和海量信息的推陈出新让现代人在符号意义解释中越来越倾向于单轴行为，放弃聚合操作，因为选择比较的过程是枯燥和缓慢的，选择比较的速度远赶不上信息的更替速度。放弃聚合选择便意味着认知更多依赖于组合连接，表现为用投票、点击率、转发率、评论、分享等方式累计数量来挑选和排序。此种方式下名人出名变成了一种非比较的组合轴连接操作方式，出名不再需要进行同领域下名人内理据性的比较，而是靠数量上的反复累积。大数据技术依托点击量来进行名人的热度排序，而标出性变成了名人在海量信息中赚取热度的新策略。

现在名人的名声并不一定依赖于其所处的位置或者起初获得的显著性成就。相反，一旦他们的地位确立，他们的名声很可能已经超过了在初始位置上的需求而得到显著性的发展。[1]特纳在梳理名人发展演变时指出了当代名人成名已经不再依靠名人属性，而专注于名声的建立与扩散，此种扩散更加强调曝光和点击。爱丽斯·马威克（Alice Maewick）和达纳·波依德（Danah Boyd）在分析名人在twitter上的实践时也指出以"X-Factor"为代表的真人电视显示了名人被认为是一种学习到的实践，而非一种天然属性。这种实践要求微名人（micro-celebrity）使用微博、视频、社交网站来增加名声，在线上与线下进行自我品牌的有策略呈现。[2]蒋荣昌指出"除了某种明星气质或不同种类明星所要求的不同规范的形体——这些最基本的'语言材料'，明星在更重要的层面是某种生产体制或工厂的产品"[3]。明星的定义已经从明星气质的拥有者转变为渠道和曝光率的占有者。苗艳认为大

---

① Graeme Turner，"Understanding Celebrity"，*SAGE*，2004，p. 3.

② Alice Marwick，Danah Boyd， "To see and be seen: celebrity practice on Twitter"，*Convergence: the International Journal of Research in to New Media Techologies*，17（2）.

③ 蒋荣昌：《消费社会的文学文本》，成都：四川大学出版社，2004年版，第179页。

众媒介产生后，名人的生产主要按照市场需要，其次是提高曝光率和覆盖率。[1] 奥利维尔·德里耶桑（Olivier Driessens）在分析名人文化的结构性动力时指出名人化（celebritization）被定义为名人的民主化，它反映了名人文化的一种转向，即从侧重于以成就为基础的名声到媒介导向的名声。[2] 部分研究名人的期刊论文都曾注意到名人在文化转向中出现的重要转变，但此种转变是如何进行的，转变的动力在于何处，目前大多数研究者没有给予充分的说明。

在新媒介社会，名人已经不是"被生产"了，还可以主动"生产"。宽幅文化下，出名变成了一种组合连接的过程。名人是一个因其出名而出名的人。[3] 聚合轴上比较选择的困难让位于组合轴上连接组合的简易，出名成为一种对点击量和曝光率的符号操作过程，其最重要的操作方式便是标出性成名。标出意味着关注和点击率，标出成名是名人在内理据性缺失的情况下搭乘文化转向的风向标的产物。

2. 新媒介社会的标出性成名

当代社会与传统社会相比，最大的特点是宽轴，给个人性的选择和解释更大的余地。[4] 意识形态的多元化和解释元语言的复杂化使得深处消费社会符号泛滥的大众面临选择困境，当越来越多的大众放弃聚合操作，转向组合连接关注偶像时，标出成名便成为出名，尤其是宽幅文化下出名的最佳策略，标出意味着关注和点击，意味着名声的成倍扩散。伴随着新媒介技术在名人成名过程中扮演的越来越重要的作用，名人意义的生成开始以标出成名为主导方式，名人的内理据性逐渐让位于标出性风格，标出创造了批量的新媒介名人。

没有符号加以分节的世界，不成其为世界。[5] 自古以来社会上的人都可分为名人和普通人，正是这种分类完成了社会的初级分层。成名便是对分层的渴求，是对自身价值的实现，在消费社会，成名不仅意味着个人魅力的增

---

① 苗艳：《消费社会"名人符号"分析》，载《上海师范大学学报（哲学社会科学版）》，2011年第2期，第95—100页。

② Oliver Driessens，"The celebritization of society and culture：Understanding the structural dynamics of celebrity culture"，*International Journal of Cultural Studies*，16（6）：644.

③ 转引自 Graeme Turner，"Understanding Celebrity"，*SAGE*，2004.

④ 赵毅衡：《符号学原理与推演》，南京：南京大学出版社，2012年版，第373页。

⑤ 赵毅衡：《符号学原理与推演》，南京：南京大学出版社，2012年版，第96页。

加，同时名气还可以转换成经济价值，带来可观的经济收益。人人都想成名，但成名并非易事。名人毕竟是大众认可的少数人，这意味着想要进入名人圈就必须面临众多的选择与淘汰，只有经过大众的层层筛选，普通人才有可能进入大众视野。由于缺乏与名人属性相连的内理据性，大多数普通人并不具有某种出众的品质，在无法通过内理据性连接名人属性出名时，人们便选择以标出的方式来吸引观众注意力，得不到正面的赞扬便力图求得负面的关注，哪怕这种注意力带来的是批判、质疑和嘲弄。伴随着社会意识形态的多元化和新媒介平台的出现，以标出方式走上成名道路已经成为当前社会名人成名的主导方式。

标出性理论认为，可以根据对立两项何者少用的规律来找到影响两项动态平衡的因素。通常将不对称的对立两项之间出现次数较少的一项称为"标出项"，而对立的使用较多的那一项即为非标出项。[①] 两项对立中，存在的第三项即中项，中项是导致正、异项不平衡的关键性因素，是决定正、异项位置的关键。通常将携带中项的非标出项称为"正项"，被中项排斥在外的项为"异项"，即标出项，标出项是非正常项，是异于主流和只为少数人接受的，在认知上也是异常和边缘化的。[②] 中项本身无法自我界定，需要靠正项来表达自身和获取文化意义。选择以标出方式成名意味着名人风格与社会主流意识形态和正常风格的背离，是以边缘化自身、"不走寻常路"的方式来获取人们的关注。

在雅各布森的符指过程六因素分析法中，当符号表意侧重于媒介时，符号便出现了较强的"交际性"，此时话语的目的只是保持接触，占领渠道，内容不再重要。[③] 新媒介社会下，当代文化已经成为以媒介为主导的接触性文化，重复、曝光、占有渠道是人们获取点击率、曝光率的重要手段，也是人们进行"名人"选择的组合连接方式。新媒介环境下名声的生产与扩散更为容易，注意力的获取也不再仅仅要求正项名人的曝光；相反，以出格、哗众取宠等另类方式出现的异项名人也成为"吸睛"的重要方式。社会意识形态的多元化已经使得早期名人身上出众的品质退去光环，在我们以歌唱或某种星技来要求某个明星的明星"品质"之际，可能已错误地理解了"星"作

---

① 赵毅衡：《符号学原理与推演》，南京：南京大学出版社，2012年版，第279页。
② 赵毅衡：《符号学原理与推演》，南京：南京大学出版社，2012年版，第283页。
③ 赵毅衡：《符号学原理与推演》，南京：南京大学出版社，2012年版，第179页。

为文学文本的意义。① 新媒介社会本质上是一个组合轴偏重的文化时代，信息内外互爆使得大众缺乏选择的主动性和简易性，人们开始依靠点击率、转发量、热度排名等数据指标来进行对某一符号文本的认知连接，因此，新媒介社会名人符号文本操作的最主要方法便是标出。

标出性在文化中普遍存在，标出意味着对正常风格的偏离，是普通人在正规成名途径受阻后无奈之下采取的一步险招，由于强烈的成名欲望的驱动和名人内理据性的缺失，普通人不得不采取一种"标新立异"式的风格来吸引眼球。凤姐、芙蓉姐姐、郭美美、艾克里里、王尼玛等新晋名人并不具备传统社会名人聚合操作所要求的出众品质，但因为他们出格的生活方式、惊人的言论、怪异的着装等日常行为的再现，以一种"反名人"的方式成为名人。长期以来，主流文化对于名人的定义与偏好将名人框定为"具备某一出众的品质的人"，中项要求名人具备正项风格并作为主流意识形态和文化的风向标（"真善美"是正项名人的基本指标，早年的"王进喜""雷锋""焦裕禄"等人都是文化主体在原型积淀和口碑相传中聚合选择的结果）。然而随着意识形态的多元化，标出成为新的吸睛方式。标出风格意味着反常态和反常规，以标出方式出名的人将大众内心隐匿的对文化敏感地带的窥探欲望激发出来，引发大众的好奇和窥私，不管大众是嘲讽还是质疑都离不开前期对标出名人的"围观"，此种围观直接带来了媒体关注，借助媒体标出名人开启了"病毒式营销"过程。

3. 标出成名中的身份反差与解释漩涡

随着新传媒技术的发展，标出不再是自身主动选择的结果。无论是否具有主观的标出意图，普通人都能在宽轴文化语境下被媒体、大众进行组合连接从而走上成名道路。媒体在经济利益的驱动下为了争夺受众注意力，争相发布有争议的抑或夸张的人物事件信息，以引起公众的注意，进而提高收视率和点击率。② 同时媒体还充当了名人场的把门人，将普通人到名人的转变作为一场媒介仪式进行展演。在宽幅文化语境下，标出也是一门符号操作艺术，什么样的名人风格能够被标出不仅取决于符号操作者对文化元语言的把

① 蒋荣昌：《消费社会的文学文本》，成都：四川大学出版社，2004年版，第179页。
② 李静：《新媒体时代的网络炒作现象——以"Hold姐"的网络走红为例》，载《新闻爱好者》，2012年5期，第3页。

握，而且还在于名人符号表意文本之间发生的冲突以及解释行为所引发的解释漩涡。

　　标出名人即异项名人因其体现的异样风格而备受瞩目，这种异样风格是社会中项在日常生活中难以见到的，出于成名的强烈意图，异项名人将备受争议，罕见的某种另类品质也随之展示出来。随着意识形态的多样化，标出逐渐变得常态化，不同文化层面的标出现象每天都有发生，选择标出成名的人越来越多，在社会大众的多样化选择中依旧只有少数标出者获得了媒体的大量曝光和中项的追捧。本文认为，能够以标出方式成功走上成名道路的关键在于：个体作为符号，其中个体的符号人格身份与文本身份之间的冲突导致人们对其符号意义的解释出现解释漩涡，两层符号表意文本之间的冲突加剧了人格身份与文本身份之间的反差，反差越大，媒体以及公众的关注兴趣便越高，由此才会带来点击率和知名度。符号文本必须有社会学的身份作为支持，这种社会性的身份即为文本身份，它是文本与伴随文本背后的文化身份、社会地位或体裁范畴。[①] 符号文本放置于社会文化语境中，便会拥有一个不同于现实中的真实的符号文本生产者身份，即人格身份。文本身份不同于符号文本发出者的人格身份，文本身份有超出发送者个人身份的维度，并能反过来影响接收者身份。同时文本身份比发出者人格身份更加复杂，甚至两者完全冲突，当两层身份的冲突逐渐扩大便形成了身份之间的反差，正是这种反差使得人们在解释该符号文本时出现了解释漩涡现象。解释漩涡是指两个不同的元语言集合冲突造成的，两套元语言互不退让，同时起作用，造成两种解释悖论性地共存。冲突造成的双义并存，使解释无所适从。[②]

　　名人作为一个符号文本，其符号的展演与流通离不开符号内部各层文本之间的调和。传统社会名人是具有某种名人属性的人，这类名人属性为其赢得了所属行业领域内的专有社会地位，作为表意符号，其人格身份与其所展现出来的文本身份具有高度一致性。杜甫现实主义风格的作品所体现的文本身份与杜甫在现实社会中的真实人格身份相吻合，这使得杜甫在历史中一直以忧国忧民的文本身份形象出现。但随着宽轴文化的到来，名人符号的人格身份与文本身份出现了诸多冲突，在此种冲突下社会中项在解释名人符号意义时出现了同层次元语言的冲突，解释漩涡开始出现。

---

①　赵毅衡：《符号学原理与推演》，南京：南京大学出版社，2012 年版，第 357 页。
②　赵毅衡：《符号学原理与推演》，南京：南京大学出版社，2012 年版，第 238 页。

  "犀利哥"作为摄影师测试新镜头时无意拍下的背景，经过天涯论坛帖子的再加工而爆红，成为名噪一时的网络名人。作为一名街头流浪汉，犀利哥的打扮符合乞丐身份。蓬松杂乱的发型、黑色的毛绒大衣、毛绒裤、编织腰带和购物纸袋，脏、乱与混搭的造型让人在第一眼便能轻松地解释犀利哥的真实身份即为一名乞丐，他身上的行头都是作为一名乞丐拾捡破烂衣服御寒的需求衍生出来的。然而，当越来越多媒体和网络人士将犀利哥式的着装上升为一种时尚，犀利哥的文本身份便突破真实身份而得到了无限拔高，犀利哥所代表的乞丐美学时尚成为其符号表意最大的伴随文本。"欧美粗线条搭配中有着日泛儿的细腻，绝对日本混搭风格，绝对不输藤原浩之流。发型是日本最流行的牛郎发型。外着中古店淘来的二手衣服搭配LV最新款的纸袋，绝对谙熟混搭之道。从视觉色彩搭配上讲，腰带绝对是画龙点睛之笔。然而这根腰带绝非那些上班族小白领所得承受得起的，全球限量发行的GUCCI xclot混色系腰带，只有那些敢于为潮流献身的人才能懂得。"① 借助明星和名牌为参照物，犀利哥的文本身份被加工成为一个自由、颠覆、原始、狂野和神秘的时尚引领者。面对犀利哥这样一个被标出的异项名人，观众在读解符号意义时便发生了同层次元语言冲突，一方面他街头行走的装扮让观众启用社会身份识别的元语言，界定犀利哥是一名乞丐；另一方面时尚文本的不断叠加让观众开始启用时尚层面的元语言来认知犀利哥。两层元语言在解释犀利哥时便出现了强烈冲突，冲突愈强烈解释难题就愈大，而解释的不满足要求更多的关注，由此犀利哥的关注度不断提升，并在积累了足够多的曝光率和点击率后走上成名道路。

  人格身份与文本身份的反差是以标出方式成功出名的名人所具备的重要特征。这种反差除了表现为现实身份与时尚文本身份之间的落差，还体现为年龄与时尚、长相与时尚、阶级与言论等两层符号文本之间的反差。王德顺是一名78岁高龄的老年人，但相比同年龄段的其他人，王德顺有着"高龄青年"的称号。他在中国国际时装周的"东北大棉袄"T台上帅气走秀，白发苍苍却身材健硕，作为符号文本，年龄这个副文本让观众在审视王德顺时不免调用老年人认知层面的元语言来进行符号解释，但当王德顺健硕的身材、精神抖擞的生活面貌和时尚的生活方式被媒体展现在观众面前时，如何

---

  ① 《时尚大牌向"犀利哥"致敬》，"腾讯时尚"，网页链接：http：//luxury. qq. com/zt/2010/xl/index. html。

解释王德顺这个符号文本变成了元语言的选择难题，它要求观众在解释文本时必须调用时尚、健身、型男等层面的元语言，两层元语言在解释层面发生冲突，而这种冲突正成为媒体获取点击率的重要呈现框架。

新媒介社会符号表意的两层文本之间的解释元语言冲突变得日益常态化，美妆时尚博主艾克里里原本长相平庸、皮肤黝黑、体格瘦弱，各项标准都远达不到一名时尚模特的要求。然而当他标新立异，用马克笔画眉毛，打造一系列奇怪的妆容造型时，他获取了众多点击率和关注度。以新浪微博为代表的社交平台为艾克里里这个符号文本的解释漩涡的不断扩大提供了条件。而凤姐，作为社会中下层的一名普通女性，身份之外的夸张、自由以及不羁的言论为她赢得了关注度。其言论赋予她的文本身份与其现实中的真实身份形成了巨大反差，凤姐走的不是女权主义之路，却有着女权主义者的不羁风范，而这却是广大平凡的普通人所难以去实现的。正是这种巨大的反差为凤姐带来了媒体的曝光和无数网民的追捧。

标出成名意味着在风格上与主流意识形态的背离，异项名人用偏离正常的风格来引起人们注意，但这种风格是失去中项认同的，也就意味着异项名人处于一个边缘地位，随时面临"掉粉"的压力。在自媒体时代，没有任何内理据性的名人随时都有被替代的危险，即便是以标出方式彰显自身"标新立异"而成名的人也时刻面临着被中项抛弃的危险，中项对于边缘化的标出项被压制的欲望促使了他们通过艺术，与标出的异项达成"曲线认同"。这种认同不是中项对标出性的认同，而是中项对自己参与边缘化异项的愧疚。[①] 因此，对于以标出性成名的名人来说，中项的认可是一时兴起的，是基于潜在内心的愧疚或好奇，但这种认同只能具有短暂的周期，毕竟媒体每天都会发掘新的内容建立新的议程，随时更替的海量信息使得缺乏内在理据性的名人内容随时可能被湮没。

4. 名人的去标出性

名声是短暂易逝的，名声的持续传播离不开媒介渠道的占有和注意力的维持。无论是依靠内理据性还是以标出方式走上名人化道路，名人名声的传播都依赖于媒介对名声的不断复制，以完成名人符号意义的沉淀。无论是以内理据性成名的正项名人，还是标出成名的异项名人，他们成名后都离不开

---

① 赵毅衡：《符号学原理与推演》，南京：南京大学出版社，2012年版，第311页。

符号意义的象征化过程。而对于异项名人来说则会选择积极去标出性来拉取中项认同并企图成为正项名人。

象征作为一种特殊的符号，是比喻理据性上升到一定程度的结果。索绪尔认为象征是能指和所指之间一种自然联系的根基。无论是何种象征，起先一定是基于本体和喻体之间某种联系而生成的，其意义也不再仅限于表层意义，而是指向更为抽象、经常难以用言语表达的意义所指。象征的关键在于重复，并经过重复来达到意义的累积。名人成名之初一定会设定一个形象定位，按照这个定位经由媒体、公关反复宣传和曝光来强化其意义，在长时间占有媒介渠道并不断重复后，定位形象便在受众心中形成了一种指示和规约，提到某明星便会想到其代表的意义。文化集体地重复使用某个比喻，或是使用符号的个人有意重复，都可以使一个符号象征化。① 完成象征化的某物或某人便拥有了较为巩固的地位，一定时间内其所指意义不会发生太大的变更。一个象征化的名人是一个拥有特定所指、个人形象较为稳定的符号，提及名字便会想到其代表的象征意义。如提到范冰冰便会联想到"范爷""霸气"，提到成龙就会想到中国功夫，此种规约的建立对于名人知名度的扩散具有重要作用，名人们通过象征意义来建立专属的名人形象，以区别于同行其他竞争者。

象征生成主要有三种方式：原型象征、集体复用和个人创建。② 当娱乐主导消费，媒体技术的飞速发展削减了形成象征所需的意义累积时间，象征化速度越来越快，糅合了多种生成方式的象征化过程也越来越复杂。新媒介语境下名人意义的生成正逐渐以标出方式为主导，随着媒介技术的发展，名声的复制成本越来越低，通过分离生产语境与消费语境，"大众传播延伸了符号化形式在空间及时间中的可获得性"，明星就成了跨越本土、地区、国家和全球市场进行传播的时间与空间身份。③ 以标出方式成名削弱了内理据性的作用，名人不再必须具备某种属性，同时名声复制的快速削弱了传统社会名人意义的传承，名人不需要也不再可能经过一代代人言传身教地分享和传播来累积名声，原型对于新媒介语境下的名人来说已不再重要，因此当代名人意义象征的方式将以集体复用和个人创建两种方式为主导，这也是由新媒介建构的名人的典型特征。

---

① 赵毅衡：《符号学原理与推演》，南京：南京大学出版社，2012 年版，第 206 页。

② 赵毅衡：《符号学原理与推演》，南京：南京大学出版社，2012 年版，第 208 页。

③ 保罗·麦克唐纳：《好莱坞明星制》，北京：世界图书出版公司，2015 年版，第 8 页。

　　第一种象征方式是集体复用，这在艺术作品中较为常见。艺术家通过特殊安排有意让一个形象多次出现，重复表达，借此获得意义更深远的象征，通常在复现中比喻形象都会指向同一个主题使象征化过程更为集中。① 当代名人是一个由经纪人、经纪公司、媒体宣传行业共同打造的产品，名人产品制造者也就是经纪公司，某种程度上就是名人这个艺术作品的艺术家，在名人成名之初，经纪公司从长远发展出发给名人定制发展战略，同时聘请专家制定详细的推广方案和名人符号意义定位策略。以集体复用方式完成名人符号意义的象征化过程多见于具有内理据性的名人，这是最为常见的一类象征化方式。借用新媒介再度成名的传统名人在具有名人内理据性的同时，借助新媒介快速、大批量地复制名声，在名人的整合营销传播中成功地将自己的名人意义进行积淀，通过不断的曝光完成形象的象征化过程。在当代文化中，象征化速度越来越快，网民在名声的重复使用中扮演着关键作用。据 2016 年中国互联网发展报告显示，截至 2016 年 6 月，中国网民规模达 7.10 亿，互联网普及率达到 51.7％。② 这意味着一则名人新闻的到达率较传统社会变得更高，更多网民的围观、转发行为都参与到名声的集体复现中。但象征化的风险在于一旦确定了稳定的意义，想要进行所指意义的切换便更加困难。例如，被称为"甜心教主"的王心凌因其可爱甜美的声音和外表形象而出名，成为可爱风格名人的典型代表。王心凌在唱歌技巧和声音品质上并没有优势，唱歌也没有过硬的技巧，但经纪公司在包装、定位上避重就轻，不从音乐实力唱将出发，而是从甜蜜声音风格、可爱形象出发，出版了以《爱你》《Honey》《睫毛弯弯》《想你想你》为代表的甜心歌曲，同时在相应的 MTV、相关活动等场合上也以可爱甜美风格亮相，在经纪公司以及媒体的不断复现下，王心凌的"甜心教主"形象完成象征化过程并深入人心。但随着年龄增长，可爱甜心的风格已经不再适合她，王心凌曾几次尝试走性感、成熟路线，都以失败告终。

　　第二种象征生成方式是个人创建，是指艺术家自己点名自己的"私设象征"，直接将某比喻指向某主题，此时的艺术形象往往因为尚未充分象征化，而被称为"象征性比喻"。这一类象征方式在后现代艺术作品中较为常见。一般来说，名人形象定位即所指意义的确定会根据名人的内理据性考虑，象征也是建立在本体和喻体之间的某种意义上，但在新媒介语境下，以标出方

---

① 赵毅衡：《符号学原理与推演》，南京：南京大学出版社，2012 年版，第 208 页。
② 中国互联网信息中心，《2016 中国互联网发展报告》。

式成名的人开始将其标出性特征进行象征化，但由于缺乏内理据性，名人多是自设象征，表明自己身上的某种标出性特征。标出成名的名人在对符号意义象征化的操作过程中通常坚持先个人创建象征，再借用新媒介来集体复用的路径。但这种象征化具有极大的危险性，因为标出性毕竟是中项所离弃的，一旦象征化过程完成就意味着名人符号意义将固定在一种异项风格之上，随时面临着被正项排斥的风险，并且中项对此种象征化过程并非全部接受。凤姐宣称自己博学多才，是难得一见的才女，人为地为自己建立一个象征。然而其阅读的书籍却主要是《知音》《半月谈》，社会大多数人并不认可这种象征，此种象征的复用仅限于名人自身团体或其指定的媒体，失去中项的支持与赞同就难以实现大规模重复使用和意义累积，也就难以完成象征化。因此，自设象征同自我标出都是有风险的做法，因为这种失去中项认同的风格只会使自己处于边缘地位，难以进入名人场的核心地带。

完成象征化是名人成名的终极目标，一旦完成象征化就可以进入名人场的核心圈层并能塑造和维持自身形象，还能维持观众的注意力，拥有自身独特的象征意义，就像赵雅芝代表优雅，谢娜代表搞笑，林志玲代表淑女一样。但象征化的道路充满坎坷和未知，并非所有名人都能完成象征化过程，对于那些将标出性作为象征的名人来说，象征化过程在名声扩散中也意味着一定的风险性。那些一夜爆红又销声匿迹的名人，在短时间内并未建立象征性，尤其是在名人泛化的当代，名人越来越多，类型多样难以形成有效的区隔。如果名人没有自己的专属象征就会被推陈出新的各类名人湮没，渐渐消失在娱乐行业。

当代传媒已经熟练地掌握了造星运动，媒体开始自己生产名人，在大规模复现名声的同时也催生了追星逐梦的大众梦想。越来越多的人开始主动踏上成名道路，借助无处不在的新媒介成名，以标出方式成名，已经取代传统社会的内理据性成名方式，成为当代社会主导的成名方式。借用新媒介，名人在不断重复曝光中积累知名度，完成名人符号意义的累积，从而进行意义的象征化，但象征化方式和程度的不同也造成了名人圈的分层景观以及名人多样的生命周期。

作者简介：

梁成英，四川大学符号学-传媒学研究所成员，主要研究方向为传播学、名人符号学。

六、留白与缺失：平面设计中的空符号

田　园

即便是在视频传播大行其道的今天，诞生于印刷时代的平面设计也并未因此一蹶不振淡出历史舞台，反而成为传播环节和商业领域颇受青睐的宠儿。平面设计在新闻、广告、出版等传播活动中扮演着重要的角色。不仅如此，它也渗透了每个人的日常生活，可以说，我们身处在一个"图像化生存"①的时代，"当代文化正在变成一种视觉文化"②。而平面设计的这种影响力为何产生，如何进行作用，是否需要防范和纠正等也自然成为亟待学界和业界探讨的问题。

探索平面设计如何在传播活动等各个环节产生影响力和作用力，实质上就是探索平面设计作为一个承载着丰富意义的符号文本在传播活动中如何传递意义和被解释的问题。平面设计是一个复杂的符号系统，在其中又包含色彩、图形（或图示）、字体、标志等子符号系统，而色彩、图示和字体等又各自在平面设计中发挥不同的作用。因此，探索平面设计如何编织、传递、投射意义，一种可行的手段便是从其子符号系统切入，研究其表意机制和规律。作为研究平面设计整体表意机制的有机组成部分，平面设计中的空符号研究便是其中重要一环。

1. 平面设计中的空符号：被忽视的重要组分

符号是意义的载体，人们传递和接收意义皆需要"符号"作为中介。符号"被认为是携带着意义的感知"③。而被感知的符号，可以不是实物，而

---

①　曾庆香：《图像化生存：规训与展演——论图像作为符号》，载《国际新闻界》，2011 年 2月。

②　丹尼尔·贝尔：《资本主义文化矛盾》，赵一凡等译，上海：三联书店出版社，1989 年版，第 56 页。

③　赵毅衡：《符号学原理与推演》，南京：南京大学出版社，2012 年版，第 27 页。

是物质的缺失：空白、黑暗、寂静、无语、无嗅、无味、无表情、拒绝答复等。[①] 这种被感知到的缺失也能够携带复杂而多元的意义并被接收者接收和解释；中国画中的留白，歌曲中的停顿，说话人的欲言又止，这些都是携带着意义的"缺失"。香农（Claude Shannon）也许是最早感受到这种"缺失"的重要性并在文章中进行论述的人，他曾经提出英文的字母系统应当为 27 个，在 26 个字母之外，应将"space"（空格）这一特殊的符号加入字母系统中，否则字母是无法正确表意的。而西比奥克则将这种特殊的"缺失"称为"零符号"（zero sign）[②]；韦世林则将其称之为空符号[③]。空符号（blank－sign）这一概念，韦世林用其来描述意义传递与感知过程中一类特殊的符号。空符号是个比较清楚的学术术语，本研究也将沿用这一术语。

根据韦世林对空符号的界定，空符号，就其性质来说，是指以"空白""间隔""停顿""距离"等形式作为符号能指，而其符号所指需要在各个符号系统中具体分析与揭示的一类特殊符号；就其功能来说，空符号可以起到分离、提示、衬托实符号的作用。空符号作为一种特殊的非语言符号，存在于任何一切的符号系统中，一切符号活动都离不开空符号。[④] 有了空符号，实符号才能凸显自身，否则就会"化石化"；而意义的多重性也必须由空符号从形式的消极性和意义的积极性两方面来保证。[⑤] 作为人工符号系统的平面设计自然也离不开空符号的助力。

尽管空符号与实符号地位比肩，但它并未获得与其地位相匹配的关注和重视。空符号的特殊性源于"缺失"，而它易被忽视也恰恰源于此。由于感知形式的缺失，处于一个符号系统中的空符号总是隐于实符号背后的所在，这一点也反映在平面设计的符号学相关研究中。以平面设计中的实符号系统作为研究对象的探索已经初具规模，标志、色彩、图形、字体等对象均有研究者选取。比如《设计色彩的符号学解读》（《南通大学学报·社会科学版》，2007 年第 3 期）选取色彩作为研究对象，认为在人类长期的生产实践过程中，色彩已经和语言一样充分发展成为一个独立的符号系统，关于色彩的联

---

① 赵毅衡：《符号学原理与推演》，南京：南京大学出版社，2012 年版，第 25 页。

② Thomas Sebeok, *Contributions to the Doctrine of Signs*, Lanham: University Press of America, 1985, p. 118.

③ 韦世林：《空符号论》，北京：人民出版社，2012 版，第 1 页。

④ 韦世林：《空符号论》，北京：人民出版社，2012 版，第 41 页。

⑤ 杨锦芬：《论空符号的在场形式》，载《符号与传媒》，2013 年 3 月刊。

想是人类文化经过协商之后达成的统一，不同的色彩意指不同的个性和内容，并结合节庆色彩、宗教色彩和等级色彩等现实案例加以辅助说明色彩的意指。① "Representation and legitimacy：A Semiotic approach to the logo"一文的作者 Heilbrunn 则选择"LOGO"作为研究对象，认为"LOGO"（标志）是兼具再现功能与实用性商业功能的特殊符号，并以皮尔斯对符号的分类方式（即像似符、指示符与规约符）来对"LOGO"进行分类，分析不同"LOGO"种类之间的关系和它们如何"再现"对象。② 刘海飒则认为："图形作为指向于形态知觉心理的大众传播符号，以'与语言相类似的特殊方式'，通过其外在形式所表达的逻辑含义和内在的审美意蕴，成为发送者与接收者共通的意义空间，在创建平面视觉形象中起到了重要作用。"③

　　而与色彩、图示、标志、字体等这些能被直接感知并被重视的实符号相比，平面设计中的空符号系统，虽然也能搭载复杂的意义，甚至在很多场景下承担着关键的机能，但它却处于被研究者忽视的状态，与之相关的研究寥若晨星。《平面设计中的"空符号"设计研究》一文探讨了空符号在平面设计作品中的作用，认为空符号可以增强作品的空间感，强化平面设计作品的动感，更好地表达作品的意境并且能突出平面设计作品的层次。④ 徐新在《视觉传达设计空符号研究刍议》一文中提出相似的论述，认为平面设计中的空符号能够创造有意味的形式，使设计作品获得视觉上的轻松，体现设计的少即是多。⑤ 但甚为可惜的是，现存为数不多的关于平面设计空符号的研究中，都只是泛泛谈论空符号的作用，诸如"增强空间感""表达意境"等；并未明确指出空符号在平面设计中的具体存在形式，也未真正从符号学表意的视角来谈论空符号的功能，这实在是研究的一个遗憾。

　　人们在自发而不是自觉地使用着空符号，是很多人心中已有一点而笔下尚无一丝的现象之一。⑥ 平面设计中的空符号也是如此，创作者们在自发地使用空符号，却忽略去探寻其本质和背后的规律。诸如"背景留白""版式

　　① 陆晓云：《设计色彩的符号学解读》，载《南通大学学报·社会科学版》，2007年第3期。
　　② B. Heilbrunn, "Representation and legitimacy：A semiotic approach to the logo"，https：//www. mendeley. com/2016；10.
　　③ 刘海飒：《解读平面设计中的图形符号》，载《美苑》，2007年第6期。
　　④ 肖静、王艳：《平面设计中"空符号"的设计研究》，载《大众文艺·学术版》，2014年第23期。
　　⑤ 徐新：《视觉传达设计空符号研究刍议》，载《中国轻工教育》，2011年第6期。
　　⑥ 韦世林：《空符号论》，北京：人民出版社，2012年版，第44页。

留白"等创作手法事实上都属于空符号，但平面设计中的空符号绝不仅仅限于此，而是拥有更为丰富的表现形式，在平面设计作品中也将发挥重要的作用。本文将目光投向平面设计中的空符号这一特殊符号系统，探索其在平面设计作品中的各类存在形式，并探索其表意机制和作用机制，以期为之后的相关研究提供新的思路和视角，并丰富平面设计表意机制研究体系，同时也能为实践创作提供更为明确的理论思路。

2. 平面设计中的留白型空符号及其作用

空符号的特殊在于"缺失"，以"空白""间隔""距离"等形式存在。空符号尽管特殊，但仍然具有一切符号所具备的基础属性——人为创设与人为控制相统一，能指与所指相统一，任意性与规约性相统一等。而某一具体符号系统中的空符号，又另有其独特的空符号特性①，表现出不同的形式。譬如在建筑中，空符号可以是"三室一厅"的布局分隔②；在音乐中，可以是乐曲的停顿和休止；在人际交往中，可以是"欲说还休"的沉默；在舞蹈中，可以是舞蹈动作的"定格"。而在平面设计作品中，空符号的存在形式也并不单一，色彩的缺失、画面的留白、字体笔画的空缺，各个设计元素之间的间隔等都是空符号的存在形式。按照这些空符号在平面设计中的特点，可以将其分为两个大的类别，即留白型空符号与缺失型空符号；而在两个大类中，还可以分出更为细小的分支。

首先，留白型空符号，是平面设计中最为基础和通用的空符号，甚至可以说，没有任何一幅平面设计作品可以完全不使用这一类型的空符号。该类型的空符号在平面设计中最为常见和普遍的存在形式是画面留白（版式留白，或者我们通常所说的背景）。也是基于此原因，在关于平面设计空符号的众多已有研究中，很多研究在字里行间将平面设计中的空符号默认为"版面留白"。"留白"本是中国画的术语，是中国画独有的一种表现手法。"白，即是纸素之白，凡山石之阳面处，石坡之平面处，及画外之水天空阔处，云物空明处，山足之杳冥处，树头之虚灵处，以之作天，作水，作烟断，作云

---

① 韦世林：《建筑——空符号与东亚文化》，载《云南师范大学学报（哲学社会科学版）》，2008年第1期。

② 韦世林：《建筑——空符号与东亚文化》，载《云南师范大学学报（哲学社会科学版）》，2008年第1期。

断，作日光，皆是此白。"① 同时，这种留白"并非纸素之白，乃为有情，否则画无生趣矣"②，而是"虚实相生，无画处皆成妙景"③，"空白即画也"④。中国画讲求"意境"，而留白正是这种意境的锻造手法之一。而从绘画处起源的平面设计，在创作中依然沿袭了这一种手法并加以拓展。现代格式塔心理美学认为艺术形式的力与人内心世界的力存在同形同构和异质同构，当二者形式结构一致时，产生物我同一的感受；而局部的缺陷和空白则会让人们按照已有的审美经验去自行填充和补足。⑤ 比起中国画留白的"纸素之白"，平面设计的留白更为丰富，不能简单理解为"画面空白"。它可以是完全不着笔墨的空白，如图 1 的海报组图所示；可以是纯色的画面，如苹果 iPod 平面系列广告，如图 2 所示。此外，还可以是元素组成较为简单的画面，如无印良品的平面广告作品系列，如图 3 所示。

图 1　海报组图⑥

---

① 潘运告：《清代画论》，长沙：湖南美术出版社，2003 年版，第 336 页。
② 潘运告：《清代画论》，长沙：湖南美术出版社，2003 年版，第 337 页。
③ 笪重光：《画鉴》，成都：四川人民出版社，1982 年版。
④ 童铧彬：《浅谈留白在平面设计中的运用》，载《美术之友》，2009 年第 6 期。
⑤ 郝银忠、杨蜜：《留白处皆成妙境——包装设计"留白"之诠释》，载《长春教育学院学报》，2010 年 2 月第 1 期。
⑥ 图片素材引用自花瓣网，原作者@中国字体秀。

图 2　苹果 iPod 平面广告　　　　图 3　无印良品平面广告

　　其次，留白型空符号在平面设计中的应用，最为显著的作用就是前人研究中所提到的"丰富平面设计作品的层次"和"使平面设计作品获得视觉上的轻松"。事实上，留白型空符号在平面设计中所发挥的效用，不仅仅是在视觉的层面，它是一种复合型的、递推式的作用。平面设计中的留白型空符号可以塑造视觉中心，使作品被观看时呈现视觉的层次；同时在这个基础之上，它明确意义中心，使发送者的意图意义得以最直接最鲜明的体现。这两层效用就好像皮肤与肌理，是一个复合型的整体，但却表现为不同的层次。作为最终需要视觉观赏的作品，平面设计需要保证整体画面的美观与平衡，需要保证观看时一种潜在的逻辑顺序，确保引起视觉注意力和审美满足。平面设计中留白型空符号塑造视觉中心主要表现为衬托、突出某一视觉元素和决定视觉观看顺序两种形式，这是我们所说的第一层效用。而与此同时，作为发送者意图意义的载体和媒介，平面设计作品也必须保证正确和明确地承载并传递发送者的"意图"，此时空符号则承担起明确意义中心的重任，以确保发送者试图传递的信息得以凸显而不被淹没。在平面设计作品中，空符号与实符号是成对出现的，双方间的关系可以用"虚实相生"来形容，实符号需要空符号的衬托和对比，才能显示其实在性。空符号与实符号这样一对矛盾的关系，运用在平面设计作品中，可以衬托和对比出视觉观赏的中心；而将发送者的最主要的意图意义编织进平面设计视觉中心，又能使接收者在观看到平面设计作品时能够轻易分辨和接收最重要的信息。视觉中心的塑造是意义中心得以明确的基础，也可以说，塑造视觉中心的终极目的事实上就是使意义传递和读解过程按照发送者的意图顺利开展。比如在图 4 所示的 LOGO 设计作品中，只在作品左半边应用色彩，之后的字体皆使用黑色单色，这样一来，视线将通过色彩实符号和色彩缺失的空符号作用依照从左到右的顺序进行，在空符号衬托下色彩实符号所在的位置也将成为视觉重点和停留处。图5所示的金龙鱼花生油平面广告设计作品中，在版式留白空符号的衬托下，整个画面的视觉中心都在中间摇篮状的花生壳与被比作婴儿的花生粒上，而此广告所意图传达的产品"如新生婴儿一般新鲜"的中心意义也因此得以凸显。

图4　北京欧耶互动科技有限公司 LOGO 设计

图5　金龙鱼"新鲜花生出好油"平面广告设计

　　除了画面留白这一基础性的存在之外，留白型空符号在平面设计中的另一种存在形式是间距。字符间距、图形间距以及其他各个设计元素之间的间距均属于此列。间距，在平面设计中，是创作者在创作过程中出于主观而造就的各个设计元素之间的小面积"留白"。而平面设计中各个设计元素之间的间距，从表现形式来讲，造就平面设计作品整体的平衡与美感；而从表意层面来讲，间距就好比文章的标点符号，可以表达出平面设计作品叙述过程的停顿、中断、分节等，使得接收者在解读平面设计作品时有视觉的停顿与休憩，以使解读过程更为顺利地进行。可以想象，如果平面设计的各个设计元素之间没有间距，字体与图形之间没有间隔，各类元素与信息混杂成一团，这不仅会导致整个作品视觉观感的失败，而且也会使得意义读解更为困难——接收者还需自己从一团乱码中条分缕析出发送者的意图。可以说，以间距为存在形式的留白型空符号，虽然不如版式留白那样直观和易被察觉，但它在平面设计作品中是必要性的存在。

总体来说，平面设计中的留白型空符号是一种基础性的存在。通过版式留白和人为设置间距，平面设计的视觉中心和意义中心得以明确，意义接收者读解时的视觉顺序得以确立和维持——这是平面设计作品的必需和基础；因此，我们可以认为，留白型空符号是任何平面设计作品都必须使用的，或者说任何平面设计作品中一定都有留白型空符号的存在。而与留白型空符号相比，另一种类型的空符号——缺失型空符号，则可以被视作一种"进阶型"的空符号，其在平面设计作品中发挥着特定的作用。

3. 平面设计中的缺失型空符号及其作用

留白型空符号在平面设计中主要的表现形式，或者说存在形式，是背景或者版式留白。而缺失型空符号，在平面设计作品中的表现形式更为复杂和多样，可以表现为字体、色彩、图示、LOGO 等的缺失。

首先，字体笔画缺失来源于设计工作者们对于字体的特殊处理，是有意而为之，目的在于提升字体的可读性，使得字体"图形化"。虽然在平面设计中，文字最主要的功能是表述和告知信息，例如在平面广告中告知商品和品牌信息，在海报中告知活动信息等，但字体的字形变化也会影响到平面设计作品整体的观感。因此，提高文字的可读性就成为平面设计的另一种努力方向。久而久之，字体设计已经成为一个独立的设计系统，属于平面设计的一个子项，也是整个平面设计作品的重要组成部分。字体笔画缺失最广为人知的案例当是烤鸭品牌"全聚德"的牌匾题字，其中"德"字中间的一横是缺失的，如图 6 所示，而这一笔画的缺失并不是题字者和牌匾设计者的失误，是故意而为。题字者解释说"'心'字头上一横如同一把刀，因此去掉"。而在现代平面设计作品中，改变或简化笔画、字体部分缺失，已经成为字体设计创作的一种主要手法。如图 7 中的"糖树"甜品店标志字体设计，就省略了部分笔画，以其他笔画的延长来代替。

图 6　全聚德招牌字体　　　　图 7　糖树甜品标志字体设计①

其次，色彩缺失也是平面设计缺失型空符号的一种。但需要注意的是，色彩缺失是"应有色彩而无色彩"，并不是所有平面设计的去色处理都属于此列。虽然不同文化中对色彩有着不同的解读，但长期的文化交往和规约还是使得人们对色彩产生了超越国别和文化差异的共同印象。例如，红色代表热情，粉色象征浪漫，白色象征纯洁等。平面设计作品正是凭借色彩的这一功能来营造整体的感观和情绪，比如为婚庆主题设计多选择热烈的红和浪漫的粉，为环保主题设计则多使用代表自然的绿色，为悬疑主题设计则多使用暗沉的黑色与灰色，等等。而色彩缺失型空符号在平面设计中的使用，则使得这些本应被色彩传递的感观消失和被隐藏，反而能从反向来体现特定的情绪与主题。例如雾霾问题的公益海报，将本应五次斑斓的城市做失色处理，以此来表达"不要让雾霾吞噬城市的色彩"这一主题。

最后，LOGO 缺失也是平面设计中空符号存在的一种形式，主要存在于平面广告设计作品中。但这一类空符号较为特殊，它的出现与使用源于发送者期待弱化平面广告设计作品在接收者眼中的"广告性"。一般来说，"广告必须包含尾题（ended-title），广告文本就是包含商品或服务信息且这些信息以不可忽视的尾题方式出现"②，而平面设计广告作品中的 LOGO 缺失的处理方式便是发送者期待弱化甚至取消尾题的这种效应，从而使品牌或产品试图传达的理念或信息以更加自然的、非广告化的形式出现、被接收和被解读。"不少广告就是借助尾题的位置来进行体裁创新，一旦尾题改变，最明显的体裁标志也就消失了"③，这样的创作手法使得人们在日常生活中经

---

① 案例图片来自花瓣网，网址 http：//huaban．com/pins/649708300/。
② 饶广祥：《广告符号学》，成都：四川大学出版社，2014 年版，第 9 页。
③ 饶广祥：《广告符号学》，成都：四川大学出版社，2014 年版，第 8 页。

常发现一些"不似广告的广告"。但是需要注意的是，LOGO 缺失这类空符号的使用存在风险，它的正确（符合发送者意图的）读解依赖于意义接收者对于广告所指向的产品或品牌的熟悉程度，也依赖于其他伴随文本来帮助解释，要做到尽管不似广告，但接收者们最终依旧可以读取相关的产品和品牌信息。例如，图 8 中雀巢咖啡的平面广告虽然未出现 LOGO，但是其标志性的红杯可以帮助接收者轻易得知这是雀巢咖啡。再比如被人们熟知的APPLE（苹果）的 IOS 系统 UI 设计，即便未标明 LOGO 而应用在幻灯片设计和其他交互设计中，接收者也能轻易分辨出"IOS 风格"[1]。但与此同时，如果 LOGO 的缺失无法被感知到，那么此时 LOGO 缺失将不再是感知形式缺失的空符号，平面广告设计作品也会因此而被误读，甚至完全丢失广告的性能而成为普通类型的图片。

图 8　雀巢咖啡平面广告　　　　　图 9　IOS 风格页面设计

　　之所以将缺失型符号称作进阶型空符号，主要是基于它和留白型空符号的功能对比。平面设计中留白型空符号发挥基础性作用保证平面设计的基本解释顺序。而在此基础之上，缺失型空符号可以发挥更多特殊的作用。其一，缺失型空符号可以提升想象空间和解释张力，在保证平面设计基本解释走向的同时，留存更多的自主想象和自由解释空间，使得作品读解拥有更多的可能性。现代格式塔心理美学理论认为，艺术形式的力与人内心世界的力存在同形同构和异质同构的特点，当二者形式结构一致时，会产生物我同一的感受，而局部的缺陷和空白则会让人们按照已有的审美经验去自行填充和补足。[2] 同样以图 4 所示的 LOGO 为例，作为整体视觉中心的左侧字体在图形设计中，中间部分缺失，此部分的缺失并非无意义的，而是根据人类的视

---

[1]　IOS 系统的 UI 设计如今已经成为一种非常流行的设计风格，亦称"毛玻璃风格"。
[2]　郝银忠、杨蜜：《留白处皆成妙境——包装设计"留白"之诠释》，载《长春教育学院学报》，2010 年 2 月第 1 期。

觉经验，结合其他部分的设计元素让留白成为灯泡形状的负形。此时整个图形便不仅仅是字母"O"的变体，也可被看作一个发出彩色光芒的灯泡。整个作品的想象空间和解释张力得以提升。而这种利用缺失增添平面设计想象空间的方式已经成为平面设计中一种经典的设计路径，通过此种方式诞生了众多创意十足的作品，如图 10 所示的著名作品"鲁宾之壶"，以及图 11 所示的日本平面设计大师福田繁雄为日本京王百货所设计的平面宣传海报等。

图 10　鲁宾之壶

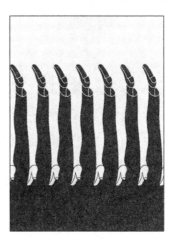

图 11　京王百货宣传海报

其二，平面设计中的缺失型空符号可以实现对平面设计作品的特殊意义赋予，此时，空符号的使用不仅仅是帮助凸显发送者意图意义使其得以明确传递的途径，而且更是发送者意图意义在平面设计作品中得以视觉化呈现的创作手法。前文中所提到的"全聚德"招牌，其创始人意图传达自己"行商亦行德"的理念，去掉"德"字中间一横，以表示"心头无刀唯有德"，试图传达的理念直接以视觉化形式呈现在标识上，自然更加容易引发关注和讨论；而图 12 所示的由公益组织"Plant－for－the－Planet"[①] 所发布的"Every leaf traps CO_2"系列公益平面广告[②]，版式留白使得绿叶成为视觉中心，而绿叶中的镂空部分又形成工厂烟囱、飞机尾烟和汽车尾气，"镂空"这一空符号的使用使得"每一片绿叶都是二氧化碳的吸收者，为了我们的星球请多种树"这一核心思想得以视觉化呈现，发送者意图传递给每一个接收

---

① 公益组织"Plant－for－the－Planet"，该组织创立宗旨是为了唤醒人们对于全球气候变暖的重视，并号召通过植树来削弱二氧化碳对全球气候的改变。

② 该公益平面设计作品图片来自花瓣网 http：//huaban. com/pins/34853042/。

者的意义通过空符号的使用而得以实现和强调。

图 12 "Every leaf traps CO$_2$, plant for the planet" 公益广告

其三，平面设计中的缺失型空符号可以削弱接收者对平面设计作品的体裁期待。这一作用主要通过 LOGO 缺失型空符号得以实现。在众多类型的平面设计作品中，削弱体裁期待主要是平面设计广告的意图。前文中我们提到过广告就是"带有尾题（ended－title）的文本"[1]，尾题的功能是指向广告所传播的商品，引导受众正确解读文本；而广告就是通过尾题来规约受众解读文本，从而达到传播商品的目的。[2] 但在广告滥觞的今日，铺天盖地的广告信息使得"广告出位"成为广告主和品牌商们孜孜不倦的追求目标；在受众有限的时间和精力下，如何让产品和品牌的相关信息引起受众的注意并不招致反感和厌恶，就成为广告从业者需要解决的一个问题。在大数据基础上诞生的"精准营销"（precision marketing），旨在基于受众的浏览记录来进行相应商品的推介；基于圈群而提出的文化传播单位"沟通元"（Meme），旨在通过受众关注和感兴趣的话题来实现网络环境下品牌与受众的协同互动。[3] 而以取消尾题的形式进行的体裁创新，目的则在于让广告以更为隐蔽、更为自然的方式出现，以削弱受众的不适感。植入广告就是以这

---

① 饶广祥：《广告符号学》，成都：四川大学出版社，2014 年版，第 9 页。

② 饶广祥：《从符号学角度讨论植入广告的本质》，载《四川大学学报·哲学社会科学版》，2012 年 1 月。

③ 沈虹：《协同与互动，网络营销创意传播服务模式研究》，北京：中央民族大学出版社，2013 年版。

种方式突破广告体裁而获得隐蔽性的。[①] 取消尾题使广告丧失体裁期待，而在平面设计作品中，这一点就表现为 LOGO 缺失型空符号的使用，比如前文中所提到的雀巢咖啡平面广告。但值得注意的是，LOGO 缺失型空符号的使用是充满风险的，它依赖于接收者对于品牌和产品的熟悉程度，也依赖于相应的伴随文本，否则接收者很可能无法按照发送者的意图进行正确读解，平面广告作品也将完全失去广告性能。甜品连锁品牌"蜜雪冰城"曾将自己的产品设计成精美的手机壁纸，如图 13 所示，期望以此种方式进行宣传和推广。但该系列设计中只出现了产品而未出现 LOGO 等指向性的尾题，虽然该壁纸下载次数众多，但由于其产品和其他同类型产品外观并无显著性差异，使得很多使用者并不知晓这是"蜜雪冰城"的产品图，而将其作为一般类型的壁纸使用。

图 13　蜜雪冰城手机壁纸系列

　　空符号虽然以空白、间隔、距离、停顿等形式出现，但空符号并不意味着全然的"无"，而是一种有意义的空缺和缺席[②]，是一种介于"0"和"1"之间的中间状态，一种"部分之无"，体现出一种形式的消极性和意义的积极性。[③] 平面设计中的空符号自然也是如此，它们在平面设计作品中扮演着

---

　　① 饶广祥：《从符号学角度讨论植入广告的本质》，载《四川大学学报·哲学社会科学版》，2012 年 1 月。

　　② Roland Barthes：*Elements of Semiology*，translated by Annette laver and Colin Smith，New York：Hill & Wang，1973.

　　③ 杨锦芬：《论空符号的在场形式》，载《符号与传媒》，2013 年 3 月刊。

重要的角色，影响着整个平面设计作品的表意和传达。平面设计中的空符号以留白型和缺失型为两大类别，在作品中以留白、间距、色彩缺失、字体缺失和LOGO缺失等具体形式存在，虽然这种存在是一种消极的、隐性的存在，但并不影响空符号在整个平面设计作品表意中发挥重要的作用。它的使用，可以塑造视觉中心与明确意义中心，提升想象空间与解释张力，进行特殊意义赋予，以及削弱人们对平面广告设计的体裁期待。这种形式的消极性与意义的积极性使得空符号成为影响平面设计作品表意的一种隐性机制。而明确空符号在平面设计中的存在形式和表意规律，将帮助这种介于"0"和"1"之间的特殊状态在平面设计作品中发挥出更为精妙的作用。

作者简介：

田园，四川大学文学与新闻学院广告与媒介经济专业在读硕士，四川大学符号学-传媒学研究所成员，主要研究方向：广告符号学、设计符号学。

七、网络交流的尴尬与化解：网络表情功能的符号学研究

魏清露

互联网的诞生、发展和普及使用，对人们的社会行为和价值观念产生了巨大的影响与改变，一种基于网络关系的社会系统正在形成，并逐渐囊括越来越多的人。根据中国互联网信息中心（CNNIC）发布的《第38次中国互联网络发展状况统计报告》① 显示，截至 2016 年 6 月，中国网民规模达 7.10 亿，半年共计新增网民 2132 万人。互联网普及率为 51.7%，较 2015 年底提升了 1.3 个百分点。能够看出，互联网已经成为我们当代人重要的生活组成部分，人类生活的数字化趋势愈发明显。

在此背景下，表达与交流方式也产生相应的改变：可以说，网络交流已经成为人际交流与沟通的重要方式，而网络表情符号是最重要的符号形式。网络交流的形式也在此进程中不断实现多样化，由单一的文字交流逐步扩展到图文相间，进而发展到一些简要清晰、表现情绪的网络表情符号也进入交流场合，并逐渐成为一种重要的、必不可少的交流形式。

1. 网络表情是网络沟通的最重要符号

表情符号是当前网络沟通的最主要形式，但其背后的原因观点歧出。

网络交流中，表情符号的使用非常频繁，甚至出现无表情无法沟通的境地。从相关的调查结果能够看出，网络表情符号占据了网络交流的重要地位。此外，近年来网络表情符号的重要性还在不断扩展：不仅在形式上有所扩展，而且在内容上结合网络热点，发展出一批又一批受欢迎的新型网络表情。甚至在 2015 年度进入牛津词典年度热词，已然占据网络交流的重要地位。牛津词典年度热词的主办方牛津大学出版社认为，热词是社会潮流的镜

---

① 中国互联网信息中心：《第 38 次中国互联网络发展状况统计报告》，2016 年 2 月。

子，能够在一定程度上反映出社会表达的趋势。科技公司 SwiftKey 通过数据分析得出，2015 年全球范围内，"喜极而泣的笑脸"是使用最多的 emoji 表情。这是从《牛津词典》年度热词评选开始以来，第一次出现 emoji 表情作为热词的情况，如此变化值得我们关注与重视，反映出表情符号已然占据了网络交流的重要地位，成为我们每个网络使用者不可回避的事物。在网络表达与交流过程中，表情符号的使用已然变得普遍又频繁，进入牛津词典年度热词，也在一定程度上反映了当时社会流行和公众的情绪，是一项值得研究与讨论的新的课题。

网络表情为什么使用如此广泛，对于这个问题，学者有众多观点。网络表情符号在网络沟通中的功能是网络表情研究的最重要命题。网络表情符号如何满足使用者的需求，满足使用者的哪些需求，都是需要得到回答的问题。相关研究，国内外已有不少。

网络表情符号的功能研究，学者通常会结合具体情境分析网络表情符号的功能与使用，如《从"帝吧出征"看表情包在网络交流中的功能》① 一文，作者余晓东结合"帝吧出征"网络事件，分析表情包在网络交流与表达中的作用与功能，具体说明了表情包作为符号的传播作用体现在：（1）视觉表征功能。（2）视觉修辞功能。（3）消遣愉悦功能。表情能够表达传者的愉悦，也能调节交流氛围。（4）经济文化功能。以微信为代表的即时通讯软件推出了收费的明星表情包，许多以表情包为设计元素的文化产品也应运而生。《网络表情符号的使用与满足 ——基于高校学生 IM 中网络表情使用的实证研究》② 一文中，作者运用使用与满足的理论框架与问卷调查与访谈的研究方法，得到一些可供参考的结论，如人们喜欢网络表情符号的主要动机是表达情感、增强语言的力度。还利用开放式问题征集到一些比较有趣的回答，如使用网络表情符号是为了"卖萌""敷衍他人"等。虽然很难界定"卖萌"的确切含义，但通常认为卖萌是在间接树立自己的可爱形象。这一结论与人际传播中的印象管理相关。在功能方面，网络表情符号"调节气氛"的功能得到学生群体的认可。

---

① 余晓东、黄亚音：《从"帝吧出征"看表情包在网络交流中的功能》，载《传媒视点》，2016 年 5 月。

② 李菲：《网络表情符号的使用与满足——基于高校学生 IM 中网络表情使用的实证研究》，上海交通大学硕士学位论文，2011 年。

张雪在《从视觉文化看手机聊天软件中网络表情的使用》[①] 一文中指出，网络表情符号的功能可以概括为以下五点：一是方便快捷，将个人所要表达的信息进行文字描述，以便信息接受者进行接收并解读。一个网络表情就包含了丰富的信息，免去了不少赘述。二是形象直观，网络表情相较文字更觉形象、直观。一个挤眼吐舌的网络表情便轻易将俏皮表露出来。三是调节氛围，在使用手机聊天软件进行交流时使用网络表情可以使聊天氛围变得愉快。色彩、形态各异的网络表情能产生一定的视觉冲击力，网络表情的使用为聊天过程增添了几分趣味。四是含蓄表达，作为视觉符号的网络表情不仅可以直观地表情达意，同时可以含蓄地表示不愿赤裸裸表达出的意思。有时网络表情要比文字更加隐晦。五则是辅助文字，网络表情的使用是对文字的图解、补充、强调，起到很好的辅助作用。.

日裔学者 Satomi Sugiyama 关于符号研究的论文 "Mobile Emoji for Relationship Maintenance and Aesthetic Expressions Among Japanese Teens"（《基于日本青少年手机符号使用的关系维护与美学表达研究》），主要使用民族志及访谈法，了解在 2006—2010 年间的日本青少年通过移动设备使用 emoji 的习惯及原因，对了解当前和未来趋势的青少年 emoji 使用、情感体验、自我感受与关系维护等问题有一定的参考意义。文中指出，日本青少年使用 emoji 的两个主要原因是调节网络交流气氛与建构自身的审美形象。

通过对讨论网络表情符号功能的文献进行梳理能够发现，上述的几篇文章在探讨网络表情符号的功能时都不约而同地谈及"调节（或管理）气氛"或与之相似的功能。从某种程度上来说，"调节气氛"也可被理解为缓解尴尬的一种表现形式，这一点与研究背景中某微信公众号的实验结论相互印证，网络表情符号的主要功能确能够理解为缓解尴尬。

但是，相关文献在谈及这个问题时却皆为浅尝辄止、点到即可，并未对此做出详细的分析与讨论。笔者认为上述关于网络表情符号功能的研究，都没有确切实际地点出网络表情符号的独特功能，虽在论述中有所触及，但并未系统详细地说明。本文认为，网络表情符号最独特与有效的功能是缓解尴尬，调节气氛。所以该问题是本文需要讨论的问题之一，需要系统地对这一

---

① 张雪：《从视觉文化看手机聊天软件中网络表情的使用》，载《新闻研究导刊》，2015 年 2 月。

问题做出分析与解释。

2. 网络沟通中尴尬的产生与表现

单媒介为主的网络沟通，传递感情困难，容易造成尴尬，网络表情生成获得内在动力。

近日，微信公众号"新世相"①进行了一项实验，要求实验参与者"24小时内，不使用任何表情符号，看看你的生活发生了什么变化"。实验发布后，该公众号收到了20多万字的体验报告，有至少5307人留言参加了这次实验，其中，超过30%的人失败了，大部分人失败的原因是习惯，比如"没留意""没忍住"；而成功坚持了24小时的人，一半以上觉得煎熬难忍，"尴尬"是被提到次数最多的原因，不得不采用各种方法化解；也有大约1/3的人认为只用文字交流很有意思，对话更加认真。在调查结果中，超过50%的人觉得太难了，被提到次数最多的原因是：尴尬。一些实验参与者认为，文字很难化解尴尬，担心对方会觉得自己语气显得生硬疏离，在聊天时遇到尴尬情境时，表情符号往往能发挥作用。

网络交流中的尴尬问题从来不是危言耸听，它确实真实地存在于每个使用网络并进行交流的人的生活中，这个问题需要得到观照与解释。这是一个与人际交流有关的重要议题。在学科研究中既与人际传播学有关，又与社会学、心理学以及符号学相关。根据符号互动理论，人与人之间的交流从本质上说是一个符号交流互动的过程，人际交流中产生尴尬则说明该互动过程中出现了问题，因此需要我们用符号学的思维去尝试理解这一问题。本章内容着重讨论两个问题，首先是在网络交流中，怎样的情况容易产生尴尬，即讨论尴尬情境出现的原因；其次是为何网络交流中的尴尬会让沟通者感到更为明显。

本文认为，网络表情符号之所以能够对网络交流中的尴尬情境起到缓解作用，具体途径与方式则与尴尬产生的情景有关。而首先需要回答的问题是，网络沟通在何种情况下会产生尴尬。大致能够总结为以下几种。

（1）陌生紧张。网络沟通与面对面的人际沟通相似，交流对象不一定之前熟识，尤其是社交媒体作为交际重要工具的当今时代，初次见面的人互留社交账号的情况已成普遍。在此情况下，网络沟通的对象很有可能是仅有一

---

① 原标题为：《5300人参加"24小时不使用表情符号"后的血泪报告》。

面之缘甚至未曾谋面的陌生人，交流双方对彼此信息的掌握很有限，就很容易产生陌生紧张感，不知道如何创造话题。这一点与前文中网络人际传播的偶然性、匿名性相印证。根据印象管理的相关理论，人们在人际交往中会试图管理和控制他人对自己所形成的印象以塑造良好印象，而陌生紧张显然不利于个人印象的良好呈现，亦不利于交流的有效流畅，甚至出现尴尬情境。

（2）节奏不一致。在网络交流中，由于信息表露的限制，导致交流双方无法像面对面交流那样把握情绪、语气、表情的变化从而做出反应。于是，信息的缺失就会导致交流的节奏不一致，出现过快或过慢的情况。其实，节奏过快与过慢都是相对而言的，归结来说，双方不能在同一频率进行有效交流是尴尬产生的另一情况。

作为社会的产物，人需要与他人产生联系，进行互动交流。因此在交流过程中的尴尬情境就非常值得我们重视。前文阐述了网络交流中容易出现尴尬的情况，在此需要明确的是，尴尬情境的出现并非网络交流特有的情况，应该将范围扩大到人际交流范畴。可以说，网络交流中的尴尬情境使人的感受更为明显，这一点则与网络交流的特性有关，原因可以总结为以下几点。

其一，网络沟通空间是一个以语言、文字、语音等组成的非现实世界，交流过程中所使用的一切符号都是能够（或期待）被感知的，一旦出现交流不畅或未能感知，交流场域内出现的空白是可感可见的，无话可说就体现在没有下文上。熟人之间的网络交流由于语言、文字的片面性，使信息不能完全有效到达对方，期待的符号没有被感知与回应，这种互动即被切断，尴尬表现为沟通不畅、无法互动、无话可说。

进一步假设，网络的开放性使得网络人际传播具有偶然性、匿名性与不确定性等特点，这就决定了网络交流不会像现实中的人际交流那样具有确定可控性，有时网络交流那头的对象有可能是陌生人或现实中并不熟识的人。正如彭兰在论文《网络中的人际传播》[①] 中提出的，网络中的人际传播，由于交流对象的广泛性与偶然性及自身的匿名性，使得网络交流具有很强的不确定性，交流对象背景信息的缺失或不足，使得交流中的契合话题少之又少，这样极端的假设背景下，人际交流的尴尬情景则更有可能出现。

其二，语言文字不能完全表露完整信息，总有一部分信息在网络沟通中被损失，如语气、表情，甚至肢体动作等，这些损失的信息持续叠加，就更

---

① 彭兰：《网络中的人际传播》，载《国际新闻界》，2001 年 03 期。

容易出现尴尬的情况。文字本身是人类经过漫长的劳动实践而抽象出来的一种便捷交流方式，在今天社交网络流行的时代，文字的抽象依然抽象，文字的便捷却正逐渐被直观的符号取代，我们能够从网络表情符号的产生与发展过程中得到印证，正是由于语言文字的单一性，人们才开始试图用表情符号来弥补因为终端相隔而无法对视的直观不足。关于这一点，唐英在论文[①]中也有相似的观点："目前在网络人际传播中，由于网络技术的限制与本身的特点，原本在直接性人际传播中非语言的信息比如情感信息、传播双方私人身份信息等大多仍难以媒介化而未被传播。而这也正是网络人际传播在意义传达层面较之于直接性人际传播的一个明显差异。"这里所说的非语言信息，即指人们运用表情、姿态、手势、目光、服饰等等非语言符号传递信息，在人际传播过程中，非言语传播与言语传播相辅相成，共同完成信息交流。

表情符号正是非语言符号的抽象直观表达，它最早出现在 1982 年美国卡耐基梅隆大学的电子公告板上，一位名为斯科特·法尔曼的教授建议用":-）"来表示笑话，用":-（"来表示需要严肃对待的学术性内容，这些符号是由电脑键盘上的标点符号、字母和其他符号组合而成的。直至到了 21 世纪初手机普及，短信成为主要交流方式时，这些指代表情的符号仍被广泛使用。1999 年，日本人栗田穰崇发明了"emoji"表情。2010 年，一个叫"统一码联盟"的组织通过了一套适用于全球交流的标准化表情符号，其中就收纳了 250 个"emoji"表情，2015 年被牛津词典选为年度词汇的"笑cry"便是出自其中。

从表情符号发展的简要过程能够看出，网络沟通中十分注重场景再现，需要非语言信息来作为重要补充。一旦这些能够再现交流场景、代替交流符号的表情符号不出现，就会使交流氛围显得单一、刻板，甚至尴尬。

（3）接收不到对话双方的表情、肢体语言等补充性符号，这种交流情境既损失信息，又不生动，不富有情感，使网络交流与真实沟通的差异加大，原本在现实沟通交流中会出现的尴尬情境更容易出现在网络沟通中。

这样的说法是有依据的。据统计，语言在意义表达中的作用仅占 35%，其余 65%意义都需要通过非语言的方式表达。[②] 因为人类的交流与沟通往往是极富情感性的，人的交流需要传达微妙的感情。仅依靠文字符号远距离传

---

① 唐英：《非语言传播缺失下的网络人际传播》，载《当代传播》，2009 年 03 期。
② 常昌富：《大众传播学：影响研究范式》，北京：中国社会科学出版社，2000 年版。

达情感，情感的生动性和复杂性被削弱了，很难获得面对面等近距离交际的效果。在此背景下，我们能够做出推断：语言文字的损失会使交流效果大打折扣，更会使交流不畅的尴尬情境变得尤为频繁与明显。

综上，网络沟通中的尴尬情境之所以值得我们重视，原因在于网络本身的去场景化和不确定性。原本在现实人际交流传播中会出现的沟通不畅、无话可说、没有下文等问题，在网络的不确定与匿名环境中表现得更为明显。并且，由于非语言符号（如表情、肢体动作等）的缺失，网络人际交流的效果与体验远不及面对面沟通那样真实、丰富与生动，甚至由于这种信息损失会产生沟通障碍。

总结来说，即单媒介为主的网络沟通，传递感情困难，容易造成尴尬，而这种尴尬是普遍存在的。因此，这种网络交流的尴尬情境需要得到解决。而网络表情符号产生的根本原因就是网络交流尴尬的存在，这是表情符号生成的内在动力。在此提出一种说法，网络表情符号能够缓解网络交流空间中的尴尬，网络表情符号最重要的功能就是缓解尴尬。

3. 网络符号表情如何缓解尴尬

郭庆光在《传播学教程》[①]中指出，人们寻求人际传播的动机可以表现为四个方面，分别为：（1）获得与生产、生活和社会生活有关的信息从而进行环境适应决策。（2）建立社会协作关系。通过了解他人，和让他人了解自己，来达到协作目的。而有效的渠道，就是人际传播。（3）自我认知和相互认知。（4）满足人的精神和心理需求。在网络时代，这种人际传播与交流更多发生在媒介场景中，人们借助技术手段与各种符号，进行人际间的沟通与交流。

通过对人际传播、网络交流及网络表情符号功能等主题的相关文献进行梳理，能够得到如下一些观点：网络交流是人际传播的重要扩展形式。人际交流中存在的尴尬情境问题在网络交流中同样存在，并且以更加明显的方式体现。而在网络交流环境中，网络表情符号由于其自身带有的直观、活泼、情绪性与灵活性等特点，具有"调节气氛""管理情绪"等功能，从根本上说是解决尴尬情境的重要手段。因此，网络表情符号如何缓解尴尬，就成为另一个需要讨论的重要问题。

[①]　郭庆光：《传播学教程》，北京：中国人民大学出版社，2011年版。

首先，对于陌生紧张与无话可说的尴尬情况，换言之，就是在一个主要由文字构建起的网络交流环境中，单向性与单一性使交流呈现线性模式，缺少动态与乐趣。而网络表情符号则能够凭借其对于面部表情与神态的动态生动再现，使得情绪表达更加直观，有效拉近心理距离，缓解陌生带来的尴尬情境，使交流环境更加活跃，使交流场轻松且富有情感。

这个交流场概念，即社会学者布尔迪厄提出的场域理论。他认为人的每一个行动均被行动所发生的场域所影响，而场域并非单指物理环境而言，也包括他人的行为以及与此相连的许多因素。同时，场域是充满力量的，个体在场域中开展竞争，决定竞争的逻辑就是资本的逻辑，资本不仅是场域活动竞争的目标，同时也是用以竞争的手段。此后，库尔特·考夫卡和勒温将场域理论延伸至心理学领域，尤其是勒温提出心理学场论，对心理学、人际传播学等领域的问题具有重要的指导性。勒温认为，个体行为与环境有较强关联。从另一个方面理解这个观点，即环境是个体生活互动中的重要概念，甚至可以说，环境能够在一定程度上影响人的行为。由此可见，场域概念在个体生活、人际传播中是十分重要的。

在网络交流环境中，一多一、一对多的人际交流共同构成相互联系的网络，交流环境构成一个重要的互动场，个体在该交流场内交换符号与意义，形成观念的流动与沟通，满足人对外交往的需要。因此，这个交流互动场的气氛与性格就格外值得我们注意。轻松且富有情感的环境氛围对准确流畅的沟通具有很大帮助，而网络表情符号的作用就是拉近心理距离，表达情感，使交流空间"软化"。具体而言，在网络表情符号产生之前，网络交流的形式仅限于文字或图片，对于需要表达情绪的场景是空白的。而网络表情符号对于面部表情动态生动的再现，使得情绪表达更加直观，能够有效拉近心理距离，如图1所示。

图1

图1中四个表情分别反映四种最主要的情绪：喜、怒、哀、乐。这四种不同的情绪通过表情符号的方式呈现出来，显得更加生动直观。除此之外，庞大的表情库还能够提供各种各样的表情符号，足以满足各种场景的需求，

是现实面对面交流的表情高度模拟与还原。随着表情符号形式的扩展，更多动态表情也被创作和使用，如张开怀抱的拥抱、手舞足蹈的开心、手掌扶额的无奈，甚至白眼撇嘴的嫌弃、挑眉斜眼的挑衅等，每一种情绪都通过具体的动作直接展现在交流空间中，使屏幕另端的交流对象真切感受到情绪的产生与变化。"Emoji 给我们发送的消息增添了人性。"维基百科的创始人这样说。[①] 下面通过具体的聊天场景截图说明这一点：

图 2　　　　　　　　　　图 3

　　图 2 是朋友之间祝福生日的聊天记录截图，表情符号在这里表达的意义都是明确且清晰的。第一个长颈鹿端着蛋糕带着生日帽的表情符号，无疑是祝福生日这一场景的直观表现，传递出生日气氛，表达祝福；第二个"手比爱心"表情，则是被祝福人的感谢与回馈，表达开心与感谢交织的情绪，送给对方一颗爱心，使得这一场交流的气氛愉快温暖。图 3 是朋友之间相约见面之前的微信聊天记录，两人在聊天中达成的共识是，彼此都尽快完成出门前的准备工作，以便按时见面赴约，接着，图中出现一个动态表情，两只小黄鸡兴奋愉快地拍手，加上"激动"二字的解释，表达一种期待见面的正向情绪，使对方更加真实地感受到这样的情绪。上述两个网络交流情境发生在熟人之间，虽没有产生尴尬，但表情符号仍在其中扮演了重要角色，是一种我们不可忽视的符号。

---

　　① 《你正在参与的语言革命 | Emoji：再建巴别塔》. 内容出自微信公众号 KnowYourself，2015. 11

不仅如此，自创表情往往还能够结合社会热点事件与人物，截取不同时段的网络流行语汇，创作出新的形象与表情，如 2016 里约奥运会期间走红的游泳运动员傅园慧，网友迅速将可爱夸张的形象与经典语"我对自己没有期待，我已经很满意了"制作成新的表情符号进行传播与再创作，是人物表情与情绪的生动显现，表达知足、满意与开心的情绪和意义，如图 4 所示。

图 4

在这种有网络表情符号参与的，表达明显情绪意味的交流场域内，意义通过语言、文字与表情符号共同表达，形成一种形象直观的意义流动，使这个意义交流场域"活"起来，交流氛围灵动活泼，富于情感与变化。

其次，对于交流节奏不一致的尴尬情境，一些网络表情符号由于其意义模糊不定，能够营造"欲说还休"的气氛，使交流具有联想性与发散性。

正如前文提到，网络交流是一个由人际关系相互联结而形成的网络场合，更是一种带有自身属性的场域，这种属性就包括这个场域所具有的"气氛"。由于网络沟通非面对面的特点，使得一些信息与情绪不能完全表达，交流节奏不一致，故而形成一种无话可说的尴尬情境。此外，在网络交流中出现的观点分歧，由于不能直截了当地表明观点，也会导致尴尬情境的出现。此时，网络表情符号的存在与使用就显得十分必要，由于意义的模糊与不确定，能够通过符号营造一种"欲说还休"的气氛，使交流具有联想性与发散性。这种"欲说还休"可理解为一种含蓄表达，或一种不明确指向的意义，意义不确定使网络交流过程具有发散性与联想性，在产生尴尬情境时起到缓冲、化解的作用。

图 5

当前网络表情符号中，最能够体现"欲说还休"这一特点的，或许可以首推"微笑"这个符号了，如图 5 所示。微笑表情经过不断使用，意义不断叠加，最终形成具有复杂意味、意义指向不明确的表情。在不同情境中使用这一符号，往往代表不同意义。而这些意义中，多数表示一种负面含义，与微笑的本意相违背，网友们还将这一表情称为"谜之微笑"，用来表示其意义的不确定性。下面还原一段真实的日常对话，通过具体情景说明该表情的使用场合与功能（图中马赛克部分为某明星姓名）。

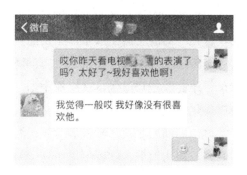

图 6

在此我们可以试着分析这个微笑表情在此存在的意义。图 6 中开启对话一方（后称 A）的观念并未得到另一方（后称 B）的认同与响应，二者的观念出现了一些分歧，尴尬情境已经出现。作为回应，A 只是发送了一个微笑的表情，这里的微笑表情就显得耐人寻味。由于 A 已经在话语中明确表示自己很喜欢 XXX 的表现，但是 B 却直截了当地表达了不同的意见，A 回复时的微笑表情至少有两种含义：不想冷场与不认同。不想冷场是指，正如现实中面对面的交流需要"你好""再见"这种基本用语来表示对话开始与结束，网络交流也需要明确的开始与结束的符号，没有这种符号或不回复就会造成冷场与尴尬。B 的想法明显与 A 不同，所以 A 没有关于这个话题继续深入交流的动力，故发送一个表情当作对话的结束，使对话交流不至于无疾而终。而不认同，是 A 表达自己不满的途径，对于这样一个无关乎原则的日常话题，直截了当地表示自己的不满显得小题大做，但这种情景又确实需要一种表达情绪的途径，这时一个含蓄的"微笑"就很好地传递了这种微妙的意义，是"欲说还休"的绝妙体现。

在上述情境中，微笑符号带有负面含义。但通过对于实际网络交流的观察与实践得知，在代际网络沟通中，中老年用户则坚守了微笑表情的本来意义，以此来表示真正的微笑意义。比起其他表示愉悦的表情，中老年人仍偏好使用该表情。或许是因为年长者笑起来的时候，更偏向于使自己看起来更加和蔼、庄重，故而更喜欢含蓄笑容。于是，微笑表情在被使用的过程中，既保留了原始的微笑开心的意义，又被赋予更多发散性与具有联想性的意义。正是这种意义指向不明的表情符号，使得情绪表达不那么准确明显，显得朦胧含蓄，在缓解网络交流尴尬情境方面起到重要作用。

在网络沟通中使用其他表情符号同样也具有这种效果，通过这种具象可见的形式，传递各种可识别的带有情绪性的表情符号，即使不用语言或文字也能够传达意义。接收者在不同的交流场景中体会发送者的不同意图，使一些不便或不愿点明的意义传达出来，缓解交流情境中的尴尬场面。

再次，网络表情符号还能够体现反讽，在交流中增加戏剧性，使尴尬在戏剧化的交流气氛中逐步化解。

反讽是修辞学经常讨论的问题之一，学者们对于语言、修辞等领域的反讽做出了较为深入的研究。何为反讽？学者们对于这一概念做出了各个角度的界定。弗莱[①]对此的定义是："当读者摸不清什么是作者的态度，或对自己应采取什么态度心中无数时，这便是反讽，其中很少含有敌意成分……讽刺是激烈的反讽。"简单地说，反讽的目的是隐藏说话者的真实意图，通过相反意义距离带来能指的张力，最终成为特定语义场的基本存在形式。赵毅衡认为，反讽的形式机制，是一个符号文本不表达表面的意义，实际上表达的是正好相反的意思。这样的文本就有两层意思：字面义与实际义、表达面与意图面、外延义与内涵义。[②] 总结而言，反讽可以理解为"口是心非"，即表达出的意义并非内心真实所想，而恰好是与之相反的意义。这样的表达方式与直接表达相比，更加耐人寻味，也使交流产生一种期待被理解的默契。

网络文化在一定程度上说是一种反讽文化，不论是贴吧中的吐槽，评论中的戏谑，回复转发中的调侃，微博中的段子手，亦或芙蓉姐姐、凤姐，乃至叶良辰这类草根名人的成名过程，都是网络反讽文化的重要体现形式，也是当代网络语境中最值得关注的现象之一。网络参与者通过与真实意图完全

---

① 诺思罗普·弗莱：《批评的解剖》，陈慧、袁宪军、吴伟仁译，天津：百花文艺出版社，2006 年版。

② 赵毅衡：《反讽：表意形式的演化与新生》，载《文化研究》，2011 年 1 月。

相反的吐槽调侃，在网络语境中表达观点，进行交流沟通。而在网络沟通与交流中，反讽的重要体现方式就是表情符号，通过一些诙谐戏谑的图文表情传达意图，增加戏剧性，构建一个独特幽默的网络个人形象。

张放在《网络人际传播中印象形成效果的实验研究》[①] 中通过控制实验的方法证明："网络人际传播条件下的鲜明度平均水平高于面对面传播"，"网络人际传播条件下印象好感度的平均水平要高于面对面传播"。这一结论与我们的传统认知相反，但仔细思考确有其道理。在如今网络时代，人际印象早已从现实的面对面接触延伸到网络空间内，一个人在网络中的语言、行为、消费的各种符号，都是塑造个人形象与印象不可磨灭的痕迹，也是至关重要的线索。于是，在网络交流中使用表情符号，是反讽文化的具体表现，更是个人印象管理的重要途径。在网络这个悬浮虚拟的媒介中，与一个不确定的模糊个体对象交流是平淡无趣甚至尴尬不畅的，而与一个带有鲜明个人印记的、诙谐幽默的个体交流沟通，或许能够在很大程度上缓解甚至消解这种尴尬。下面列举一些较有代表性的体现反讽的表情符号来说明这一点。

图7

图7中这个被称作"笑哭了"的表情符号，不仅在2015年成为牛津词典评选的年度热词，更是在输入法公司 Kika 发布的《全球用户 Emoji 使用行为大数据报告》中成为全球网民最喜欢使用的表情符号，以21.25%的发送量比例占居首位，由此可见网民对这个符号的喜爱程度。而"笑哭了"并不是我们理解中或是符号本身表现出的快乐激动、喜极而泣，反而带有一种心酸自嘲的意味，通常是在陈述一些负面情况时使用，表达一种不快、自嘲、期待被理解安慰的复杂情感，与其表现出的喜极而泣意义完全相反。笑哭、哭笑不得、无言以对、自嘲、无奈、尴尬……在网友或者表情使用者们看来，这个表情可以代表非常丰富的含义。

① 张放：《网络人际传播中印象形成效果的实验研究》，载《国际新闻界》，2011年第2期。

图 8

例如，在图 8 的聊天场景中，就是体现"笑哭了"这一表情含义的例子。一方说自己不小心摔了一跤后紧跟"笑哭了"表情，这里的意义可以理解为对自己摔跤这件事的自嘲与无奈，略带尴尬的意味。此时，这段交流的另一方则需要对上述略带不幸与尴尬的遭遇做出回应，既需要表示关心，又需要表示对"笑哭了"表情意义的理解。故而同样也回复了一枚"笑哭了"表情，之后再问对方为什么不小心一点。这里的"笑哭了"所表达的意思相似，可以理解为哭笑不得的回应，也是这个符号意义的共享——不是开心到喜极而泣，而是笑中带泪、哭笑不得。这就是反讽的一种明确体现，即表达意义与意图意义不一致甚至完全相反，增加了符号意义的层次。

图 9

该表情符号中的"小公举"即"小公主"的谐音。在网络交流中发送这个符号并非真的表示自己是尊贵身份的公主，需要别人俯首称臣，而是在向对方传达一种轻松活泼的信号，也在另一方面给对方留下一种可爱亲切的印象。准确来说，该符号甚至没有性别限制，女性可以使用，男性也同样可以。在网络语境中，"小公举"的含义被大大拓宽，不仅是可爱活泼的女生形象，更是天真、富有少女心，甚至童心的普遍代表，是网络文化的独特现象之一。用"小公举"一词形容别人，通常具有正面意味。与之相似的还有"女神""小仙女"等词语，并非表达其词语原有的意思，自称女生或者小仙女是一种反讽，并非强调身份，而更多的是活跃气氛。使用"小公举"类似表情符号，能够塑造一种天真纯粹的形象，使网络沟通形象感更加突出，对网络人际印象管理具有积极作用。

最后，网络表情符号有助于增强现场感，扩展文字局限，缓解信息不畅、无话可说和没有下文的尴尬。

网络表情符号的形象设置除了人物本身，一些卡通形象或自创表情也都是以拟人的状态出现，梁国伟和王芳在其论文《蕴藏在网络动漫表情符号中的人类诗性思维》[①]中将这种拟人状态归结为"寻求在身体动作的展示中表达某一类特定的情感"，原因则是人们在网络交流中对于现实肢体形态的依赖与惯性，试图构造交流对象在场的生活化情境。根据梁国伟和王芳的观点，网络表情符号之所以能够被人们广泛接纳与使用，某种意义上说是人类交往方式的一场追溯之旅。从最初以身体为媒介的肢体动作交流，逐渐演变为由语言文字等抽象符号的指示性交流，其中的变化是自然向文明的过渡与发展，而新的网络表情符号则是这一趋势的溯源与回潮："这个新的交流符号正在逆向释放出被封闭在文字字符内的身体动作与声音、似乎试图溯回原始的身体在场交流方式。"另外，网络表情符号从出现至今，各个阶段的演变与发展，最终目的都是进行场景再现，使表情符号的表现形式由最初的线性标记向如今的动态形象一步步具体形象化。总的来说，静态文字对自然的线性抽象和网络动漫表情对自然的恢复，这种对比所要预示的，也许就是一种人类试图恢复身体自然性的艰难跋涉。

对于网络交流而言，网络表情符号的出现与使用，为互不相见的两个甚至多个人制造了一种"身体在场"的幻象与观感，使网络交流现场感增强，对于平衡交流节奏有积极意义。如在网络交流场景中，对方正在叙述一件难过的经历需要加以安慰，这时一个动态具体的"拥抱"表情（如图10左图所示），效果必然好过语言叙述的"给你一个拥抱"。又如对方有事情需要拜托你，获得帮助后的一个"比心"表情代表感谢，效果往往好于文字叙述的

---

① 梁国伟、王芳：《蕴藏在网络动漫表情符号中的人类诗性思维》，载《新闻界》，2009年5期。

"谢谢"二字。表情的形象化与动态性，能够让对方感受到一个具象的"人的身体"正在通过肢体动作来施以安慰，接收到的信息更加丰富完整，而非单一的语言文字可比。

图 10

　　又如朋友之间的玩笑与反讽，一个皱眉白眼、动态的"嫌弃"表情，现场感与再现感往往好于语言的嫌弃二字，使交流对方更加明显深刻地感知到情绪的传递。此外，由于网络表情符号的发展与创作往往根植于网络文化与现象，一些自创表情往往借助一些熟知的形象来作为传达情绪的载体，使这种身体在场的情绪更加具有共鸣。图 10（右图）形象是某亲子综艺节目中某演员之子，由于其可爱耿直的个性、搞笑夸张的表情受到众多观众的喜爱，图中表情就是网友通过截图再创作的"嫌弃"表情，形象直观又生动搞笑，通过在场的身体与形象准确传达了该表情的奥义。下面通过具体的交流场景截图说明表情符号构建现场感的特点。

图 11

图 12

图 11 是朋友之间的礼物馈赠，一方说开学了重新见面，自己带了家里的土特产送给对方；另一方用语言表达了惊喜，用表情符号表达了感谢。此处表情符号的作用是增强现场感，作为一种交流媒介实现人的身体的延伸。图 12 就是该动态表情的截图内容。这个表情中完整展现了小男孩从远处飞奔过来隔着屏幕亲了一下的全部动作，这种由远至近的动态感与逼真感，是语言无法企及的。

网络表情符号这种逼真的拟人感，正是其所要营造的生活化场景与在场感，构造一种最接近真实交流场景的体验，能够有效缓解网络沟通中的各种信息不畅、无话可说和没有下文的尴尬情境。

通过上述分析能够看出，网络表情符号之所以能够缓解网络交流中的尴尬情境，主要因为有拉近心理距离、营造轻松且富有情感的交流场；营造"欲说还休"的气氛，使交流具有联想性与发散性；体现反讽，在沟通中塑造个人形象；设置生活化场景，构造在场情境这四种途径，通过具体事例，说明网络表情符号从最基本的功能——表达情绪——开始，而后逐步深入，最终实现从个体情绪到交流场景的完整表达与塑造，从而对网络沟通中的尴尬情境达到缓和与消解的作用。对网络沟通而言，这些功能是不可忽视的。这种由网络表情符号主导的图像化交流模式或许正在成为网络人际沟通或网络文化传播的重要组成形式，更是一种日渐发展、不可忽视的新模式。这种新模式需要我们重视，更值得我们探究与反思。

当然，我们在看到网络表情符号对于传播学与符号学重要研究意义的同时，也应看到其暗含的时代文化趋势。网络表情符号的兴起是当今网络文化的重要组成部分，体现着网络使用者的媒介使用偏好与习惯，更是图像符号地位逐渐凸显，甚至超过语言文字符号的重要表现形式。诚然，网络表情符号能够有效缓解网络人际沟通中的尴尬情境，这一最重要的功能不可否认。但是否存在过度使用的弊端呢？我认为这种可能性是存在的。正如赵毅衡教授所说，"符号泛滥使我们失去寻找意义的能力和愿望"①，任何符号的过度使用都会导致意义的流失与消弭。表情符号所建构的这个网络人际沟通场域则是反讽时代娱乐至上的重要表现，更是当今符号泛滥时代的警示信号。这一点值得反思。

作者简介：

魏清露，四川大学文学与新闻学院符号学—传媒学研究所成员。

---

① 赵毅衡：单轴人：后期现代的符号危机，学习与探索，2010 年 04 期。

八、论新媒体平台借势营销中的符号转喻：以杜蕾斯微博广告文案为例

李佳悦

赵毅衡在《符号学：原理与推演》一书中着重强调，任何符号表意活动都必然在"组合"和"聚合"两个维度中展开，这对"双轴关系"之于符号学的重要性可见一斑。而"借势营销"作为一种符号表意的实践活动，其广告文本有独特的编码和解码机制。广告生产者如何赋予意义、广告本身如何传达意义，消费者又如何解读意义，这些问题的解答恐怕难以绕开这对"双轴关系"。让广告研究回归文本，深入探寻其背后的操作逻辑和符号学规律，是当下广告研究的应有之义。

1. 借势营销研究重"过程"轻"文本"的现状

借势营销作为一种营销手段，如今在日常生活中被广泛运用。樊志育在《广告学原理》中将借势营销定义为"企业整合本身的资源，通过具有吸引力和创意性的活动事件，使之成为大众关心的话题、议题，因而吸引媒体的报道与消费者的参与，进而达到提升企业形象以及商品销售的目的"[①]。它可以具体表现为通过媒体争夺消费者眼球，借助消费者自身的传播力，依靠轻松娱乐的方式等潜移默化地引导市场消费，以求提高企业或产品的知名度、美誉度，树立良好的品牌形象，并最终促成产品或服务销售的营销策略。其重点就在于"借势"，即借某一"事件"之热度，引导受众将对事件的关注转向对某一品牌或具体商品的关注。

在新媒体时代，借势营销更散发出强大的活力。数字技术飞速发展，新媒体平台日新月异，越来越多的企业发现了借助新媒体平台和社会热点进行营销的优势——不仅能够在事件发生后迅速做出反应，吸引消费者的关注和

---

① 樊志育：《广告学原理》，上海：上海人民出版社，1994年版，第216页。

讨论、摆脱传统硬广告带给消费者的反感，更能以更少的成本投入获得更好的传播效果，得到更多的潜在客户。这其中，杜蕾斯品牌的借势营销表现得尤为突出——其团队于2011年初进驻新浪微博，开始将微博营销纳入其重要的营销途径。它的微博话题定位明确，在内容上善于将图、文、视频等多种表现方式相结合，与社会热点事件结合，借助事件推广自身品牌。其微博文案因"有内涵"又有趣的鲜明特色而得到广泛认可，也为借势营销提供了一个生动的运用案例。因而后文将以杜蕾斯微博广告文案为例，对基于新媒体平台的借势营销行为做进一步分析。

借势营销因其鲜明的特色和良好的广告效果，不但受到企业的喜爱和运用，而且更得到研究者的广泛关注。目前学界关于借势营销的研究主要着眼于其"现象"和"应用"，对它进行操作方式、效果方面的讨论。大多数学者认可借势营销较之于一般的营销手段具有优势，具体可以表现在持续性地提高企业记忆度和美誉度，有四两拨千斤的效果[1]；敏锐捕捉社会事件，跟进社会热点进行宣传使得成本低、收效快[2]；减少用户对传统硬广告的反感，扩大传播范围和效果，让受众对企业品牌加深理解并获得更有价值的信息[3]；成功利用受众"追热点"的满足感并实现点子创新性[4]，等等。在具体操作层面，学者研究多集中于分析传播过程中的各个要素之整合。比如黄梦帆指出，借势营销的使用应找准关键点融入品牌文化，积累注意力以产生营销实效，同时利用媒体组合搭建传播网络。[5] 而张灿强调"时机"的重要性，要使营销内容与事件发生"无缝衔接"，并指出要运用独特思维，实现精准营销，更要调动用户积极性以激活品牌。[6]

约翰·费斯克将传播分成了"过程"与"符号"两大学派，前者将传播看成是信息的传递，后者将传播看成意义的生产与交换。[7] 那么与之对应

---

① 倪宁：《事件营销之造势与借势》，载《广告人》，2009年第8卷。
② 黄梦帆：《从六小龄童事件看百事可乐的借势营销》，载《新闻研究导刊》，2016年第2期。
③ 张灿：《品牌搭载热点事件在新媒体平台借势营销案例探究》，载《吕梁学院学报》，2015年第5期。
④ 孙晓、刘姝君：《借势之后，剩的是金子还是段子——新媒体借势营销的效果研究》，载《新媒体研究》2015年第4期。
⑤ 黄梦帆：《从六小龄童事件看百事可乐的借势营销》，载《新闻研究导刊》，2016年第2期。
⑥ 张灿：《品牌搭载热点事件在新媒体平台借势营销案例探究》，载《吕梁学院学报》，2015年第5期。
⑦ 约翰·费斯克：《传播研究导论：过程与符号》，许静译，北京：北京大学出版社，2008年版，第1—2页。

的，严格来说"借势营销"就具有"传播活动"和"传播文本"两种属性区分和表现形式：借势营销既可以表现为借助某一社会热点发起对某商品的营销"活动"，又可以表现为将社会热点作为创作题材的广告"文本"。而通过前文梳理已有研究可以发现，学界对借势营销的研究重"传播活动"属性，而轻"传播文本"属性，忽视了对借势营销广告文案的生成机制和意义表达进行深入讨论。这使得当下关于借势营销的相关分析存在一定局限性，只能回答借势营销"是什么""为什么"，却不能从符号学角度回答"怎么做"，使其面临着"有术无学"的尴尬境地。因此本文愿做积极的尝试，将"借势"这一营销行为回归广告文案的文本本身，从符号学的视角分析——当借势营销用广告文本进行表现时，是如何从无到有、文本如何与所借之"势"产生关联，广告信息又如何被消费者所感知的。唯其如此，才能对借势营销进行更加深入的理解和认识，更好地使用这种营销手段。

综上所述，本文欲以"借势广告文案"这一称呼来描述这类基于新媒体平台的，以图文广告为传播内容，以社会热点为创作题材，以借势为营销手段的广告文案，将其作为研究对象，并以杜蕾斯微博文案为案例，分析此类广告的生成机制和符号表意过程，以期对符号学的相关研究提供实证内容。

2. 符号转喻：借势营销必然具备的修辞方式

"转喻"是一种符号修辞。前人研究多将其理解为一种普遍的语言现象和基本的思维方式。[①] Langacker 认为转喻是一个参照点现象（reference point phenomenon）：通常转喻词语指定的成分充当参照点，即语篇中相对凸显（relative salice）的成分为被描述的目标事物（目标域）提供心理可及（mental access），并同时把受众的注意力吸引到目标上。[②] 而赵毅衡则指出，不该把转喻局限于语言层面，甚至可以说转喻在本质上是'非语言'的，它反映的是 A 与 B 之间的"邻接性"。[③] 饶广祥揭示了转喻在广告行为中的运用：转喻是指在喻体和喻旨之间的邻接关系，其功能在于通过联结商品和其他元素，隐藏直接定义的痕迹，其意义产生于受众的阐释，从而自然化整个叙述。[④]

---

① 卢植、彭克飞：《基于转喻视角下的动结构式研究》，载《山东外语教学》，2013 年第 6 期。
② 张辉、卢卫中：《认知转喻》，上海：上海外语教育出版社，2010 年版。
③ 赵毅衡：《符号学原理与推演》，南京：南京大学出版社，2011 年版，第 194 页。
④ 饶广祥：《广告符号学》，成都：四川大学出版社，2014 年版，第 128 页。

一言以蔽之，转喻修辞就是通过建立目标事物与其他元素之间的关联，使得二者之间形成"邻接"关系。可以认为，任何借势广告文案，都是人为地将商品（目标事物）与特定社会事件（其他元素）相联结，以所借之势营销目标商品，引导受众自然地将对"事件"的关注转化为对"商品"的关注。因此可以说，符号转喻是所有借势广告文案必然具备的修辞方式。没有转喻过程，就无法建立"事件"和"商品"的联系，整个广告的表意就缺失了"符号化"这关键的一环。赵毅衡指出，符号文本都有组合轴、聚合轴两个展开向度，任何符号表意活动，都必然在这个双轴关系之间展开[1]——那么可以明确，借势广告文案通过转喻生成的过程，必然遵循"双轴操作"的基本原则。

3. 双轴操作：横组合展现广告文本，纵聚合联想广告意义

双轴关系最早由索绪尔提出，他将组合和聚合的关系称为"句段关系"和"联想关系"，分别解决符号链的连接、切分问题（如一个句段各部分之间的相互关系和整体与部分之间的关系）和各词组被人在心理上联想、支配的问题。[2] 组合关系，即一些符号组合成一个有意义的文本的方式；而聚合关系，赵毅衡解释为"符号文本的每个成分背后所有可比较、从而有可能被选择的各种成分"，并指出"聚合轴上每个可供选择的因素，是作为文本的隐藏成分存在的，聚合不显露于文本"[3]。归结起来，组合轴重在邻接粘合，聚合轴重在比较和遴选。

在借势广告文案中，读者可以直观看到的是组合关系，比如图片、文字、色彩、构图等显露于广告文本之上的内容；在此之上通过生活经验，对广告文本进行联想，方可以了解隐藏在文本之后的聚合关系，比如事件、事件与商品的关联、广告表达的意义等。

以 2016 年 11 月 17 日网曝林丹出轨，杜蕾斯立即发布微博"有丹当"为例，我们发现，该文本便存在着组合和聚合双重叙事，如图 1 所示。

---

① 赵毅衡：《符号学原理与推演》，南京：南京大学出版社，2011 年版，第 161 页。

② 杨晓强：《从符号的双轴关系看广告传播中意义的增值》，载《广告与传播》，2008 年第 3 期。

③ 赵毅衡：《符号学原理与推演》，南京：南京大学出版社，2011 年版，第 161 页。

图1 杜蕾斯微博文案《有丹当》

首先在表层意义上，整个广告文案由图形、文字、尾题三部分组成。图形部分为红色底色、羽毛球，以及套在羽毛球之上的一只安全套；文字部分为"有丹当"三个字，其中"丹"字被放大字号加以突出；尾题部分为杜蕾斯的官方LOGO。在这一层面的符号当中，读者能够得到的信息为：

（1）可以得知图文的空间组合排布，颜色、大小、形状；

（2）羽毛球上面套上一只安全套，并不符合羽毛球、安全套二物的常规用途，形成解释压力；

（3）"丹当"不符合现代汉语"担当"的用字规范，但被放大的"丹"字显示这并非用字错误，而是有意为之，形成解释压力；

（4）从尾题LOGO可以知道，这是一则关于杜蕾斯产品的广告，那么画面上的安全套应为杜蕾斯品牌。

可以明确，单从组合轴上来看，并不能对该广告文案形成完整表意，读者可以得到的只是一些零散搭配的图文信息。因而需要进入深层意义，即运用读者的联想，将该广告文案对应的林丹出轨事件纳入分析范畴。

（1）林丹是羽毛球运动员，因而该羽毛球是林丹其人的一个提喻，所以给羽毛球套上安全套，会让读者联想到让林丹使用安全套；

（2）"丹当"中放大的"丹"，可以让读者联想到林丹；婚内出轨行为，在社会道德层面会被认为是"没有担当"的表现，而此时将出轨的林丹与"担当"结合在一起，极尽对林丹出轨行为的讽刺意味；

（3）该文案是借林丹出轨之事为噱头，意图意义在于展示杜蕾斯产品和品牌理念。

因此，从广告内容上看，画面中的各个图形和文字信息被组合到了一起之后产生了意义。倘若脱离这些信息依托的事件语境去看待文本，那么这样的话语功能也就失去了意义。而一旦这些元素被放置在一个特有的语境下搭配，那么其产生的意义就绝对不会是简单的叠加。在这一广告的编码过程中，"图案—文字"组合和"事件—商品"聚合的双轴操作使设计者的意图意义得以生成，聚合轴的选择是组合轴之内容实现的前提和过程，组合轴内容是聚合的结果和体现。由于组合轴是作为结果"呈现"的、直显的、静态的，故本文置而不论，重点关注借势广告文案生成过程中的聚合操作。

4. 宽幅选择：聚合段的"三层选择"过程为广告文本提供内容

如前所述，借势广告文案生成的过程，就是设计者在聚合段上进行内容选择的结果。广告的意义在于传递商品信息，因此万变不离其宗——聚合段的内容选择，需要有一个内在的核心作为参考和纠正的"坐标原点"。这个坐标原点，在借势广告文案中促使组合轴中所有的元素，以及聚合轴上可能的选择服务于同一对象。仍以杜蕾斯"林丹出轨"文案为例，设计之初就需要考虑，在这一时间段上社会各个方面都发生着诸多热点事件，要选择哪件事作为文案的基础，才更能代表"杜蕾斯"？在选择林丹出轨事件之后，又需要考虑这一事件中的各个元素（比如林丹其人、职业、代表符号、出轨行为）和杜蕾斯产品（比如安全套、情趣啫喱、情趣用品等）或品牌有何关联，如何建立关联？在确定二者关联之后，还要进一步考虑这种关联如何在文案中表现，比如背景色，字体字号，图文相对排布和大小，图形上杜蕾斯元素的呈现，品牌的 LOGO 位置处理等。可以发现，虽然最终表现在组合轴上的内容唯一，但是它们共同围绕着"商品"这一表意的核心展开，在聚合轴上形成"宽幅选择"。而且此选择并非是在单一的维度之中进行，事实上每一则借势广告文案都是由浅入深的三层聚合轴宽幅选择的产物。

第一层：文本层——广告文案中各种符号元素的选择（如选此底色而不

选彼底色，选此形状而不选彼形状）。

第二层：事件层——以何热点事件作为文案的创作源头的选择（如选此事件而不选彼事件）。

第三层：联系层——选择何种具体表现形式将热点事件与目标产品联系起来。

下面以事件层、联系层、文本层的顺序，对杜蕾斯微博文案中的三层宽幅选择对于文案创作的意义分而述之。

（1）事件层

俗话说"巧妇难为无米之炊"，任何一个文案的灵感，都要有一个能与目标产品相联系的基础。在杜蕾斯的借势营销文案中，"社会事件"作为表意的"米"，是所有灵感得以成型的先在条件。在事件层，社会中的任何热点事件，理论上都可以转化为杜蕾斯品牌理念的相关话题。从微观上看，每一则杜蕾斯的文案与所发生的事件一一对应；而从宏观上看，可以形成杜蕾斯文案的社会热点事件层出不穷，可以进入文案创作范围的灵感基础亦随之呈现出多样化。这就意味着"事件—商品"聚合过程具有宽幅选择的能力。

（2）联系层

有了事件层作为创作的基础，创作者便可以在其上进行构思，使得事件和杜蕾斯品牌之间形成关联。在杜蕾斯文案形成的过程中，有一个根本元素万变不离其宗，这就是"性"主题。这个主题在不同的文案中，可能表现为杜蕾斯产品推介，也可以表现为性知识科普，这是所有杜蕾斯文案必然设定的"意图定点"。赵毅衡指出，一次理想的符号传达过程必有编码和解码两个过程，编码使意义被编织入符号文本；解码使信息转换为意义。[1] 而在杜蕾斯微博文案的创作中，编码与解码都具有极高的开放性：因为它们建立在社会事件和杜蕾斯品牌之间的关联之上，这种关联可以说是万能的。理由在于，该转喻过程中，物（任意社会事件）和意义（杜蕾斯产品理念）已经存在，设计者的作用在于经由一次以至多次天马行空的联想，最终建立二者相联系的广告文本，该文本赋予社会事件以杜蕾斯品牌理念的解释压力（意图定点），即要求解释者按照杜蕾斯的规则来看社会事件。这是对社会事件的抽象化和充分运用——这种联系拥有宽幅的选择范围，意味着拥有较大的创作空间，从而使文案充满趣味性和创意性。

---

[1]　赵毅衡：《符号学原理与推演》，南京：南京大学出版社，2011年，第223页。

（3）文本层

在决定了事件层、联系层之后，文本层的宽幅选择才得以实现。文本层中，存在着形成一则杜蕾斯文案最基本的宽幅选择——对广告文本上各种图案、文字、色彩、构图等视觉符号的选择。虽然这些选择需要以前述两层的选择作为基础，但是文本却是最直接让读者感觉到，最让人"意想不到"的。比如上文所举例的林丹出轨事件，"有丹当"三个字中，"担当"是一个男人责任感的表现；林丹的"丹"和担当的"担"是同音字，以"担当"联系到"丹当"，将中文的同音、双关发挥得淋漓尽致。而用在羽毛球上面套上安全套的方式影射羽毛球运动员林丹，又是出人意料、情理之中，让读者产生"有内涵""难想到"的感慨，说明文本具有较大的遴选空间，也就与"常规"情况相比产生更大程度的变异，方给人以"绝妙"之感。

三层聚合轴选择层都具有宽幅的选择范围，故而能够为借势广告文案提供"广"而"巧"的设计内容。

5. 三种表达式：不同聚合选择层之间存在嵌套和推导关系

赵毅衡提出，符号过程存在三种不同的意义：

发送者（意图意义）→ 符号信息（文本意义）→ 接收者（解释意义）

三种意义对应符号表意的三个不同的阶段，各意义互相排斥，互相替代。[①] 而前段之所以以事件层、联系层、文本层的顺序推进，是因为从文案由无到有的生成过程来讲，聚合轴不同层上的选择存在着明显的先后顺序：事件层先在，设计者根据事件层的选择结果确定事件与目标商品之间的联系；又根据联系层中具体的联系方式确定在文本中如何表现。可知，这是符号发送者发送意图意义的过程，亦即进行广告意义"编码"的过程。表达为：

意图意义—编码路径：事件层＋联系层→文本层……表达式①

与此对应，从读者角度看去，他们需要对广告符号进行"解码"，解码路径中他们最先看到的是广告文本。如果读者先前并不知晓文本对应的事件，那么在很大程度上无法完整解释广告文本，也就无法分析其中包含的联系方式，造成暂时的解释偏差（关于这种情况的结果，本文会在下一节进行

---

① 赵毅衡：《符号学原理与推演》，南京：南京大学出版社，2011年版，第50—51页。

分析）；如果读者知晓文本中隐含的事件，则解码得以继续推进，读者通过自身的联想，找到文本和事件之间的联系方式，从而产生"破解""发掘意义"的乐趣，杜蕾斯文案的吸引力由此产生。可知，这是符号接收者求得解释意义的过程，表达为：

解释意义—解码路径：事件层＋文本层→联系层……表达式②

比较特殊的是文本意义的自身呈现过程：单就广告文本来看，其创作时用到的事件是客观独立先在的，本身并不在文本中呈现，也和广告文本、商品并无关联。文本所反映的已经是符号化的、植入了意义的事件——也就是目标商品与某一事件的联系方式在广告文本中的"投射"。但是这一投射却指向了商品与联系方式之外的事件层，即"文本内容反映的必是某一事件"。可知，这是文本意义的呈现过程，表达为：

文本意义—呈现路径：文本层＋联系层→事件层……表达式③

可以发现，编码过程和解码过程对符号的感知正好相反：编码需要先建立事件与商品的联系，最后呈现为文本；解码则是通过文本向下挖掘其后隐藏的联系。总结起来就是：编码路径由深至浅，解码路径由浅入深，呈现路径由主向客。三条路径作用在三层选择之上，互相搭配，在不同的符号阶段互相推导，从而使每一条杜蕾斯微博文案都与时事热点紧密联系又充满创意。

6. 商品：借势广告文案的表意核心

虽然借势广告文案的表意有三种意义交替在场、三个选择层互相推导，但是如前文已经强调的，它们都有共同的服务对象：商品。发送者的编码试图建立的是事件与商品的联系；文本呈现的是关于商品的广告文本；接收者的解码行为也要以知道这是某牌子的广告为前提条件。在杜蕾斯微博广告文案中，杜蕾斯产品及其品牌理念是其广告文本必然设置的意图定点。该意图定点往往并未在文本中直接表现，而是借由热点事件中的标志性元素形成联系的符号能指建构所指，引导受众联想，最后回到杜蕾斯品牌本身，实现二者的意义联结。因而本文认为，借势广告文案的表意核心是目标商品，它作为意图定点，存在于这一广告符号过程的任何阶段，亦存在于双轴选择的任何选择层之上。

聚合轴上的三层宽幅操作得以顺利进行、符号转喻修辞得以实现而不使消费者出现解释偏差，这与广告这一符号文本的特性有关。明喻是广告特有的修辞原则。在明喻原则下，广告无论采用何种表现形式，也无论表现得如何隐晦，最终都要以商品为纠正点，回到商品本身，使得"广告是广告，而不是其他"。饶广祥指出，这种强制性的解释压力，来自于广告的文本定义：广告是具有尾题的文本。① 通过尾题的设置，广告得以指明所传播的商品（服务或机构）信息，引导接收者正确解读文本。如在杜蕾斯微博广告文案中，无论其主题、内容、表现形式如何变化，"杜蕾斯"标志性的 LOGO 总会出现在文案之上，这便要求读者必须以"这是一则杜蕾斯广告"的前提对画面内容进行理解，从根本上防止出现理解偏差，保证广告表述的正确有效传达。

也正是因为广告符号的意义最后要聚集到商品本身，因而广告文本尽可以拉开比喻距离，将原本风马牛不相及的品牌与事件建立起巧妙的联系。赵毅衡指出，广告的名与实距离拉开越远，实物能指需要矫正距离越大，广告就越是发人深思，令人印象越深刻。② 杜蕾斯微博文案便通过符号转喻，拉开比喻距离，使得其内容"有内涵"，在解释者端形成一种"可以意会不可言传"的解释效果。如上文所举的"林丹出轨"一例中，从"林丹"到"羽毛球"，从"出轨"到"给羽毛球套上安全套"，再到以安全套隐喻"有担当"的文字双关，最后到杜蕾斯品牌，通过四次联想才建立了林丹出轨事件与杜蕾斯品牌之间的联系。读者在解释过程中发现乐趣，加深了对该则广告的印象。

借势广告文案设置意图定点，即意味着广告的表意并非直显，读者看到广告文本时并不一定会直接知晓其表达的含义，这种解释周期的延长对读者形成较强的解释压力；而广告尾题和具体广告内容却对受众形成暗示和指引，引导其顺着目标商品为终点进行联想。在这个解释过程中，品牌LOGO、对应的社会事件，甚至是画面中的任何细微元素，都成为可以帮助读者理解的线索，完成从"社会事件——事件符号——商品标志性符号——目标产品"的解释过程，最终将任意社会事件转化为与商品的联系。

7. 总结：借势广告文案表意的三层聚合模型

"宽幅与窄幅选择"在各种广告文案中都可以得到体现。但为何认为借

---

① 饶广祥：《广告符号学》，成都：四川大学出版社，2014年版，第9页。
② 赵毅衡：《符号学原理与推演》，南京：南京大学出版社，2011年版，第213页。

势广告文案具有特殊性呢？本文认为，此类文案的"借势"过程，即进行符号转喻的过程，是其独特的优势所在。借势广告文案在"产品"和"广告文本"之上，加入了"事件"这一第三维度，使得它相较于一般的广告文案更具有丰富而与时俱进的内容和多样的形式，产生更大的创作空间，让文案的呈现更加有深度。在前文提出借势广告文案的转喻过程在聚合轴上存在三层选择，且整个表意过程围绕"商品"核心展开之后，本文试以前文三个表达式为基础，提出关于借势广告文案表意的"三层聚合模型"，以此将其表意规律和特点实现一体化呈现。

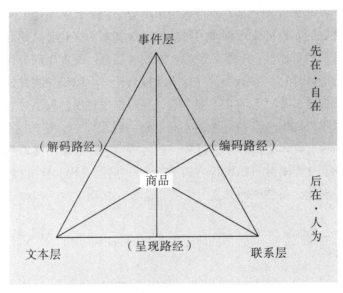

图 2　借势广告文案表意的三层聚合模型

　　此模型特指在拥有广告符号文本、商品、所借之"事"三个维度的情况下，广告文案形成过程中聚合轴上产生的三层选择操作与不同符号表意阶段的对应关系：每一条边两端的选择层都在该条边所对应的符号表意阶段共同作用于第三端的选择层，在表意过程的时间序列上，前两层在其对应阶段先于后一层存在。而三角形内部三条箭头线的交点，便是该广告文案表意的核心——商品。无论是编码、解码抑或呈现路径，都需要有广告所作用的商品为参照点，从而保证广告表意的完整性和准确性。深浅不同的背景色区分为"事件层"以及"文本层和联系层"两个方面，以此明确事件层是先在的、独立存在的，而文本层和联系层都依托事件层的存在而存在，是人为的结果。

仍回到杜蕾斯"林丹出轨"文案一例，在文案的编码阶段，设计者综合考量近期发生的各类社会事件，确定"林丹出轨"作为创作基础，结合杜蕾斯的品牌内涵，建立了杜蕾斯安全套与林丹代表形象的关联：为羽毛球上套上安全套，是林丹"有担当"的表现，讽刺意味不言自明；文案创作者将以上的文字、图形元素搭配整合，选用红底＋白球为主色调，羽毛球上的淡粉色安全套正位于画面正中心，它与放大的"丹"字一同构成图案中轴，形成强烈的凸显。在文案的自我呈现阶段，该图案作为设计者的作品，通过画面上"丹当"、羽毛球、安全套等图文的排列组合影射了"林丹出轨"事件，文本本身却并非林丹出轨这一事件的组成部分，而是在文本之上只存在着与事件发生关联的，有待读者解读的可能性。而文案的接收者，便是要解读出这种指向事件的可能性：在解码阶段，接收者结合已经发生的事件，将广告文本之上已经符号化的"事件"与原事件做对比——原事件主人公是林丹出轨，文本上的符号是羽毛球套上安全套；原事件中林丹自称愧对妻子，文本上的符号是称使用安全套的行为是"有（担）丹当"的。这一对比的过程，便是发掘事件与文本之间联系的过程，通过重建这种隐藏于文本的联系，接收者得以感到文案对林丹出轨行为的讽刺意，并让自己的关注点最终落在原事件与符号对比之后特殊的元素——安全套上，从而实现此广告商品推介的本质目的。

8. 结语

在微博深入民众日常生活的今天，利用微博平台进行产品营销已经成为各个企业的"标配"，但在对比之下即可发现，目前诸多产品的微博营销存在着内容单一和同质化的倾向，并未起到足够的广告效果。而杜蕾斯的微博运营，却在同类产品中显出"一家独大"的情况。这与其明确的定位、"借势而为"的优质文案内容有着极为密切的关系。

具有创新性、趣味性的文案点子，才是商品借势营销的关键所在。这种"创意"得以实现，最终还是要求文案设计者拥有在社会事件之"势"和产品自身之间建立联系的能力，将万事万物都变成自己创作的素材——亦即要求文案设计者具有发掘社会事件符号对产品解释潜力的能力。符号转喻修辞，使事件与品牌的联系得以实现。可以想见，在借势营销手段日益丰富和被大量使用的当下，"转喻"作为一种广告的符号修辞方法，将会被更多、更巧妙地运用于广告文本实践之中。

作者简介：

李佳悦，内蒙古包头人，四川大学文学与新闻学院在读硕士，四川大学符号学—传媒学研究所成员，研究方向：传播符号学、商品符号学。